Johann Julius Wilhelm Planck (1817-1900)

Rechtshistorische Reihe

Band 454

Zur Qualitätssicherung und Peer Review der vorliegenden Publikation

Die Qualität der in dieser Reihe erscheinenden Arbeiten wird vor der Publikation durch den einen Herausgeber der Reihe geprüft.

Notes on the quality assurance and peer review of this publication

Prior to publication, the quality of the work published in this series is reviewed by one of the editors of the series.

Tanja Claussen

Johann Julius Wilhelm Planck (1817-1900)

Leben und Werk

PL ACADEMIC RESEARCH

Bibliografische Information der Deutschen Nationalbibliothek
Die Deutsche Nationalbibliothek verzeichnet diese Publikation in der Deutschen Nationalbibliografie; detaillierte bibliografische Daten sind im Internet über http://dnb.d-nb.de abrufbar.

Zugl.: Kiel, Univ., Diss., 2014

Die vorliegende Arbeit wurde von
Prof. Dr. Meyer-Pritzl
zur Aufnahme in die Reihe empfohlen.

Umschlagabbildung:
Justitia. Allegorie der Gerechtigkeit.
Druck aus dem 17. Jahrhundert.

Gedruckt auf alterungsbeständigem,
säurefreiem Papier.

D 8
ISSN 0344-290X
ISBN 978-3-631-66039-3 (Print)
E-ISBN 978-3-653-05330-2 (E-Book)
DOI 10.3726/978-3-653-05330-2

PL Academic Research ist ein Imprint der Peter Lang GmbH.

Peter Lang – Frankfurt am Main · Bern · Bruxelles · New York ·
Oxford · Warszawa · Wien

Diese Publikation wurde begutachtet.

www.peterlang.com

Vorwort

Die vorliegende Untersuchung entstand während meiner Tätigkeit als wissenschaftliche Mitarbeiterin am Lehrstuhl für Bürgerliches Recht, Römisches Recht, Europäische Privatrechtsgeschichte der Neuzeit und Rechtsvergleichung der Christian-Albrechts-Universität zu Kiel und wurde von der Rechtswissenschaftlichen Fakultät im April 2014 als Dissertation angenommen.

Mein besonderer Dank gilt zu allererst meinem Doktorvater, Herrn Prof. Dr. Rudolf Meyer-Pritzl, der mein wissenschaftliches Interesse stets gefördert und meinen beruflichen Werdegang maßgeblich geprägt hat. Von ihm stammt die Anregung zu dieser Arbeit im Hinblick auf das 2015 anstehende 350-jährige Universitätsjubiläum der Kieler Universität. Er hat den Fortgang dieser Untersuchung mit seiner steten Gesprächsbereitschaft, seinen wertvollen Ratschlägen und seiner geduldigen Hilfe bei der Transkription der oft nur schwer zu entziffernden Archivunterlagen hervorragend begleitet. Ebenfalls herzlich bedanken möchte ich mich bei Herrn Prof. Dr. Werner Schubert für die äußerst zügige Erstellung des Zweitgutachtens sowie bei Herrn Prof. Dr. Alexander Trunk für sein Mitwirken in der Prüfungskommission.

Den zahlreichen Personen, die mich auf meinem Promotionsweg auf so vielfältige Weise unterstützten, sei es durch inspirierende Gespräche in der Mittagsrunde, durch Hilfe bei der Auffindung und Entzifferung von Quellenmaterial, durch unermüdliches Korrekturlesen oder einfach durch ihre Gastfreundschaft gebührt an dieser Stelle mein herzlicher Dank. Zu nennen sind dabei insbesondere meine Kollegen und Freunde, durch sie werde ich meine Promotionszeit in schöner Erinnerung behalten.

Mein letzter und ganz besonderer Dank gilt meiner Familie. Ohne sie wäre diese Arbeit nicht zustande gekommen.

Labenz, im Dezember 2014 *Tanja Claussen*

Abb. 1: Johann Julius Wilhelm von Planck in München (Jahr unbekannt)

Quelle: Archiv der Max-Planck-Gesellschaft, Berlin-Dahlem, Planck, Bild-Nr. IV/39.

Planck im Spiegel seiner Zeitgenossen

August von Bechmann, Professor für römisches Recht, Kollege Plancks in Kiel und München

„Er besaß eine vollständige Herrschaft sowohl über das römische, wie auch über das deutsche Recht und war tief in den Geist beider Rechte eingedrungen, ohne nach seiner Art von diesem Geist viel zu sprechen. Aber er besaß noch mehr. Er besaß den feinen juristischen Takt, der das innerlich Angemessene und Richtige zunächst gewissermaßen instinktiv herausfühlte, um es dann erst mit dem Apparate des positiven Rechts technisch zu formulieren.“[1]

Ernst Mayer, Rechtshistoriker und ehemaliger Student Plancks

„Vor Allem jedoch ist er für viele Tausende spätere Juristen der nachhaltigste Lehrer geworden, der das Prozessrecht und zeitweilig auch das Kriminalrecht in unvergleichbarer Klarheit und kraftvoller Einfachheit, die einen Hauch von glücklichem Rationalismus […] an sich hatte, vortrug.“[2]

Lothar Seuffert, Professor für Zivilprozessrecht und römisches Zivilrecht, Kollege Plancks in München

„Allem Schönen, das Natur und Kunst der Menschheit bieten, brachte er das feinste Verständnis entgegen; insbesondere beherrschte er das Gebiet der Musik, die er selbst ausübte, in hohem Masse. Er war fest und massvoll, dabei milde und von seltener Gerechtigkeit gegen Jedermann. […] Die Geschichte der deutschen Rechtswissenschaft wird ihn unter den bedeutendsten Juristen nennen, die im neunzehnten Jahrhunderte gelebt haben.“[3]

Chronik der Universität München 1900/01

„Allenthalben, namentlich aber auf dem Gebiete des Zivilprozeßrechtes, auf welches er den Schwerpunkt seiner wissenschaftlichen Thätigkeit legte, hat er bahnbrechend gewirkt und Mustergültiges geleistet. Gründliche Kenntnis sowohl des Zivilrechts als des Prozeßrechts, Schärfe der Auffassung und Klarheit der Darstellung haben ihm die allgemeine Anerkennung als ersten Vertreters des Faches erworben.“[4]

---

1 Bechmann, Beilage zur Allgemeinen Zeitung, Jahrgang 1900, Nr. 230, S. 4.
2 Mayer, ZRG GA 22 (1901), XVII (XXI f.).
3 Seuffert, ZZP 28 (1901), V (XV).
4 Chronik der Universität München 1900/01, S. 6.

Inhaltsübersicht

A. Einleitung mit Kurzüberblick ... 1

B. Herkunft, Elternhaus und Jugend ... 5

C. Beruflicher Werdegang ... 11

I. Studium 1834 - 1837 ... 11
II. Dissertation: „De legitimatione ad causam“, 1837 ... 19
III. Habilitation: „Continentia causae“, 1839 ... 19
IV. Privatdozent in Göttingen, 1839 - 1842 ... 19
V. Assessor des Spruchkollegiums, 1840 - 1842 ... 20

D. Stationen als Ordinarius ... 21

I. Basel 1842 - 1845: Romanistisch geprägte Phase ... 21
II. Greifswald 1845 - 1850: Die Hinwendung zur Germanistik ... 40
III. Kiel 1850 - 1867: Zwischen Politik und Universität ... 72
IV. München ab 1867: Planck als Altmeister des Prozessrechts ... 135

E. Gesamtwürdigung ... 175

F. Anhang ... 179

I. Lebensdaten mit Stammbaum ... 179
II. Werkverzeichnis ... 182
III. Übersicht über gehaltene Vorlesungen ... 183
IV. Ehrungen und Auszeichnungen ... 193

Personenregister ... 195

Inhaltsverzeichnis

Quellen- und Literaturverzeichnis XIX

Abkürzungsverzeichnis XXXIX

A. Einleitung mit Kurzüberblick 1

B. Herkunft, Elternhaus und Jugend 5

C. Beruflicher Werdegang 11

I. Studium 1834 - 1837 11
1.) Wahl des Studiums 11
2.) Studium in Jena und Göttingen 12
3.) Preisfrage der Juristischen Fakultät Göttingen 1836/37 14
4.) Einfluss der Studienzeit auf Plancks späteres Wirken 16
II. Dissertation: „De legitimatione ad causam", 1837 19
III. Habilitation: „Continentia causae", 1839 19
IV. Privatdozent in Göttingen, 1839 - 1842 19
V. Assessor des Spruchkollegiums, 1840 - 1842 20

D. Stationen als Ordinarius 21

I. Basel 1842 - 1845: Romanistisch geprägte Phase 21
1.) Wirken an der Universität 21
a) Berufung 21
b) Die Juristische Fakultät 25
c) Lehrtätigkeit und ausgeübte Ämter 26
2.) Privatleben 27
3.) Abschied von Basel 28
4.) Erstes Werk: „Die Mehrheit der Rechtsstreitigkeiten im Prozeßrecht", 1844 29
a) Hintergrund 29
b) Inhalt 30
c) Plancks Lehre von der subjektiven Klagehäufung 32

aa) Herausbildung der Ansicht Plancks ... 32
bb) Berücksichtigung bei der Kodifikation der CPO 1877 ... 36
(1) Begriff der Streitgenossenschaft ... 36
(2) Einfache Streitgenossenschaft ... 37
(3) Notwendige Streitgenossenschaft ... 38
d) Reaktionen und Ergebnis ... 39
5.) Zusammenfassung ... 40
II. Greifswald 1845 - 1850: Die Hinwendung zur Germanistik ... 40
1.) Wirken an der Universität ... 41
a) Allgemeine Lage der Universität ... 41
b) Die Juristische Fakultät ... 42
c) Lehrtätigkeit ... 46
d) Politische Einstellung ... 47
aa) Ehrenpromotion Alexander Karl Braun ... 47
bb) Constitutioneller Klub ... 48
2.) Richterliche Tätigkeit am Oberappellationsgericht Greifswald ... 49
3.) Privatleben ... 50
4.) Abschied von Greifswald ... 56
5.) Werke und Publikationen ... 59
a) Hinwendung zur Germanistik ... 60
b) „Das Recht der Beweisführung nach dem älteren deutschen, besonders sächsischen Verfahren", 1846 ... 61
aa) Hintergrund ... 61
bb) Inhalt ... 61
cc) Antiromanistischer Ansatz ... 63
dd) Beweggründe und Ergebnis ... 64
c) „Die Lehre vom Beweisurtheil", 1848 ... 65
aa) Hintergrund ... 65
bb) Inhalt ... 66
cc) Einordnung und Reaktionen ... 68
dd) Berücksichtigung in der Allgemeinen Proceßordnung für das Königreich Hannover vom 08. November 1850 ... 69
ee) Weitere Entwicklung und Ergebnis ... 70
d) Ergebnis ... 70
6.) Zusammenfassung ... 71
III. Kiel 1850 - 1867: Zwischen Politik und Universität ... 72
1.) Politische Situation ... 73
2.) Wirken an der Universität ... 77

a) Allgemeine Lage der Christian-Albrechts-Universität 77
b) Die Juristische Fakultät 81
aa) Besetzung 81
bb) Haltung der Fakultät in der Schleswig-Holstein-Frage 86
cc) Plancks Einstellung zur Schleswig-Holstein-Frage 88
(1) Augustenburgische Partei 89
(2) Deutscher Nationalverein 90
dd) Ergebnis 92
c) Lehrtätigkeit und überlieferte Kollegmitschriften 93
d) Ausgeübte Ämter an der Kieler Universität 95
aa) Ordinarius des Kieler Spruchkollegiums 95
bb) Rektorate 1856/58 und 1861/62 96
cc) Kuratorium 1864 - 1866 98
dd) Sonstige Ämter 101
e) Ehrungen und Auszeichnungen 101
aa) Ritter des Dannebrog, 1854 101
bb) Diskussion um die Ernennung zum Etatsrat, 1862 102
f) Ergebnis 102
3.) Richterliche Tätigkeit 103
4.) Privatleben 107
a) Familiäres 107
b) Freundschaften und Interessen 111
aa) Julie Michaelis 111
bb) Intellektueller Zusammenschluss: Die „Familie“ 112
cc) Weitere Bekanntschaften 113
c) Vormundschaften 114
d) Ergebnis 115
5.) Abschied von Kiel 115
6.) Werke und Publikationen 120
a) „Systematische Darstellung des deutschen Strafverfahrens“, 1857 120
aa) Hintergrund 120
bb) Inhalt 121
cc) Reaktionen 122
dd) Ergebnis 123
b) Gutachten auf dem Zweiten Deutschen Juristentag, 1861 124
aa) Hintergrund 124
bb) Inhalt 125
cc) Reaktionen und Ergebnis 126

c) „Bemerkungen über den Entwurf einer Proceßordnung in bürgerlichen Rechtsstreitigkeiten für das Königreich Bayern“, 1862 ... 126
aa) Hintergrund ... 127
bb) Inhalt und Ergebnis ... 128
cc) Weitere Entwicklung ... 129
d) „Zur Würdigung der Oldenburger Denkschrift“, 1865 ... 129
aa) Hintergrund ... 130
bb) Inhalt ... 130
cc) Weitere Entwicklung und Ergebnis ... 131
e) Allgemeine Monatsschrift für Wissenschaft und Literatur .. 131
f) Ergebnis ... 133
7.) Zusammenfassung ... 134
IV. München ab 1867: Planck als Altmeister des Prozessrechts ... 135
1.) Wirken an der Universität ... 136
a) Allgemeine Lage der Universität ... 136
b) Die Juristische Fakultät ... 138
aa) Lage und Besetzung ... 138
bb) Stellung der Fakultät zum Antisemitismus ... 139
cc) Plancks Haltung zum Antisemitismus ... 140
c) Lehrtätigkeit ... 143
d) Ausgeübte Ämter ... 145
aa) Rektorat 1872/73 ... 145
bb) Ordinarius des Münchener Spruchkollegiums ... 146
cc) Sonstige Ämter ... 147
e) Würdigung seiner Leistungen ... 147
aa) Auszeichnungen und Berufungen ... 147
bb) Fünfzigjähriges Doktorjubiläum ... 152
2.) Außeruniversitäres Engagement ... 153
a) Königlich Bayerische Akademie der Wissenschaften ... 153
b) Savigny-Stiftung ... 155
c) Mitglied des Kuratoriums des Königlichen Maximilianeums ... 157
d) Bayerischer literarischer Sachverständigenverein ... 157
e) Zwanglose Gesellschaft ... 158
3.) Privatleben und Lebensabend ... 159
4.) Werke und Publikationen ... 161
a) Gutachten auf dem Siebten Deutschen Juristentag, 1868 ... 161
aa) Hintergrund ... 161
bb) Inhalt ... 161

cc) Berücksichtigung in der CPO von 1877 163
dd) Weitere Entwicklung und Ergebnis 164
b) „Das deutsche Gerichtsverfahren im Mittelalter“, 1879 165
aa) Hintergrund 165
bb) Inhalt 166
cc) Bewertungen und Ergebnis 167
c) „Lehrbuch des deutschen Civilprozessrechts“, 1887, 1891 und 1896 168
aa) Hintergrund 168
bb) Inhalt 169
cc) Bedeutung und Ergebnis 170
d) Ergebnis 171
5.) Zusammenfassung 172

E. Gesamtwürdigung 175

F. Anhang 179
I. Lebensdaten mit Stammbaum 179
II. Werkverzeichnis 182
III. Übersicht über gehaltene Vorlesungen 183
1. Universität Göttingen 183
2. Universität Basel 184
3. Universität Greifswald 184
4. Universität Kiel 186
5. Universität München 189
IV. Ehrungen und Auszeichnungen 193

Personenregister 195

Quellen- und Literaturverzeichnis

I. Ungedruckte Quellen

1.) Archiv der Berlin-Brandenburgischen Akademie der Wissenschaften

- Nachlass Karl Weinhold, Nr. 1051, Karte Emma von Planck an Weinhold, o.D., o.O.

2.) Archiv der Ludwig-Maximilians-Universität München

- E-II-501 (Personalakt J. J. W. Planck)

3.) Archiv der Max-Planck-Gesellschaft, Berlin-Dahlem

- Abb. 1, Planck, Bild-Nr. IV/39.
- Abb. 2, Planck, Bild-Nr. IV/40.
- Abb. 3, Planck, Bild-Nr. IV/43.
- Abb. 5, Planck, Bild-Nr. IV.2/37.

4.) Bayerische Staatsbibliothek

- Cgm 8025 S. 28, Planck an Förster, 04/1880.

5.) Deutsches Literaturarchiv Marbach

- A: Köstlin, Zug.nr. 46039/1, Brief Planck an Köstlin vom 30.06.1850.
- A: Köstlin, Zug.nr. 46039/4, Brief Planck an Köstlin vom 10.06.1851.

6.) Geheimes Staatsarchiv Preußischer Kulturbesitz

- GStA PK, I. HA Rep. 90 A Staatsministerium, jüngere Registratur, Nr. 1766: Ernennung, Bestellung, auch Disziplinierung, Beurlaubung und Entlassung von Universitätslehrern, Bd. 1, 1848-1904, Bl. 46-53.

7.) Hochschul- und Landesbibliothek RheinMain

- Hs 330, Briefe Planck an Liesegang, 1891-1900.

8.) Kirchenkreisarchiv Göttingen

- Kirchenbuch Göttingen, St. Albani, Getaufte Jahrgang 1817, Seite 292, Nr. 34.

9.) Landesarchiv Schleswig-Holstein

- Abt. 47, Nr. 827: Entlassung des Professors von Planck aus seinen Vormundschaftsstellen, 1862-1867.
- Abt. 47.1, Nr. 169 I und II: Persönliche Verhältnisse der akademischen Lehrer 1852-1865.
- Abt. 47.1, Nr. 170 II: Verleihung einer Auszeichnung an Prof. Johann Julius Wilhelm Planck 1862.
- Abt. 47.1, Nr. 267: Das Verhalten der Professoren Johann Julius Wilhelm Planck und Peter Wilhelm Forchhammer in politischer Hinsicht 1863.
- Abt. 80, Nr. 1161 II: Oberappellationsgerichtsräte.

10.) Universitätsarchiv Göttingen

- Jur Prom 0,0624, Abgangszeugnis Planck vom 24.08.1837.

11.) Universitätsarchiv Greifswald

- PA 422 Planck.
- Altes Rektorat Hbg 38/16, Hbg 39/2, Hbg 38/17, Hbg 38/19, Hbg 38/18, Hbg 38/20, Hbg 38/21, Hbg 38/22, Hbg 39/3, R 27, Hbg 39/4, Labores Planck.
- K 181 Die Juristische Fakultät.

12.) Universitätsbibliothek Basel

- NL 102 B: 4615, Brief Emma Planck an Frau Miescher vom 09.03.1851.
- NL 102 B: 4617, Brief Planck an Miescher vom 19.05.1845.
- NL 102 B: 4618, Brief Planck an Miescher vom 21.01.1846.
- NL 102 B: 4619, Brief Planck an Miescher vom 06.08.1846.
- NL 102 B: 4620, Brief Planck an Miescher vom 30.06.1847.
- NL 102 B: 4622, Brief Planck an Miescher vom 14.10.1849.
- NL 102 B: 4623, Brief Planck an Miescher vom 09.03.1851.
- NL 3: 272, 225, Brief Planck an Bachofen vom 12.04.1845.
- NL 3: 272, 226, Brief Planck an Bachofen vom 14.06.1845.

13.) Universitätsbibliothek Heidelberg

- Heid. Hs. 2746, 1141, Brief Planck an Mittermaier vom 03.09.1844.

14.) Universitätsbibliothek Tübingen

- Sig. Md780/162, Brief Planck an Ubbelohde vom 11.12.1896.
- Sig. Md 782-A 193, Briefe Planck an Nöldeke vom 10.03.1864 und 01.04.1864.

15.) Württembergische Landesbibliothek Stuttgart

- Cod.hist.fol.767 Fasz. XI, Rundschreiben der Herausgeber der Allgemeinen Monatsschrift für Wissenschaft und Literatur vom 23.05.1851.
- Cod.hist.fol.767 Fasz. XI, Brief Planck an Reyscher vom 10.06.1851.
- Cod.hist.fol.767 Fasz. XI, Brief Planck an Reyscher vom 06.08.1851.
- Cod.hist.fol.767 Fasz. I, Brief Planck an Reyscher vom 02.09.1856.
- Cod.hist.fol.767 Fasz. VIII, Brief Planck an Reyscher vom 27.11.1858.

16.) Schleswig-Holsteinische Landesbibliothek

- Briefe Planck an Hegel vom 13.06.1852 und 05.03.1853.

17.) Staatsarchiv Basel-Stadt

- Erziehungs-Akten Z 11 Planck.
- PA 511a 611-17-05 305, Brief Planck an Vischer-Bilfinger vom 13.12.1861.
- Vorlesungsverzeichnisse der Universität Basel aus den Jahren 1842-1845.

18.) Schriftliche Mitteilungen

- E-Mail des Münchener Grabmalbüros vom 16.08.2013.
- E-Mail von Prof. Dr. Jürke Grau, derzeitiger Geschäftsführer der Zwanglosen Gesellschaft München, vom 25.09.2013.
- Brief von Prof. Dr. Jürke Grau vom 09.11.2013.

II. Gedruckte Quellen und Literatur

Adler, Sebastian: Das Verhältnis von Richtern und Parteien in der preußischen und deutschen Zivilprozeßgesetzgebung, Hamburg 2006.

Adreßbuch von München für das Jahr 1868, bearbeitet von M. Siebert.

Ahrens, Gerhard: Heinrich Thöl - ein vergessener Ehrenbürger, Zeitschrift des Vereins für Lübeckische Geschichte und Altertümer 86 (2006), S. 99-113.

Ahrens, Martin: Prozessreform und einheitlicher Zivilprozess: Einhundert Jahre legislative Reform des deutschen Zivilverfahrensrechts vom Ausgang des 18.

Jahrhunderts bis zur Verabschiedung der Reichszivilprozessordnung, Tübingen 2007.

Akamatsu, Hidetake: Einleitung, in: ders./Rückert, Joachim (Hrsg.), Friedrich Carl von Savigny: Politik und Neuere Legislationen, Materialien zum „Geist der Gesetzgebung", Frankfurt am Main 2000, S. XVII-LXIX.

Amtliches Verzeichniss des Personals der Lehrer, Beamten und Studirenden an der königlich bayerischen Ludwig-Maximilians-Universität zu München, Wintersemester 1867/68 bis Wintersemester 1894/95.

André, Wilhelm: Stellungnahme, über die Anträge des Herrn Geh. Obertribunalrath Waldeck, in: Schriftführer-Amt der ständigen Deputation (Hrsg.), Verhandlungen des Zweiten Deutschen Juristentages, Erster Band, Berlin 1861, S. 36-65.

Angermair, Elisabeth: Eine selbstbewußte Minderheit (1892-1918), in: Bauer, Richard/Brenner, Michael, Jüdisches München: Vom Mittelalter bis zur Gegenwart, München 2006, S. 110-132.

Avenarius, Martin: Schmidt, Karl Adolf, NDB 23 (2007), S. 174-175.

Bartels, Adolf: Klaus Groth, ADB 49 (1904), S. 562-575.

Baumbach, Adolf/Lauterbach, Wolfgang/Albers, Jan/Hartmann, Peter: Zivilprozessordnung mit FamFG, GVG und anderen Nebengesetzen, 72. Auflage, München 2014.

Baumgarten, Marita: Professoren und Universitäten im 19. Jahrhundert: Zur Sozialgeschichte deutscher Geistes- und Naturwissenschaftler, Göttingen 1997.

Baumstark, Edward: Die Universität Greifswald vor hundert und vor fünfzig Jahren; Akademische Festschrift zur Feier der fünfzigjährigen Angehörigkeit Neupommerns und Rügens zum Königreich Preußen, Greifswald 1866.

Bayer, Hieronymus Johann Paul von: Vorträge über den gemeinen ordentlichen Civilprozeß, 8. Auflage, München 1858.

Bechmann, August: Wilhelm v. Planck, Beilage zur Allgemeinen Zeitung, Jahrgang 1900, Nr. 230, S. 1-5.

Beck, Lorenz Friedrich: Max Planck im Kaiserreich und in der Weimarer Republik, in: ders. (Hrsg.), Max Planck und die Max-Planck-Gesellschaft: Zum 150. Geburtstag am 23. April 2008 aus den Quellen zusammengestellt vom Archiv der Max-Planck-Gesellschaft, Berlin 2008, S. 19-34.

Behrends, Okko (Hrsg.): Rudolf von Jhering: Beiträge und Zeugnisse aus Anlaß der einhundertsten Wiederkehr seines Todestages am 17.9.1992, 2. Auflage, Göttingen 1993.

Berchtold, o. V.: Dollmann, Karl Friedrich von, ADB 5 (1877), S. 318-321.

Beseler, Georg: Volksrecht und Juristenrecht, Leipzig 1843 [zitiert: Beseler, Volksrecht und Juristenrecht].

–: Christiansen, Johannes, ADB 4 (1876), S. 216-218.

–: Erlebtes und Erstrebtes, 1809-1859, Berlin 1884 [zitiert: Beseler, Erlebtes].

Blumenbach, Johann Friedrich Ferdinand: Otto Brandis, Hanseatische Rechts- und Gerichts-Zeitschrift A, 1929, Spalte 470-472.

Bobzin, Hartmut: Nöldeke, Theodor Eduard Bernhard, NDB 19 (1998), S. 311-312.

Bohn, Robert: Geschichte Schleswig-Holsteins, München 2006.

Bonjour, Edgar: Die Universität Basel von den Anfängen bis zur Gegenwart 1460-1960, 2. Auflage, Basel 1971.

Borries, Ernst von: Zwanglose Gesellschaft [München], in: von Wülfing, Wulf/ Bruns, Karin/Parr, Wolf (Hrsg.), Handbuch literarisch-kultureller Vereine, Gruppen und Bünde: 1825-1933, Stuttgart [u.a.] 1998, S. 502-510.

Bosl, Karl (Hrsg.): Bosls bayerische Biographie: 8000 Persönlichkeiten aus 15 Jahrhunderten, Regensburg 1983.

Boysen, Carl: Beiträge zur augustenburgischen Bewegung, ZSHG 65 (1937), S. 317-353.

Brackenhoeft, Theodor: Ueber den Beweis-Interlocut, AcP 28 (1846), S. 206-246.

Breisach, Thomas: Jüdische Universitätsprofessoren im Königreich Bayern, Neuried 2000.

Bruns, Karl Georg: Die Savigny-Stiftung, ZRG GA 1 (1880), S. VIII-XIX.

Bueckling, Adrian: Die Schweden in Vorpommern nördlich der Peene: Rückschau in Skizzen: Eine historische Schwedenplatte, Karlshagen 2003.

Bühler, Theodor: Bachofen, Johann Jakob (1815-1887), in: Cordes, Albrecht/Haferkamp, Hans-Peter/Lück, Heiner/Werkmüller, Dieter/Schmidt-Wiegand, Ruth (Hrsg.), Handwörterbuch zur deutschen Rechtsgeschichte (HRG), Band 1, 2. Auflage, Berlin 2008, Sp. 398 [zitiert: Bühler, HRG I].

Burckhardt, Carl Felix: Geschichte der Freiwilligen Akademischen Gesellschaft der Stadt Basel während der ersten 50 Jahre ihres Bestehens, Basel 1885.

Burckhardt, Max: Der Ratsherr Andreas Heusler (1802-1868) als jugendlicher Patriot und Aufklärer, BZGA 91 (1991), S. 209-229.

Burckhardt-Biedermann, Theophil: Vischer, Wilhelm (d. Aeltere), ADB 40 (1896), S. 67-70.

Carstens, Carsten Erich: Olshausen, Justus, ADB 24 (1887), S. 328-330.

–: Wieding, Karl Johannes Friedrich Wilhelm, ADB 42 (1897), S. 389-390.

Chronik der Ludwig-Maximilians-Universität München, Jahrgänge 1867/68-1900/01.

Chronik der Universität zu Kiel, Jahrgänge 1850-1867.

Coester, Michael: Gottlieb Planck (1824-1910). Ein Vater des neuen bürgerlichen Rechts, in: Loos, Fritz (Hrsg.), Rechtswissenschaft in Göttingen: Göttinger Juristen aus 250 Jahren, Göttingen 1987, S. 299-315.

Collin, Peter: Strafrechtswissenschaft und Strafrechtspraxis: Heinrich von Friedberg (1813-1895), in: Lege, Joachim (Hrsg.), Greifswald – Spiegel der deutschen Rechtswissenschaft 1815 bis 1945, Tübingen 2009, S. 211-220.

Dahn, Felix: Planck, J. W., Prof., Das deutsche Gerichtsverfahren im Mittelalter: Nach dem Sachsenspiegel u. den verwandten Rechtsquellen, 1., 2. Bd. Braunschweig, 1878/79, Literarisches Centralblatt 1880, Sp. 351-352.

Degener, Hermann A. L.: Wer ist's? Unsere Zeitgenossen, Zeitgenossenlexikon, 3. Ausgabe, Leipzig 1908.

Diekmann, Frank: Die oldenburgischen Ansprüche auf Schleswig und Holstein 1863-1866, Oldenburger Jahrbuch, Band 102 (2002), S. 143-166.

Dilcher, Gerhard/Kern, Rüdiger: Die juristische Germanistik des 19. Jahrhunderts und die Fachtradition der Deutschen Rechtsgeschichte, ZRG GA 100 (1984) 1-46.

Döhl, Hartmut: Michaelis, Adolf, NDB 17 (1994), S. 429-430.

Döhring, Erich: 125 Jahre Obergerichtsbarkeit in Schleswig-Holstein, SchlHAnz 1959, S. 229-244.

–: Friedberg, Heinrich von, NDB 5 (1961), S. 444-445.

–: Geschichte der juristischen Fakultät 1665-1965, Neumünster 1965.

Ebel, Friedrich: Der Magdeburger Schöppenstuhl, JuS 1981, S. 330-331.

Ebel, Wilhelm: Catalogus professorum Gottingensium 1734-1962, Göttingen 1962.

Ehrenberg, Victor: Heinrich Thöl: Seine Bedeutung für die Rechtswissenschaft, ZHR 31 (1885), S 564-588.

Eisenhart, August: Martin, Christoph Reinhard Dietrich, ADB 20 (1884), S. 485-489.

–: Nietzsche, Friedrich August, ADB 23 (1886), S. 691-692.

–: Tigerstroem, Friedrich Wilhelm v., ADB 38 (1894), S. 295-296.

–: Wunderlich, Gottlob Friedrich Walter Agathon, ADB 44 (1898), S. 311-313.

Engel, Hans-Ulrich: Beweisinterlokut und Beweisbeschluß im Zivilprozeß, Köln [u.a.] 1992.

Euler, Friedrich W.: Der Physiker Prof. Dr. Max Planck und seine Ahnen, Merck-sche Familien-Zeitschrift 10 (1960), S. 91-99.

Ewald, Carl Anton: Frerichs, Friedrich Theodor, ADB 21 (1885), S. 782-790.

Festgabe zum Doctor-Jubiläum des Herrn Geheimen Raths und Professors Dr. Joh. Jul. Wilh. v. Planck von der Juristen-Facultät zu München überreicht, München 1887 [Neudruck: Aalen 1982].

Fischer, Ernst Peter: Der Physiker: Max Planck und das Zerfallen der Welt, München 2007.

Foljanty, Lena/Gelinek, Sonja: Nachtrag: Weitere bedeutende Greifswalder Juristen, in: Lege, Joachim (Hrsg.), Greifswald – Spiegel der deutschen Rechtswissenschaft 1815 bis 1945, Tübingen 2009, S. 466-475.

Frensdorff, Ferdinand: Thöl, Johann Heinrich, ADB 38 (1894), S. 47-52.

–: Zachariae, Heinrich Albert, ADB 44 (1898), S. 617-632.

–: Gottlieb Planck, deutscher Jurist und Politiker, Berlin 1914.

Frey, Manfred: Friedrich Miescher-His (1811-1887) und sein Beitrag zur Histopathologie des Knochens, Basel 1962.

Friedrich, Johann: Nekrolog Johann Julius Wilhelm von Planck, in: Sitzungsberichte der philosophisch-philologischen und historischen Classe der bay. Akademie der Wissenschaften, München 1902, S. 81-94 [zitiert: Friedrich, Sitzungsberichte 1902].

Friese, Victor/Liesegang, Erich: Die Magdeburger Schöffensprüche für Gross-Salze, Zerbst und Anhalt, Naumburg und aus dem Codex Harzgerodanus, Berlin 1901.

Fuchs, Johannes G.: Johann Julius Wilhelm Planck, in: Staehelin, Andreas (Hrsg.), Professoren der Universität Basel aus fünf Jahrhunderten, Basel 1960, S. 148.

Gassen, Kurt: Baumstark, Eduard, NDB 1 (1953), S. 668-669.

Gensler, Johann Casper: Ueber die Begriffe: Beweis, Beweismittel, Beweggründe, Beweislast, Beweissatz, AcP 1 (1818), S. 26-64, 258-280, 339-385.

Geppert, Klaus: Der Grundsatz der Unmittelbarkeit im deutschen Strafverfahren, Berlin/New York 1979.

Gierke, Otto: Die historische Rechtsschule und die Germanisten, Berlin 1903.

Gmür, Rudolf/Roth, Andreas: Grundriss der deutschen Rechtsgeschichte, 13. Auflage, München 2011.

Goldschmidt, James: Der Prozess als Rechtslage, eine Kritik des prozessualen Denkens, Berlin 1925.

Graßmann, Günther: Max Planck, Mitteilungen aus der Max-Planck-Gesellschaft 1973, S. 91-104.

Grewolls, Grete: Wer war wer in Mecklenburg und Vorpommern: Das Personenlexikon, 1 DVD-ROM, Rostock 2011.

Gundlach, Franz (Hrsg.): Das Album der Christian-Albrechts-Universität zu Kiel 1665-1865, Kiel 1915 [zitiert: Gundlach, Album CAU].

–: Catalogus professorum Academiae Marburgensis: Die akademischen Lehrer der Philipps-Universität in Marburg von 1527 bis 1910, Marburg 1927.

Guyet, Karl Julius: Ueber die Rechtskraft der Erkenntnisse auf Beweis, AcP 15 (1832), S. 401-430.

Haferkamp, Hans-Peter: Fortwirkungen des Kameralprozesses im gemeinen Zivilprozess des 19. Jahrhunderts, in: Oestmann, Peter (Hrsg.), Zwischen Formstrenge und Billigkeit: Forschungen zum vormodernen Zivilprozeß, Köln [u.a.] 2009, S. 298-310.

Hahn, Carl: Die gesamten Materialien zu den Reichsjustizgesetzen, Band 2, Materialien zur Zivilprozeßordnung, Abteilung 1, 2. Auflage, Berlin 1881 [Neudruck: Aalen 1983].

Hartig, Elvira (Hrsg.): Wohin das Herz uns treibt: Die Tagebücher der Doris Groth geb. Finke, Heide 1985.

Hartig, Werner: Die Reform der prozeßleitenden Grundsätze im bayrischen Zivilprozeßrecht (Erkenntnisverfahren) von der Zeit Kreittmayrs bis zum Ende der Partikulargesetzgebung, Bonn 1968.

Hartmann, Wilhelm: Planck, Das deutsche Gerichtsverfahren im Mittelalter, Zeitschrift für Gesetzgebung und Praxis auf dem Gebiete des deutschen öffentlichen Rechtes 6 (1880), S. 173.

Hartwich, Esther: Der Deutsche Juristentag von seiner Gründung 1860 bis zu den Reichsjustizgesetzen 1877 im Kontext von Nationalbildung und Rechtsvereinheitlichung, Berlin 2008.

Hassenpflug, Hans Daniel Ludwig Friedrich: Kleine Schriften juristischen Inhalts, erstes Bändchen, Leipzig 1845.

Haushofer, Max: Die Ludwig-Maximilians-Universität zu Ingolstadt, Landshut und München in Vergangenheit und Gegenwart, München 1890.

Heffter, August Wilhelm: System des römischen und deutschen Civil-Processrechts, 2. Auflage, Bonn 1843.

Heigel, Karl Theodor von: Seuffert, Georg Karl v., ADB 34 (1892), S. 53.

–: Bayer, Hieronymus von, ADB 46 (1902), S. 278-281.

Henkel, Thomas: Begriffsjurisprudenz und Billigkeit: Zum Rechtsformalismus der Pandektistik nach G. F. Puchta, Köln [u.a.] 2004.

Hermann, Armin: Max Planck mit Selbstzeugnissen und Bilddokumenten, 8. Auflage, Reinbek 2005.

Hirsch, August: Hensler, Philipp Gabriel, ADB 12 (1880), S. 8-11.

Hoffmann, Dieter: Planck, Max Karl Ernst Ludwig, NDB 20 (2001), S. 497-500.

–: Max Planck: Die Entstehung der modernen Physik, München 2008 [zitiert: Hoffmann, Max Planck – Entstehung der modernen Physik].

Hofmann, Erich: Die Christian-Albrechts-Universität in preußischer Zeit, in: Geschichte der Christian-Albrechts-Universität Kiel, Bd. 1, Teil 2: Allgemeine Entwicklung der Universität, Neumünster 1965, S. 9-115 [zitiert: Hofmann, in: Allgemeine Entwicklung der Universität].

Holzhammer, Richard: Parteienhäufung und einheitliche Streitpartei, Wien/New York 1966.

Huber, Ernst Rudolf: Deutsche Verfassungsgeschichte seit 1789, Band III, Bismarck und das Reich, Stuttgart 1963.

Hunger, Ulrich: Die Georgia Augusta als hannoversche Landesuniversität. Von ihrer Gründung bis zum Ende des Königreichs, in: Böhme, Ernst/Vierhaus, Rudolf (Hrsg.): Göttingen: Geschichte einer Universitätsstadt, Band 2: Vom Dreißigjährigen Krieg bis zum Anschluss an Preußen – Der Wiederaufstieg als Universitätsstadt (1648–1866), Göttingen 2002, S. 139-213.

Irmen, Hans-Josef/Wanger, Harald (Hrsg.): Gabriel Joseph Rheinberger, Briefe und Dokumente, Band 4, Vaduz 1984.

Jansen, Karl: Schleswig-Holsteins Befreiung, herausgegeben aus dem Nachlaß des Professors Karl Jansen und ergänzt von Karl Samwer, Wiesbaden 1897 [zitiert: Jansen/Samwer].

Jastrow, Ignaz: Nitzsch, Karl Wilhelm, ADB 23 (1886), S. 730-742.

Jhering, Rudolf von: Agathon Wunderlich, ein Nachruf, Jahrbücher für die Dogmatik des heutigen römischen und deutschen Privatrechts, Band 17 (1879), S. 145-157.

Jordan, Karl: Christian Albrechts Universität Kiel 1665-1965, Neumünster 1965.

Kähler, Otto: 100 Jahre der Gerichtseinheit in Schleswig-Holstein, Festrede gehalten bei der Hundertjahresfeier des Oberlandesgerichts in Kiel am 18. Oktober 1934 von Dr. Otto Kähler, Neumünster 1934.

Kahle, Erhart: Litzmann, Carl, NDB 14 (1985), S. 713-714.

Kempter, Friedrich Eckehard: Die Gutachten- und Urteilstätigkeit der Juristenfakultät Ingolstadt - Landshut - München in formeller und materieller Sicht, Mannheim 1975.

Kern, Bernd-Rüdiger: Georg Beseler, Leben und Werk, Berlin 1982 [zitiert: Kern, Georg Beseler – Leben und Werk].

–: Alexander Karl Braun (1807-1868), in: Sächsische Akademie der Wissenschaften zu Leipzig (Hrsg.), Sächsische Lebensbilder, Band 5, Leipzig 2003, S. 75-86 [zitiert: Kern, in: Sächsische Lebensbilder].

Kiecksee, Heinz: Holstein 1864, Holstein und seine Randgebiete im Deutsch-Dänischen Kriege 1864, Lübeck/Hamburg 1964.

Klüpfel, August: Köstlin, Reinhold, ADB 16 (1882), S. 759-761.

Klugkist, Engelbert: Die Göttinger Juristenfakultät als Spruchkollegium, Göttingen 1952.

Knothe, Hans-Georg: Die Fakultät zur Zeit der preußischen Monarchie (1815-1918), in: Alvermann, Dirk/Spiess, Karl-Heinz (Hrsg.), Universität und Gesellschaft, Festschrift zur 550-Jahrfeier der Universität Greifswald 1456-2006, Band 1: Die Geschichte der Fakultäten im 19. und 20. Jahrhundert, Rostock 2006, S. 165-231.

Körner, Hans: Der Bayerische Maximilians-Orden für Wissenschaft und Kunst und seine Mitglieder, ZBLG 47 (1984), S. 299-398.

Kohl, Ulrike: Die Präsidenten der Kaiser-Wilhelm-Gesellschaft im Nationalsozialismus: Max Planck, Carl Bosch und Albert Vögler zwischen Wissenschaft und Macht, Stuttgart 2002.

Kolk, Rainer: Müllenhoff, Karl, NDB 18 (1997), S. 308-309.

Kosegarten, Johann Gottfried Ludwig: Geschichte der Universität Greifswald mit urkundlichen Beilagen, Erster Theil, Greifswald 1857.

Kotulla, Michael: Deutsches Verfassungsrecht 1806-1918: Eine Dokumentensammlung nebst Einführungen, 1. Band: Gesamtdeutschland, Anhaltische Staaten und Baden, Berlin [u.a.] 2006.

Kroeschell, Karl: Deutsche Rechtsgeschichte, Band 3: Seit 1650, 5. Auflage, Wien 2008.

Kupke, Georg: Vor fünfzig Jahren, Briefwechsel zwischen Dr. Karl Lorentzen und den Führern der Augustenburgischen Partei 1863-1866, Leipzig 1914.

L. F.: Dr. Heinrich Harburger, Senatspräsident und Universitätsprofessor in München, AZJ 1916, S. 197-198.

Laband, Paul: J. W. Planck, das deutsche Gerichtsverfahren im Mittelalter: Nach dem Sachenspiegel und den verwandten Rechtsquellen, 2 Bde. 1879, Bd. I, 855 S., Bd. II, 224 S., KrVJSchr 22 (1880), S. 119-130.

Landau, Peter: Juristen jüdischer Herkunft im Kaiserreich und in der Weimarer Republik, in: Heinrichs, Helmut/Franzki, Harald/Schmalz, Klaus/Stolleis, Michael (Hrsg.), Deutsche Juristen jüdischer Herkunft, München 1993, S. 133-213.

Landsberg, Ernst: Ribbentrop, Georg Julius, ADB 28 (1889), S. 405-406.

Lange, Ulrich: Vom Ancien Régime zur frühen Moderne (1773 bis 1867), in: Jensen, Jürgen/Wulf, Peter (Hrsg.), Geschichte der Stadt Kiel, Neumünster 1991, S. 137-271.

Lemmerich, Jost: Johann Julius Wilhelm von Planck (1817-1900). Der Vater von Max Planck, in: Beck, Lorenz Friedrich/Laitko, Hubert (Hrsg.), Dahlemer Archivgespräche, Band 14 (2008), Berlin 2013, S. 197-211.

Leonhardt, Gerhard Adolf Wilhelm: Zur Reform des Civilprocesses in Deutschland, Teil 1, Hannover 1865.

Leppla, Ruprecht: Erich Liesegang 1860-1931, in: Wolf, Karl (Hrsg.), Nassauische Lebensbilder, Band 4, Wiesbaden 1950, S. 253-263 [zitiert: Leppla, in: Nassauische Lebensbilder Band 4].

Liepmann, Moritz (Hrsg.): Von Kieler Professoren: Briefe aus drei Jahrhunderten zur Geschichte der Universität, Stuttgart/Berlin 1916.

Liesegang, Erich: Bericht über eine zur Herstellung eines Verzeichnisses der Magdeburger Schöffensprüche im Auftrage der Königlichen Bayerischen

Akademie der Wissenschaften im Jahre 1889 unternommenen Reise, ZRG GA 16 (1895), S. 281-300.

Linde, Justin Timotheus Balthasar von: Betrachtungen von den Lehren von den Parteien im Civilprozesse, ZCrPr 15 (1841), S. 343-424.

Liszt, Eduard von: Gutachten über die Frage: Soll einem prozeßordnungsgemäß erlassenen strafgerichtlichen Urtheile, wodurch eine Frage entschieden ist, welche der Entscheidung einer Civilsache präjudiziert, für diese letztere die Kraft eines vollen Beweises eingeräumt werden?, in: Schriftführer-Amt der ständigen Deputation (Hrsg.), Verhandlungen des Siebten Deutschen Juristentages, Erster Band, Berlin 1868, S. 45-53.

Lorsy, Ernst: Deutsche Köpfe: III: Max Planck, Interview mit Max Planck, Münchener Illustrierte Presse 1931, Nr. 20, S. 633, 644-645, 649.

Lotmar, Philipp: Brinz, Alois von, ADB 47 (1903), S. 241-259.

Lücke, Friedrich: Dr. Gottlieb Jakob Planck. Ein biographischer Versuch. Nebst einem erneuerten, hie und da verbesserten Abdruck einer biographischen Mittheilung über Dr. Heinrich Ludwig Planck, Göttingen 1835.

Lüdemann, Carl: Bericht über die 2 Jahre seines Rectorats vom 5. März 1853 bis dahin 1855, in: Chronik der Universität zu Kiel 1855, Kiel 1856, S. 7-13.

Lüke, Wolfgang: Die Beteiligung Dritter im Zivilprozeß: Eine rechtsvergleichende Untersuchung zu Grundfragen der subjektiven Verfahrenskonzentration, Tübingen 1993.

Luig, Klaus: Hugo, Gustav, NDB 10 (1974), S. 26-27.

Mantzouranis, Ioannis: Die notwendige Streitgenossenschaft im Zivilprozess, Tübingen 2013.

Martin, Christoph: Von der rechtlichen Natur der Streitgenossenschaft und deren Einflüsse auf den Proceß, Magazin für den gemeinen Teutschen bürgerlichen Prozeß, Bd. I, 1803, S. 11-62, 170-256, 346-400.

Mayer, Ernst: Julius Wilhelm von Planck, ZRG GA 22 (1901), S. XVII-XXII.

Meder, Stephan: Opposition, Legislation, Wissenschaft: Zum 100. Todestag von Gottlieb Planck, JZ 2010, S. 477-485.

Meister, Richard: Curtius, Georg, ADB 47 (1903), S. 597-602.

Mejer, Otto: Hugo, Gustav, ADB 13 (1881), S. 321-328.

Michaelis, Adolf: Julie Michaelis Familienerinnerungen: Ein Kieler Musenhof im Vormärz, Leipzig 1893.

Michelsen, Andreas Ludwig Jakob: Falck, Nikolaus F., ADB 6 (1877), S. 539-543.

Mittermaier, Carl Joseph Anton: Der gemeine deutsche bürgerliche Prozeß in Vergleichung mit dem preußischen und französischen Civilverfahren und mit den neuesten Fortschritten der Prozeßgesetzgebung, 2. Beitrag, 2. Auflage, Bonn 1827.

Molitor, Erich: Die Greifswalder Juristenfakultät, in: Ernst-Moritz-Arndt-Universität Greifswald (Hrsg.), Festschrift zur 500-Jahrfeier der Universität Greifswald, 17.10.1956, Band II, Greifswald 1956, S. 9-17 [zitiert: Molitor, in: FS zur 500-Jahrfeier der Universität Greifswald].

Müllenbach, Bernd: Johann Jakob Bachofen als Rechtshistoriker, ZRG GA 105 (1988), S. 17-96.

Müller-Bohn, Hermann/Kittel, Paul (Hrsg.): Die deutschen Befreiungskriege: Deutschlands Geschichte von 1806-1815, Berlin, Jahr unbekannt, ca. 1909.

Münchener Kommentar zur Zivilprozessordnung: ZPO, Band 1: §§ 1-354 und Band 3: §§ 1025-1109, EGZPO, GVG, EGGVG, UKlaG, Internationales und Europäisches Zivilprozessrecht, 4. Auflage, München 2013 [zitiert: MK-ZPO/ Bearbeiter].

Musielak, Hans-Joachim (Hrsg.): Kommentar zur Zivilprozessordnung: mit Gerichtsverfassungsgesetz, 10. Auflage, München 2013 [zitiert: Musielak-ZPO/ Bearbeiter].

Muther, Theodor: Barkow, August Friedrich, ADB 2 (1875), S. 67.

Naucke, Wolfgang: Köstlin, Reinhold, NDB 12 (1979), S. 408-409.

Neuhaus, Helmut: 150 Jahre Historische Kommission bei der Bayerischen Akademie der Wissenschaften: Eine Chronik, München 2008.

Nietzsche, Friedrich August: August Wilhelm Heffter, Institutionen des römischen und deutschen Civil-Prozesses, ALZ 1827, Sp. 9-16 und Ergänzungsblätter 1827, Sp. 41-46.

Nissen, Walter/Prauss, Christina/Schütz, Siegfried: Göttinger Gedenktafeln, Göttingen 2002.

Nörr, Knut Wolfgang: Zur historischen Schule im Zivilprozess- und Aktionenrecht, in: Gernhuber, Joachim (Hrsg.), Tradition und Fortschritt im Recht: Festschrift, gewidmet der Tübinger Juristenfakultät zu ihrem 500jährigen Bestehen, Tübingen 1977, S. 73-89.

–: Wissenschaft und Schrifttum zum deutschen Zivilprozeß im 19. Jahrhundert, Ius Commune, Band 10 (1983), S. 141-199.

Oesterley, Georg Heinrich: Geschichte der Universität Göttingen in dem Zeitraume von dem Jahre 1820 bis zu ihrer ersten Säcularfeier im Jahre 1837, Göttingen 1838.

Oncken, Hermann: Rudolf von Bennigsen: Ein deutscher liberaler Politiker: Nach seinen Briefen und hinterlassenen Papieren, Erster Band: Bis zum Jahre 1866, Leipzig 1910.

Osterloh, Robert: Lehrbuch des gemeinen, deutschen ordentlichen Civilprozesses, Zweiter Band, Leipzig 1856.

Ott, Sascha: Die Rechtsprechung des Greifswalder Oberappellationsgerichts in Strafsachen (1815-1849): Zur Entwicklung der Strafverfahrens und des Strafverfahrensrechts in Neu-Vorpommern, Hamburg 2009.

Panke-Kochinke, Birgit: Göttinger Professorenfamilien: Strukturmerkmale weiblichen Lebenszusammenhangs im 18. und 19. Jahrhundert, Pfaffenweiler 1993.

Personal- und Vorlesungsverzeichnis der Christian-Albrechts-Universität zu Kiel der Jahre 1850 bis 1867.

Pflanze, Otto: Bismarck: Der Reichsgründer, München 1997.

Planck, Johann Julius Wilhelm von: siehe Werkverzeichnis im Anhang.

Planck, Max: Wissenschaftliche Selbstbiographie, in: Verband Deutscher Physikalischer Gesellschaften und der Max-Planck-Gesellschaft zur Förderung der Wissenschaften (Hrsg.), Physikalische Abhandlungen und Vorträge: Aus Anlaß seines 100. Geburtstages (23. April 1958), Band 3, Braunschweig 1958, S. 374-401.

Polgar, Katalin: Das Oberappellationsgericht der vier freien Städte Deutschlands (1820-1879) und seine Richterpersönlichkeiten, Frankfurt am Main 2007.

Prantl, Carl: Geschichte der Ludwig-Maximilians-Universität in Ingolstadt, Landshut, München: Zur Festfeier ihres vierhundertjährigen Bestehens im Auftrage des Akademischen Senats, Erster und Zweiter Band, München 1872.

–: Planck, Karl Christian, ADB 26 (1888), S. 228-231.

Pütter, Johann Stefan: Versuch einer academischen Gelehrten-Geschichte von der Georg-Augustus-Universität zu Göttingen, Dritter Theil von 1788 bis 1820, Hannover 1820.

Pufendorf, Astrid von: Die Plancks: Eine Familie zwischen Patriotismus und Widerstand, Berlin 2006.

Puschmann, Kurt (Bearb.): Schlesisches Geschlechterbuch, Band 4, Limburg a. d. Lahn 1978.

Pyl, Theodor: Pütter, Karl Theodor von, ADB 26 (1888), S. 777.

Rackwitz, Martin: Märzrevolution in Kiel 1848, Erhebung gegen Dänemark und Aufbruch zur Demokratie, Heide 2011.

Rassow, Friedrich: Lehrbuch des deutschen Civilprozeßrechts von Julius Wilhelm Planck, Erster Band, Beiträge zur Erläuterung des deutschen Rechts, 1. Jg. (1887), S. 124-126.

Ratjen, Henning: Geschichte der Universität zu Kiel, Kiel 1870.

Renaud, Achilles: Lehrbuch des Gemeinen deutschen Civilproceßrechts mit Rücksicht auf die neuern Civilproceßgesetzgebungen, Leipzig/Heidelberg 1867.

Resch, Lieselotte/Buzas, Ladislaus: Verzeichnis der Doktoren und Dissertationen der Universität Ingolstadt - Landshut - München 1472-1970, Band 1: Theologische, Juristische, Staatswirtschaftliche Fakultät, München 1975.

Rheingans, Friedrich G./Swinne, Edgar (Hrsg.): Brieftagebuch zwischen Max Planck, Carl Runge, Bernhard Karsten und Adolf Leopold: mit den Promotions- und Habilitationsakten Max Plancks und Carl Runges im Anhang, 2. Auflage, Berlin/Liebenwalde 2003.

Rieckenberg, Hans Jürgen: Rochus, Freiherr von Liliencron, NDB 14 (1985), S. 553-556.

Rückert, Joachim: Phillip Lotmar (1850-1922): Römisches Recht, Rechtsphilosophie und Arbeitsrecht im Geiste von Freiheit und Sozialismus, in: Heinrichs, Helmut/Franzki, Harald/Schmalz, Klaus/Stolleis, Michael (Hrsg.), Deutsche Juristen jüdischer Herkunft, München 1993, S. 331-353.

–: Reyscher, August Ludwig, NDB 21 (2003), S. 482-483.

–: Historische Rechtsschule, in: Cordes, Albrecht/Lück, Heiner/Werkmüller, Dieter/Bertelsmeier-Kierst, Christa (Hrsg.), Handwörterbuch zur deutschen Rechtsgeschichte (HRG), Band 2, 2. Auflage, Berlin 2012, Sp. 1048-1055 [zitiert: Rückert, HRG II].

–/Schäfer, Frank Ludwig: Germanistenversammlungen, in: Cordes, Albrecht/Lück, Heiner/Werkmüller, Dieter/Bertelsmeier-Kierst, Christa (Hrsg.), Handwörterbuch zur deutschen Rechtsgeschichte (HRG), Band 2, 2. Auflage, Berlin 2012, Sp. 252-255 [zitiert: Rückert/Schäfer, HRG II].

–/Vortmann, Jürgen (Hrsg.): Niedersächsische Juristen: Ein historisches Lexikon mit einer landesgeschichtlichen Einführung und Bibliographie, Göttingen 2003.

Saenger, Ingo (Hrsg.): Zivilprozessordnung: FamFG, europäisches Verfahrensrecht, Handkommentar, 5. Auflage, Baden-Baden 2013 [zitiert: Hk-ZPO/Bearbeiter].

Saß, Johann: Forchhammer, Peter Wilhelm, ADB 48 (1904), S. 625-630.

Savigny, Friedrich Carl von: Vom Beruf unserer Zeit für Gesetzgebung und Rechtswissenschaft, Heidelberg 1814.

Schieder, Theodor: Droysen, Johann Gustav, NDB 4 (1959), S. 135-137.

Schlosser, Hans: Neuere Europäische Rechtsgeschichte: Privat- und Strafrecht vom Mittelalter bis zur Moderne, München 2012.

Schmidt, Eberhard: Einführung in die Geschichte der deutschen Strafrechtspflege, 3. Auflage, Göttingen 1983.

Schmidt, Jonas: Planck, Gottlieb Jacob, in: Bautz, Friedrich Wilhelm (Hrsg.), Biographisch-Bibliographisches Kirchenlexikon Band 7, Hamm 1994, Sp. 705-710.

Schnabel, Franz: Die Idee und die Erscheinung, in: Die Historische Kommission bei der Bayerischen Akademie der Wissenschaften 1858-1958, Göttingen 1958, S. 7-81.

Schröder, Hans: Zur politischen Geschichte der Ernst Moritz Arndt-Universität Greifswald, in: Ernst-Moritz-Arndt-Universität (Hrsg.), Festschrift zur 500-Jahrfeier der Universität Greifswald, 17.10.1956, Band I, Greifswald 1956, S. 53-155.

Schubel, Friedrich, Universität Greifswald, Frankfurt am Main 1960.

Schubert, Werner: Entwurf der Prozeßordnung in bürgerlichen Rechtsstreitigkeiten für das Königreich Bayern von 1825: Mit einer Einführung in die Geschichte des Bayerischen Zivilprozesses im 19. Jahrhundert, Reprint der Ausgabe München 1825, Goldbach 1993 [zitiert: Schubert, Entwurf Bayerische Zivilprozessordnung 1825].

–: Planck, Gottlieb Karl Georg, NDB 20 (2001), S. 496-497.

–: 175 Jahre Obergerichtsbarkeit in Schleswig-Holstein, SchlHAnz 2009, S. 308-320.

–: Schwarze, Ludwig Friedrich Oscar Ritter von, NDB 24 (2010), S. 14-15.

–: Zur Geschichte der Justizverfassung in Schleswig-Holstein im 19. und 20. Jahrhundert, Frankfurt am Main 2012.

Schulthess, Heinrich (Hrsg.): Europäischer Geschichtskalender, 5. Jahrgang, 1864, Nördlingen 1865.

Schwarze, Friedrich: Systematische Darstellung des deutschen Strafverfahrens auf Grundlage der neueren Strafproceßordnung seit 1848, von Dr. Jul. Wilhelm Planck, ordentlichem Professor der Rechte und Ordinarius des

Spruchcollegiums zu Kiel (Göttingen 1857), Kritische Ueberschau der deutschen Gesetzgebung und Rechtswissenschaft, Bd. 6 (1859), S. 305-329.

Selle, Götz von (Hrsg.): Die Matrikel der Georg-August-Universität zu Göttingen 1734-1837, Band 1: Text, Hildesheim/Leipzig 1937.

–: Die Matrikel der Georg-August-Universität zu Göttingen 1734-1837, Band 1: Hilfsband, Hildesheim/Leipzig 1937.

Seuffert, Hermann: Bericht zu den Verhandlungen des 7. Deutschen Juristentages vom 27. August 1868, in: Schriftführer-Amt der ständigen Deputation (Hrsg.), Verhandlungen des Siebten Deutschen Juristentages, 2. Band, Berlin 1869, S. 164-183.

Seuffert, Lothar: Julius Wilhelm Planck, Lehrbuch des deutschen Civilprozessrechts: Erster Band, Allgemeiner Theil, ZZP 11 (1887), S. 189-207.

–: Julius Wilhelm Planck, Lehrbuch des deutschen Civilprozessrechts: Zweiter Band, Erste Abtheilung: Das regelmäßige Verfahren erster Instanz, ZZP 19 (1894), S. 171-178.

–: J. J. Wilhelm Planck, ZZP 28 (1901), S. V-XX.

–: Julius Wilhelm Planck, in: Bettelheim, Anton (Hrsg.), Biographisches Jahrbuch und deutscher Nekrolog, V. Bd., Berlin 1903, S. 14-18.

Spehr, Ferdinand: Bauer, Anton, ADB 2 (1875), S. 139-140.

Staehelin, Andreas: Die Geschichte der Universität Basel 1818-1835, Basel 1959.

Steffenhagen, Emil Julius Hugo: Bergmann, Friedrich Christian, ADB 2 (1875), S. 392.

Sternenfels, Karl von: Gutachten über die Frage: Ob mit der Angabe der thatsächlichen Behauptungen in Klage, Einrede, Replik die Angabe der Beweismittel zu verbinden ist?, in: Schriftführer-Amt der ständigen Deputation (Hrsg.), Verhandlungen des Zweiten Deutschen Juristentages, Erster Band, Berlin 1861, S. 3-35.

Stiehl, Ferdinand (Hrsg.): Centralblatt für die gesamte Unterrichtsverwaltung in Preußen, Jahrgang 1868.

Stintzing, Roderich von/Landsberg, Ernst: Geschichte der Deutschen Rechtswissenschaft, Dritte Abteilung, Zweiter Halbband, Text von E. Landsberg, München/Berlin 1910 [Neudruck: Aalen 1978], [zitiert: Stintzing-Landsberg, Abt. 3 Halbband 2, Text].

–: Geschichte der Deutschen Rechtswissenschaft, Dritte Abteilung, Zweiter Halbband, Noten von E. Landsberg, München/Berlin 1910 [Neudruck Aalen: 1978] [zitiert: Stintzing-Landsberg, Abt. 3 Halbband 2, Noten].

Stoltenberg, Gustaf: Jahns Hof in Kiel, Gesellschaft für Kieler Stadtgeschichte: Mitteilungen der Gesellschaft für Kieler Stadtgeschichte, Bd. 43 (1939), S. 65-76.

Stolz, Gerd: Menschen und Ereignisse – Gedenktafeln in Kiel, Kiel 2001.

Teichmann, Albert: Die Universität Basel in den fünfzig Jahren seit ihrer Reorganisation im Jahre 1835, Basel 1885.

Thümmel, Hans Georg: Greifswald: Geschichte und Geschichten: Die Stadt, ihre Kirchen und ihre Universität, Paderborn [u.a.] 2011.

Tütken, Johannes: Privatdozenten im Schatten der Georgia Augusta: Zur älteren Privatdozentur (1734 bis 1831): Teil I: Statutenrecht und Alltagspraxis, Göttingen 2005.

Unbekannter Verfasser: Berichte über akademische Dissertationen und Programme: De legitimatione ad causam, KritJb 4 (1838), S. 651-652 [zitiert: Unbekannter Verfasser, KritJb 4 (1838)].

Unbekannter Verfasser: Das Buch der Ritterorden und Ehrenzeichen, Brüssel/Leipzig 1848 [zitiert: Unbekannter Verfasser, Ritterorden und Ehrenzeichen].

Unte, Wolfhart: Nitzsch, Gregor Wilhelm, NDB 19 (1999), S. 294-295.

Verzeichnis der Vorlesungen an der königlichen Ludwig-Maximilians-Universität zu München, Wintersemester 1867/68 bis Wintersemester 1894/95.

Verzeichnis der Vorlesungen der Georg-August-Universität Göttingen, Wintersemester 1839/40 bis Wintersemester 1841/42.

Verzeichniss der Behörden, Commissionen, Beamten, Institute, Lehrer und Studirenden der Universität Kiel der Jahrgänge 1850-1867.

Vierhaus, Felix: Julius Wilhelm v. Planck, o. Mitglied der historischen Klasse der k. Akademie, über die historische Methode auf dem Gebiete des deutschen Civilprozessrechts, Festrede, gehalten in der öffentlichen Sitzung der k. b. Akademie der Wissenschaften zu München am 27. Dezember 1888, München 1889, ZZP 14 (1890), S. 290-291.

Vischer, Wilhelm: Heusler, Andreas, ADB 12 (1880), S. 337-339.

Völzmann, Alexander: Die Bindungswirkung von Strafurteilen im Zivilprozess, Köln 2006.

Volbehr, Friedrich/Weyl, Richard: Professoren und Dozenten der Christian-Albrechts-Universität zu Kiel: 1665-1954; mit Angaben über die sonstigen Lehrkräfte und die Universitäts-Bibliothekare und einem Verzeichnis der Rektoren, 4. Auflage, Kiel 1956 [zitiert: Volbehr/Weyl].

Vosgerau, Heiko/Lubowitz, Frank: Zwischen Dänemark und Preußen – zwischen Nationalismus und Modernisierung: Schleswig-Holstein 1815-1920, in: Witt, Jann Markus/Vosgerau, Heiko (Hrsg.), Geschichte Schleswig-Holsteins: anschaulich, spannend, verständlich, Heide 2010, S. 229-271.

Wachenfeld, Friedrich: Die notwendige Streitgenossenschaft des § 59 C.P.O., Hannover 1894.

Wagenmann, Julius August: Planck, Gottlieb Jakob, ADB 26 (1888), S. 224-227.

Waldeck, Benedikt: Über einige Vorfragen, betreffend die einheitliche Civilprozess-Gesetzgebung, in: Schriftführer-Amt der ständigen Deputation (Hrsg.), Verhandlungen des Ersten Deutschen Juristentages, Berlin 1860, S. 9-36.

Wesenberg, Gerhard: Brinz, Alois Ritter von, NDB 2 (1955), S. 617.

–: Christiansen, Johann Jacob Christian Friedrich, NDB 3 (1957), S. 240.

Wetzel, Jürgen: Theodor Lehmann und die nationale Bewegung in Schleswig-Holstein 1859-1862, Neumünster 1971.

Wetzell, Georg Wilhelm: System des ordentlichen Civilprocesses, 2. Auflage, Leipzig 1865.

–: Die Mehrheit der Rechtsstreitigkeiten im Prozessrecht, Entwicklung der prozessualischen Erscheinungen, welche durch den Einfluss mehrerer Rechtsstreitigkeiten auf einander hervorgerufen werden, von Dr. Julius Wilhelm Planck, KritJb 21 (1847), S. 120-142.

Wieacker, Franz: Privatrechtsgeschichte der Neuzeit unter besonderer Berücksichtigung der deutschen Entwicklung, 2. Auflage, Göttingen 1967.

Wieczorek, Bernhard: Zivilprozessordnung und Nebengesetze, Band 1, Teil 1: ZPO, 1. Buch: Allgemeine Vorschriften, §§ 1-107, Berlin 1957.

Wilhelmus, Wolfgang/Buchführer, Renate/Langer, Gabriele/Szöllösi, Dagmar: Universität Greifswald 525 Jahre, Berlin 1982.

Windfuhr, Manfred (Hrsg.): Heinrich Heine: Historisch-kritische Gesamtausgabe der Werke, Band 6: Briefe aus Berlin; Über Polen; Reisebilder I/II, Hamburg 1973.

Wohlhaupter, Eugen: Die Spruchtätigkeit der Kieler juristischen Fakultät von 1665-1879, ZRG GA 58 (1938), S. 752-787.

Woigk, Carsten: Die Studierenden-Statistik der Universität zu Greifswald 1808-2006, in: Alvermann, Dirk/Spiess, Karl-Heinz (Hrsg.), Universität und Gesellschaft, Festschrift zur 550-Jahrfeier der Universität Greifswald 1456-2006, Band 1: Die Geschichte der Fakultäten im 19. und 20. Jahrhundert, Rostock 2006, S. 561-583.

Wolf, Erik: Bachofen, Johann Jakob, NDB 1 (1953), S. 502-503.

Wyss, Friedrich von: Schnell, Johannes, ADB 32 (1891), S. 158-160.

III. Internet und sonstige Quellen

Die im Folgenden genannten Internetquellen stellen den Stand vom 24.02.2014 dar und können in der Zukunft Änderungen unterliegen.

Archiv der Bayerischen Akademie der Wissenschaften, Wahlakte vom 23.06.1881: http://badwlrz-swfaust.ads.mwn.de/rech.FAU?sid=7E60E1BF18&dm=1&auft=0

Homepage der Max-Planck-Gesellschaft: http://www.mpg.de.

Homepage des DeutschenJuristentages: http://www.djt.de.

Film: Max Planck: Umsturz mit Melancholie. Ein Portait-Essay von Jürgen Miermeister, ausgestrahlt: 3sat, Mittwoch, 09.04.2008, 21:15 Uhr und ZDF, Mittwoch, 23.04.2008, 1:20 Uhr.

Abkürzungsverzeichnis

ABBAW	Archiv der Berlin-Brandenburgischen Akademie der Wissenschaften
ADB	Allgemeine Deutsche Biographie
ALZ	Allgemeine Literatur-Zeitung
AZJ	Allgemeine Zeitung des Judentums
BPO	Allgemeine bürgerliche Prozeßordnung für das Königreich Hannover vom 08.11.1850
BZGA	Baseler Zeitschrift für Geschichte und Altertumskunde
DLA	Deutsches Literaturarchiv Marbach
FS	Festschrift
GStA PK	Geheimes Staatsarchiv Preußischer Kulturbesitz
HLB RheinMain	Hochschul- und Landesbibliothek RheinMain
HRG	Handwörterbuch zur deutschen Rechtsgeschichte
KritJb	Kritische Jahrbücher für deutsche Rechtswissenschaft
KrVJSchr	Kritische Vierteljahresschrift für Gesetzgebung und Rechtswissenschaft
LAS	Landesarchiv Schleswig-Holstein
NDB	Neue Deutsche Biographie
SchlHAnz	Schleswig-Holsteinische Anzeigen
StABS	Staatsarchiv Basel-Stadt
SHLB	Schleswig-Holsteinische Landesbibliothek
o. V.	ohne Vorname
UAG	Universitätsarchiv Greifswald
UA Göttingen	Universitätsarchiv Göttingen
UAM	Universitätsarchiv München
UB Basel	Universitätsbibliothek Basel
UBT	Universitätsbibliothek Tübingen
UBH	Universitätsbibliothek Heidelberg
WBL	Württembergische Landesbibliothek
ZBLG	Zeitschrift für Bayerische Landesgeschichte
ZCrPr	Zeitschrift für Civilrecht und Prozeß
ZdR	Zeitschrift für deutsches Recht und deutsche Rechtswissenschaft
ZHR	Zeitschrift für das gesamte Handelsrecht und Wirtschaftsrecht

ZRG GA	Zeitschrift der Savigny-Stiftung für Rechtsgeschichte - Germanistische Abteilung
ZSHG	Zeitschrift der Gesellschaft für Schleswig-Holsteinische Geschichte
ZZP	Zeitschrift für deutschen Zivilprozess

A. Einleitung mit Kurzüberblick

Max Planck, weltberühmt, Nobelpreisträger, ein wissenschaftliches Genie, Vater der Quantenphysik, unzählige Bücher und Aufsätze befassen sich mit dieser eindrucksvollen Persönlichkeit und dessen Werk. Doch erstaunlicherweise kennt kaum einer den Namen des Vaters dieses genialen Wissenschaftlers, geschweige denn nähere Einzelheiten über dessen Biografie. Dabei ist auch *Johann Julius Wilhelm Planck* wissenschaftlich sehr aktiv gewesen und wird zu den führenden Prozessrechtlern des 19. Jahrhunderts gezählt.[5] Er soll ein ausgezeichneter Lehrer und Schriftsteller[6] sowie ein Experte auf dem Gebiet des Prozessrechts gewesen sein.[7] Seine Lehrbücher zum Zivilprozessrecht sowie seine rechtshistorischen Arbeiten begleiteten viele Juristen des ausgehenden 19. Jahrhunderts durch Studium und Beruf. Zum Teil wird er auch als „Mitverfasser des BGB"[8] genannt, was jedoch nicht nachzuweisen ist.

Neben seinem wissenschaftlichen Wirken, widmete Planck sich dem Professoren- und Richteramt und vereinte damit theoretische und praktische Tätigkeit. Zahlreiche Orden und Auszeichnungen zeugen von seiner Anerkennung in der Juristenwelt. Auch politisch war Planck zeitweise sehr engagiert und trat für seine Überzeugungen im Rahmen der Schleswig-Holstein-Frage hervor. Und doch geriet er nach seinem Tod weitestgehend in Vergessenheit.

Leben und Werk von Planck wurden bisher noch nicht umfassend untersucht. Eine Autobiografie existiert nicht und in der rechtshistorischen Literatur lassen sich kaum biografische Hinweise finden. Auch in den zahlreichen Publikationen über Max Planck wird dessen Vater zumeist nur mit wenigen kurzen Sätzen gewürdigt. Erst der Physiker Jost Lemmerich befasste sich in einem gehaltvollen Aufsatz im Rahmen der Veröffentlichungen der Dahlemer Archivgespräche mit dessen Leben.[9] Dieser Beitrag wurde jedoch erst 2013 veröffentlicht und damit zu einem Zeitpunkt, in welchem die vorliegende Arbeit bereits weitestgehend abgeschlossen war. Zudem behandelt die Abhandlung aufgrund der Kürze nur einige Aspekte des Lebens Plancks.

---

5 So Meder, JZ 2010, 477 (478).

6 So Frensdorff, S. 33.

7 So Schubel, S. 59.

8 Vgl. z.B. Hoffmann, NDB 20 (2001), 497 (497).

9 Lemmerich, Johann Julius Wilhelm von Planck (1817-1900). Der Vater von Max Planck, in: Dahlemer Archivgespräche, Bd. 14 (2008), S. 197-211.

Die folgende Darstellung soll die daher noch immer bestehende Lücke in der Literatur schließen und will einmal nicht den Physiker Max Planck, sondern vielmehr Leben und Werk des Juristen Johann Julius Wilhelm Planck in den Vordergrund stellen und zur verdienten Wertschätzung verhelfen. Die einzelnen Lebensumstände müssen hierbei großenteils aus ungedruckten Quellen- und Archivunterlagen eruiert werden, wobei kein geschlossener Nachlass aufzufinden ist. Lediglich in verschieden Archiven Deutschlands[10] und in der Universitätsbibliothek Basel in der Schweiz konnten vereinzelt Briefe und andere Unterlagen entdeckt werden. Zudem befinden sich über Plancks berufliche Laufbahn Archivunterlagen im Staatsarchiv Basel-Stadt, im Universitätsarchiv Greifswald, im Staatsarchiv Stettin (Archiwum Państwowe w Szczecinie), im Landesarchiv Schleswig-Holstein sowie im Universitätsarchiv München. Doch auch diese weisen zumeist einen eher geringen Umfang auf. Daneben existiert eine Reihe an Nachrufen, die die Grundlage für eine weitere Nachforschung bildeten.[11] Hinzu kommen einige Einträge in Gelehrtenlexika.[12]

Diese wenigen Quellen sowie die erschienenen Werke Plancks sind Gegenstand dieser Arbeit. Ziel dabei ist es, ein möglichst umfassendes Bild über das

---

10 Archivalien konnten insbesondere in den folgenden Institutionen nachgewiesen werden: Im Geheimen Staatsarchiv Preußischer Kulturbesitz, in der Bayerischen Staatsbibliothek München, im Archiv der Bayerischen Akademie der Wissenschaften, im Deutschen Literaturarchiv Marbach, in der Hochschul- und Landesbibliothek RheinMain, in der Münchner Stadtbibliothek Monacensia, in der Niedersächsische Staats- und Universitätsbibliothek Göttingen, im Archiv der Max-Planck-Gesellschaft in Berlin-Dahlem, in der Staatsbibliothek Berlin, in der Universitätsbibliothek Heidelberg, in der Universitätsbibliothek Tübingen, in der Württembergischen Landesbibliothek und in der Schleswig-Holsteinischen Landesbibliothek.

11 Zu nennen sind hier insbesondere die Beiträge von Bechmann, Beilage zur Allgemeinen Zeitung, Jahrgang 1900, Nr. 230, S. 1-5; Seuffert, ZZP 28 (1901), V-XX; Friedrich, Sitzungsberichte der Philosophisch-Philologischen und Historischen Klasse der Bayerischen Akademie der Wissenschaften 1902, S. 81-94 und Mayer, ZRG GA 22 (1901), XVII-XXII.

12 Angaben zu Planck finden sich u.a. in: Bettelheim (Hrsg.), Biographisches Jahrbuch und Deutscher Nekrolog, V. Bd., Berlin 1903, S. 14-18; Bosl (Hrsg.), Bosls bayerische Biographie – 8000 Persönlichkeiten aus 15 Jahrhunderten, Regensburg 1983, S. 591; Ebel, Catalogus professorum Gottingensium, Göttingen 1962, S. 68; Körner (Hrsg.), Große bayerische biographische Enzyklopädie, Bd. 3, München 2005, S. 1505; Rückert u.a. (Hrsg.), Niedersächsische Juristen: Ein historisches Lexikon mit einer landesgeschichtlichen Einführung und Bibliographie, Göttingen 2003, S. 399; Vierhaus (Hrsg.), Deutsche biographische Enzyklopädie, Bd. 7, 2. Auflage, München 2007, S. 857.

Leben und das Werk von Johann Julius Wilhelm Planck zu skizzieren. Die Darstellung erfolgt chronologisch. Da Leben und Werk im engen Zusammenhang stehen und sich häufig gegenseitig beeinflussten, werden die Werke Plancks im jeweiligen Kontext behandelt.

B. Herkunft, Elternhaus und Jugend

Johann Julius Wilhelm Planck wurde am 22. April 1817 in Göttingen geboren[13] und damit im selben Jahr wie Bernhard Windscheid (1817-1892), Theodor Storm (1817-1888) und Theodor Mommsen (1817-1903). Er entstammte einer großen, angesehenen Gelehrtenfamilie, deren Wurzeln bis ins ausgehende Mittelalter zurückverfolgt werden können.[14]

Sein Urgroßvater väterlicherseits war der aus Lauffen am Neckar stammende Kirchenhistoriker Georg Jakob Planck (1726-1791).[15] Verheiratet war dieser mit Veronica Dorothea Lang (1732-1799), der Tochter des damaligen Amts- und Stadtschreibers von Nürtingen (Württemberg).[16] Georg Jakob Planck übernahm das Amt seines Schwiegervaters und gehörte damit zu den einflussreichsten Personen in Alt-Württemberg.[17] Aus der Ehe gingen 16 Kinder hervor, der spätere Großvater von Johann Julius Wilhelm Planck, Gottlieb Jakob Planck (1751-1833), war der Erstgeborene.[18]

---

13 Kirchenkreisarchiv Göttingen, Kirchenbuch Göttingen, St. Albani, Getaufte Jahrgang 1817, Seite 292, Nr. 34. Sein Rufname war Wilhelm, vgl. UAM, E-II-501 (Personalakt J. J. W. Planck), Blatt 2. Laut des Taufeintrags wurde der Familienname Planck zu diesem Zeitpunkt noch nicht mit „ck“, sondern lediglich mit einem einfachen „k“ geschrieben. Dies lässt sich damit erklären, dass im 18. Jahrhundert die Schreibweise von Familiennamen noch nicht derart fixiert war, wie es heutzutage der Fall ist, Namen und deren Schreibweise verfestigten sich teilweise erst mit der Zeit, vgl. hierzu von Selle, Bd. 1, Hilfsband, Einleitung. Die Schreibweise des Namens Planck mit „ck“ hat sich erst im Laufe des 19. Jahrhunderts herausgebildet und verfestigt. Die Werke von Plancks Vater wurden beispielsweise noch unter verschiedenen Schreibweisen veröffentlicht, so erschien 1808 die Arbeit „Bemerkungen über den ersten Paulinischen Brief an den Timotheus: in Beziehung auf das kritische Sendschreiben von Herrn Prof. Fr. Schleiermacher“ unter dem Namen „Heinrich Planck“, während das 1817 publizierte Werk „Ueber Offenbarung und Inspiration mit Beziehung auf Herrn Doktor Schleiermacher's neue Ansichten über Inspiration“ unter „Heinrich Plank“ veröffentlicht wurde.

14 Lücke, S. 2; Frensdorff, S. 5 f. Vgl. ausführlich zu den Ahnen Plancks: Euler, Merck-sche Familien-Zeitschrift 10 (1960), 91 (96 ff.). Eine Übersicht über den Stammbaum Plancks findet sich im Anhang.

15 Lücke, S. 2; Frensdorff, S. 5.

16 Lücke, S. 2; Frensdorff, S. 5.

17 Frensdorff, S. 5.

18 Lücke, S. 2; Frensdorff, S. 7.

Gottlieb Planck, der nach seinem Studium der Theologie in Tübingen zunächst als Vikar, Repetent (Dozent in einer theologischen Ausbildungsstätte) und Prediger tätig war, wurde 1781 zum Professor der hohen Karlsschule in Stuttgart ernannt.[19] 1784 folgte er einem Ruf der Universität Göttingen, an welcher er fast ein halbes Jahrhundert als Professor tätig war.[20] Eines seiner literarischen Hauptwerke ist die „Geschichte der christlich-kirchlichen Gesellschafts-Verfassung", welche in fünf Bänden 1803, 1804, 1805, 1807 und 1809 erschien. Verheiratet war er mit Johanna Luise Schickhardt (1755-1833).[21] Aus der Ehe gingen sechs Kinder hervor, darunter die am 19. Juli 1785 geborenen Zwillingsbrüder Wilhelm und Heinrich Ludwig, wobei Heinrich Planck der Vater von Johann Julius Wilhelm Planck war.[22]

Der Zwilling Wilhelm Planck (1785-1858) widmete sich dem Studium der Rechtswissenschaft. Nach seinem Abschluss arbeitete er zunächst als Dozent an der Georg-August-Universität in Göttingen und wurde später zum Richter des Oberappellationsgericht Celle ernannt.[23] In der Juristenwelt und bei der Regierung genoss er großes Ansehen.[24] Einziges Kind seiner Ehe mit Doris Oesterley war der am 24. Juni 1824 in Göttingen geborene Gottlieb Karl Georg Planck.[25] Dieser war folglich der Cousin von Johann Julius Wilhelm Planck und nicht dessen Bruder, wie es oft fälschlicherweise in der Literatur dargestellt wird.[26] Auch Gottlieb Karl Georg Planck wurde Jurist und zählt zu den „Vätern" des BGB.[27] Verheiratet war er mit Johanne Steinböhmer, der Tochter eines Arztes aus

19 Wagenmann, ADB 26 (1888), 224 (224); Panke-Kochinke, S. 294.

20 Panke-Kochinke, S. 294; Zu Gottlieb Jakob Planck, vgl. Lücke, Dr. Gottlieb Jakob Planck, ein biographischer Versuch, nebst einem erneuerten, hie und da verbesserten Abdruck einer biographischen Mittheilung über Dr. Heinrich Ludwig Planck, Göttingen 1835; Wagenmann, ADB 26 (1888), 224-227 und Schmidt, in: Biographisch-Bibliographisches Kirchenlexikon, Bd. 7, Hamm 1994, Sp. 705-710.

21 Frensdorff, S. 14.

22 Frensdorff, S. 14; Kirchenkreisarchiv Göttingen, Kirchenbuch Göttingen, St. Albani, Getaufte Jahrgang 1817, Seite 292, Nr. 34.

23 Frensdorff, S. 33 f.

24 Frensdorff, S. 37.

25 Frensdorff, S. 36, 39.

26 So beispielsweise bei Baumgarten, S. 131 und Foljanty/Gelinek, in: Greifswald – Spiegel der deutschen Rechtswissenschaft, S. 472.

27 Meder, JZ 2010, 477 (477); Coester, Rechtswissenschaft in Göttingen, S. 299. Zu Gottlieb Planck vgl. ausführlich Frensdorff, Gottlieb Planck, deutscher Jurist und Politiker, Berlin 1914 und Schubert, NDB 20 (2001), 496-497.

Ostfriesland.[28] Ihr einziger Sohn, Wilhelm Planck (1866-1901), der auch Rechtswissenschaft studierte, verstarb bereits im Alter von 35 Jahren.[29]

Heinrich Ludwig Planck, der Vater von Johann Julius Wilhelm Planck, soll ein sehr lebhafter und begabter junger Mann gewesen sein.[30] Er besuchte das Gymnasium in Göttingen und nahm nach seinem Abschluss 1803 genau wie bereits sein Vater das Studium der Theologie in seiner Heimatstadt auf.[31] Ostern 1806 wurde er Repetent und promovierte sich im darauffolgenden Herbst in der Philosophischen Fakultät.[32] Im Anschluss folgte seine Habilitation und 1810 wurde er zum außerordentlichen Professor der Theologie ernannt.[33] 1815 verlieh ihm die Theologische Fakultät das Ehrendiplom eines Doktors der Theologie und 1823 erfolgte schließlich seine Ernennung zum ordentlichen Professor.[34]

Mit voller Begeisterung soll er sich seiner Lehrtätigkeit gewidmet haben und er zählte zu den beliebtesten theologischen Dozenten.[35] „Lebendigkeit, Klarheit und Gründlichkeit" sollen die wesentlichen Eigenschaften seiner Vorlesungen gewesen sein, die die Zuhörer fesselten.[36] Auch literarisch betätigte er sich, zu seinen bekanntesten Werken gehören „Bemerkungen über den ersten Brief an den Timotheus", Göttingen 1808, sowie seine Arbeit „Kurzer Abriss der philosophischen Religionslehre", Göttingen 1821.

Plancks Mutter war Sophie Charlotte Eleonore Johanne Wagemann (Rufname Johanne).[37] Sie stammte ebenfalls aus theologischem Hause. Ihr Vater war Johann Gottfried Wilhelm Wagemann (1742-1804), der von 1779 bis 1804 der erste Pastor der St. Johannis-Kirche in Göttingen war und zugleich Generalsuperintendent.[38] Auch ihre Mutter, Juliane Elisabeth Friederike Barckhausen (1754-1828), entsprang einer Pastorenfamilie.[39]

Johanne Wagemann wurde am 22. März 1784 in Göttingen geboren, am 06. Mai 1813 heiratete sie Plancks Vater. Neben Johann Julius Wilhelm Planck ging

28 Frensdorff, S. 234 f.
29 Frensdorff, S. 237, 406 f.
30 Lücke, S. 155 ff.; Euler, Mercksche Familien-Zeitschrift 10 (1960), 91 (93).
31 Lücke, S. 155.
32 Lücke, S. 157 f.
33 Lücke, S. 158 f.
34 Lücke, S. 164.
35 Lücke, S. 156 f.
36 Lücke, S. 157, dieser zählte 1812 selbst zu den Zuhörern.
37 Frensdorff, S. 32.
38 Euler, Mercksche Familien-Zeitschrift 10 (1960), 91 (98).
39 Euler, Mercksche Familien-Zeitschrift 10 (1960), 91 (93 f.).

noch ein weiterer Sohn, Gottlieb Arnold Hermann, aus dieser Ehe hervor.[40] Dieser verstarb jedoch bereits kurz nachdem er sein theologisches Studium beendet hatte.[41]

Planck entstammte damit einer bedeutenden, typischen Gelehrtenfamilie, in der Juristen, hauptsächlich jedoch Theologen das Bild beherrschten. Durch verschiedene Heiraten entstanden weitere zahlreiche Verflechtungen zu anderen Gelehrtenfamilien. So war beispielsweise die ältere Schwester seiner Mutter mit dem Juristen Christoph Reinhard Dietrich Martin und eine weitere Schwester seiner Mutter mit dem Philologen August Böckh verheiratet.[42]

Vor diesem familiären Hintergrund verwundert es nicht, dass auch Planck studierte und sich der Wissenschaft widmete. Durch die großen wissenschaftlichen Leistungen seiner Verwandten und Vorfahren, vor allen durch seinen Vater und Großvater, die beide anerkannte Universitätsprofessoren waren, war der akademische Weg für ihn bereits vorgezeichnet.

Über Plancks Jugend ist wenig überliefert. Als er in Göttingen geboren wurde, war die Stadt Teil des Königreichs Hannover, das dem Deutschen Bund angehörte. Planck wurde in der St. Albani Gemeinde getauft[43] und wuchs zusammen mit seinem älteren Bruder Gottlieb im Haus der Eltern auf. Durch Privatunterricht wurde Planck auf die Schule vorbereitet und trat 1829 in die Sekunda des Gymnasiums zu Göttingen ein, Ostern 1834 erhielt er dort sein Maturitätszeugnis.[44]

Plancks Vater war schon in jungen Jahren körperlich stark eingeschränkt, seit 1806 litt er an Epilepsie, was für die junge Familie eine große Belastung gewesen sein muss. Mit den Jahren schritt seine Erkrankung unentwegt fort und machte ihm zunehmend zu schaffen.[45] „Es muß gut seyn, weil Gott es so fügt“, habe er zu dieser schweren Zeit oft vor sich hin gesprochen.[46] Schließlich verstarb er bereits am 23. September 1831 im Alter von 46 Jahren an den Folgen seiner

40 Weitere Einzelheiten über Gottlieb Arnold Hermann Planck sind nicht bekannt, namentlich wird der Sohn in der Literatur nicht erwähnt. Ein Hinweis findet sich lediglich in der Liste der Matrikel der Universität Göttingen unter der Nummer 28810, vgl. von Selle, Bd. 1, Text, S. 655.

41 Frensdorff, S. 32.

42 Frensdorff, S. 32; Euler, Mercksche Familien-Zeitschrift 10 (1960), 91 (93).

43 Kirchenkreisarchiv Göttingen, Kirchenbuch Göttingen, St. Albani, Getaufte Jahrgang 1817, Seite 292, Nr. 34.

44 Seuffert, ZZP 28 (1901), V (VI).

45 Lücke, S. 164; Frensdorff, S. 31.

46 Lücke, S. 164.

Erkrankung, was von den Verwandten als Erlösung angesehen wurde.[47] Zu diesem Zeitpunkt war der junge Planck gerade 14 Jahre alt.

Die Familie war hierdurch früh auf sich alleine gestellt. Zwei Jahre nach dem Tod des Vaters verstarb auch Plancks Großvater Gottlieb Planck. Zusammen mit dem Verlust seines älteren einzigen Bruders warfen diese Ereignisse einen dunklen Schatten auf Plancks Jugendjahre. Dies mag auch Ursache dafür gewesen sein, dass Planck in seinem gesamten Leben kaum jemanden nah an sich heran ließ, kaum seine inneren Gefühle preis gab und oft als ernst und unnahbar empfunden wurde.[48]

47 Frensdorff, S. 31.

48 Bechmann, Beilage zur Allgemeinen Zeitung, Jahrgang 1900, Nr. 230, S. 4 f.

C. Beruflicher Werdegang

I. Studium 1834 - 1837

1.) Wahl des Studiums

Nach Erlangung des Schulabschlusses nahm Planck zum Sommersemester 1834 sein Studium der Rechtswissenschaft auf. Da in der Familie Planck Theologen und Juristen vorherrschten, wird der junge Planck wahrscheinlich das Studium der Theologie oder der Rechtswissenschaft als mögliche Optionen in Betracht gezogen haben.

Bei seiner endgültigen Entscheidung spielte das gute Verhältnis zu seinem Onkel, dem Juristen Christoph Martin, eine große Rolle. Martin wurde am 02. Februar 1772 in Bovenden geboren und studierte in Göttingen Rechtswissenschaft. Nach seinem Abschluss wurde er im Alter von 17 Jahren Sachwalter und kaiserlicher Notar. 1796 promovierte er, war dann zunächst als Privatdozent tätig und wurde außerordentlicher Beisitzer des Spruchkollegiums.[49] 1802 erfolgte seine Ernennung zum außerordentlichen und 1805 zum ordentlichen Professor der Göttinger Fakultät.[50] Im Herbst 1805 ging er an die Universität Heidelberg und 1816 an die Universität Jena, wo er zudem Mitglied des thüringischen Oberappellationsgerichts wurde.[51] Martin gilt als bedeutendster Prozessualist Deutschlands in der ersten Hälfte des 19. Jahrhunderts.[52] Durch sein „Lehrbuch des Teutschen gemeinen bürgerlichen Processes", das zu Beginn des Jahrhunderts an den Universitäten und in der Literatur führend war,[53] besaß er allgemeine Anerkennung und war einer der ersten, die das Strafverfahren aufgrund seiner „eigenthümlichen Grundsätze" getrennt vom Zivilprozess behandelten.[54] Aufgrund seiner wissenschaftlichen Leistungen wird Martin für den jungen Planck ein großes Vorbild und eventuell auch eine Art Vaterersatz gewesen sein.

Mit der Aufnahme des Studiums der Rechtswissenschaft bot sich für Planck die Möglichkeit, bei seinem Onkel und dessen Familie in Jena zu wohnen. Zudem

---

49 Eisenhart, ADB 20 (1884), 485 (485).

50 Eisenhart, ADB 20 (1884), 485 (485).

51 Eisenhart, ADB 20 (1884), 485 (486).

52 Eisenhart, ADB 20 (1884), 485 (487).

53 Vgl. Stintzing-Landsberg, Abt. 3 Halbband 2, Text, S. 161; Nörr, Ius Commune 10 (1983), 141 (143).

54 Eisenhart, ADB 20 (1884), 485 (487); das Werk erschien in 13 Auflagen mit mehr als 12.000 Exemplaren.

konnte er auf diese Weise an den Vorlesungen Martins teilnehmen und sich auch außerhalb der Universität mit ihm über juristische Fragestellungen austauschen. Diese Umstände werden wahrscheinlich wesentlich zu Plancks Studienwahl beigetragen haben.[55] Planck war später, genau wie Martin, hauptsächlich auf dem Gebiet des Prozessrechts tätig. Zudem schlug auch er die akademische Laufbahn ein und widmete sich daneben, genau wie sein Onkel, der richterlichen Tätigkeit. Auch das Interesse an der historischen Forschung verband sie. Diese Parallelen in den Lebensläufen beider Juristen zeigen, dass Martin großen Einfluss auf seinen Neffen ausübte und Plancks beruflichen Werdegang maßgeblich mitbedingte.

2.) Studium in Jena und Göttingen

Zum Sommersemester 1834 begann der siebzehnjährige Planck sein Studium der Rechtswissenschaft zunächst an der Universität Jena und wurde dort gastfreundlich bei Familie Martin, die eine Wohnung im Löbdergraben bewohnte, für die Zeit des Studiums aufgenommen.[56] Im ersten Semester hörte er Rechtsenzyklopädie bei Carl Ernst Schmid (1774-1852) und Institutionen bei August Wilhelm von Schröter (1799-1865), dem späteren Staatsminister von Mecklenburg-Schwerin.[57] Die folgenden zwei Semester studierte Planck in seiner Heimatstadt Göttingen und schrieb sich hierfür am 10. Oktober 1834 unter der Matrikelnummer 37518 an der Georg-August-Universität ein.[58] Im Wintersemester 1834/35 hörte er dort Pandekten, mit Einschluss des Erbrechts, bei Christian Friedrich Mühlenbruch[59] und im Sommersemester 1835 deutsches Privatrecht

---

55 So auch Bechmann, Beilage zur Allgemeinen Zeitung, Jahrgang 1900, Nr. 230, S. 1.

56 Seuffert, ZZP 28 (1901), V (VI).

57 Seuffert, ZZP 28 (1901), V (VI).

58 Von Selle, Bd. 1, Text, S. 897. Erstmals eingeschrieben war er dort, wie auch sein Bruder Gottlieb Arnold Hermann, bereits am 31. August 1821 unter der Matrikelnummer 28811. Der damalige Prorektor David Julius Pott hatte hierbei zugunsten der beiden Söhne Heinrich Plancks von seinem Recht Gebrauch gemacht, Matrikelnummern ehrenhalber unentgeltlich zu erteilen, was aus dem Zusatz zur Einschreibung „jn honorem patris gratis inscript" zu folgern ist.

59 Christian Friedrich Mühlenbruch, 03.10.1785 (Rostock) - 17.07.1843 (Göttingen), studierte Rechtswissenschaft in Rostock, Greifswald, Göttingen und Heidelberg, wurde 1805 promoviert und im Herbst desselben Jahres habilitiert. Im Anschluss daran war er zunächst in Rostock als Advokat tätig und hielt parallel Vorlesungen. 1815 folgte er einem Ruf nach Greifswald, 1818 ging er nach Königsberg, 1819 nach Halle und 1833 nach Göttingen. Er war zeitweise in der Redaktion der „Hallischen

bei Wilhelm Eduard Albrecht (1800-1876) sowie Staatswirtschaftsrecht und Finanzen bei Friedrich Christoph Dahlmann (1785-1860).[60] Dann führte ihn sein Studium erneut nach Jena, wo er Vorlesungen seines Onkels Martin über Zivilprozess und Strafrecht belegte sowie römische Rechtsgeschichte bei August Heinrich Emil Danz (1806-1881) und Staatsrecht bei Schmid.[61] Bei Danz nahm er zudem an einem Examinatorium über Pandekten teil.[62] Zum Wintersemester 1836/37 kehrte Planck an die Georg-August-Universität zurück.[63] Er hörte hier Kirchenrecht bei Albrecht, erneut Pandekten bei Mühlenbruch und besuchte zudem ein Praktikum über den Prozess bei Friedrich Christian Bergmann[64].[65] Im Sommersemester 1837 besuchte er Rechtsgeschichte bei Gustav Hugo[66], ein Relatorium bei Bergmann, Strafprozessrecht verbunden mit Übungen bei Anton Bauer[67] sowie hannoversches Landesrecht und ein Repetitorium über Pandekten

---

Literaturzeitung" tätig und Herausgeber des „Archivs für die civilistische Praxis", vgl. Oesterley, S. 418 und Luig, NDB 18 (1997), 283 f.

60 UA Göttingen, Jur Prom 0,0624, Abgangszeugnis Planck vom 24.08.1837.

61 Seuffert, ZZP 28 (1901), V (VI).

62 Seuffert, ZZP 28 (1901), V (VI).

63 UA Göttingen, Jur Prom 0,0624, Abgangszeugnis Planck vom 24.08.1837. Er schrieb sich am 24.10.1836 unter der Matrikelnummer 38459 ein, vgl. von Selle, Bd. 1, Text, S. 923.

64 Friedrich Christian Bergmann, 29.09.1785 (Hannover) - 28.02.1845 (Göttingen), studierte Theologie und Philologie, dann Rechtswissenschaft in Göttingen. 1805 erfolgte seine Promotion und im Anschluss war er zunächst als Privatdozent ebenda tätig. 1808 ernannte man ihn zum außerordentlichen und 1811 zum ordentlichen Professor der Rechte, 1844 wurde er Ordinarius des Spruchkollegiums, vgl. Steffenhagen, ADB 2 (1875), 392 und Pütter, S. 301.

65 UA Göttingen, Jur Prom 0,0624, Abgangszeugnis Planck vom 24.08.1837.

66 Gustav Hugo, 23.11.1764 (Lörrach) - 15.09.1844 (Göttingen), nach Abschluss seines Studiums der Rechtswissenschaft in Göttingen war er zunächst als Lehrer des Erbprinzen Leopolds von Anhalt-Dessau am Hof in Dessau tätig. 1788 erfolgte seine Promotion in Halle, woraufhin er sogleich zum außerordentlichen und 1792 zum ordentlichen Professor der Universität Göttingen ernannt wurde und dort 56 Jahre lehrte. Er gilt als Wegbereiter der Historischen Rechtsschule, vgl. Pütter, S. 295; Mejer ADB 13 (1881), 321-328; Luig, NDB 10 (1974), 26-27; Nissen/Prauss/Schütz, S. 115.

67 Anton Bauer, 16.08.1772 (Marburg) - 01.06.1843 (Göttingen), nach seinem Studium der Rechtswissenschaften in Marburg, war er dort zunächst als Privatdozent tätig und wurde 1797 zum ordentlichen Professor ernannt. 1812 wechselte er an die Göttinger Universität. Er zählt zu den bedeutendsten Strafrechtlehrern des 19. Jahrhunderts und nahm 1824 bis 1826 als Mitglied der Kommission zur Abfassung eines Strafgesetzbuches und einer Strafprozessordnung für das Königreich Hannover an den Gesetzgebungsarbeiten teil, vgl. Spehr, ADB 2 (1875), 139-140; Pütter, S. 298.

und Prozess bei dem Privatdozenten Friedrich Bernhard Grese.[68] Christian Johann Heinrich Heine (1797-1856), der vor Planck ebenfalls zeitweise in Göttingen Rechtswissenschaften studierte und am 20. Juli 1825 sein Studium mit der Promotion bei Hugo abschloss, äußerte sich in seinem Werk „Die Harzreise", bei dem es sich um einen Reisebericht über einer Wanderung von Göttingen in den Harz, die er 1824 während der Zeit seiner Examensvorbereitung unternahm, handelt, außerordentlich sarkastisch über Göttingen und seine Professoren:

> „Im Allgemeinen werden die Bewohner Göttingens eingetheilt in Studenten, Professoren, Philister und Vieh, welche vier Stände doch nichts weniger als streng geschieden sind. Der Viehstand ist der bedeutendste. Die Namen aller Studenten und aller ordentlichen und unordentlichen Professoren hier herzuzählen, wäre zu weitläuftig; auch sind mir in diesem Augenblick nicht alle Studentennamen im Gedächtnisse, und unter den Professoren sind manche, die noch gar keinen Namen haben. Die Zahl der Göttinger Philister muß sehr groß seyn, wie Sand, oder besser gesagt, wie Koth am Meer; wahrlich, wenn ich sie des Morgens, mit ihren schmutzigen Gesichtern und weißen Rechnungen, vor den Pforten des akademischen Gerichtes aufgepflanzt sah, so mochte ich kaum begreifen, wie Gott nur so viel Lumpenpack erschaffen konnte."[69]

1837 bestand Planck das hannoverische Staatsexamen und in seinem Abgangszeugnis der Universität Göttingen vom 24. August 1837 bescheinigte man ihm, dass er sämtliche Vorlesungen ausgezeichnet fleißig besucht habe.[70] Hinsichtlich seines Betragens wurden keinerlei Beschwerden vermerkt. Nach dem Staatsexamen wurde er für eineinhalb Jahre Auditor beim Königlichen Amt in Göttingen sowie Akzessist der Universitätsbibliothek und er gab Repetitorien für Studenten.[71]

3.) Preisfrage der Juristischen Fakultät Göttingen 1836/37

Im Jahr 1836/37 nahm Planck an der von der Göttinger Juristenfakultät ausgeschriebenen Preisfrage teil, welche lautete:

---

68 UA Göttingen, Jur Prom 0,0624, Abgangszeugnis Planck vom 24.08.1837.

69 Zitiert nach Windfuhr (Hrsg.), Heinrich Heine: Historisch-kritische Gesamtausgabe der Werke, Bd. 6, S. 84. Zu Heines Verhältnis zur Jurisprudenz siehe Okko Behrends: Heine und die Rechtswissenschaft, in: Lipp, Volker/Möllers, Christoph/von der Pfordten, Dietmar (Hrsg.), Heinrich Heine, Dichter und Jurist in Göttingen, Göttingen 2007, S. 49-68.

70 UA Göttingen, Jur Prom 0,0624, Abgangszeugnis Planck vom 24.08.1837; Seuffert, ZZP 28 (1901), V (VII).

71 Seuffert, ZZP 28 (1901), V (VII).

„Explicentur origo, natura et usus probationis, quam in judiciis civilibus Germanicis legitimationem ad causam vocare solent.“[72]

Derartige Aufgaben wurden in Göttingen seit 1784 durch die Theologische, Philosophische, Medizinische und Juristische Fakultät gestellt und eröffneten den Studenten die Möglichkeit, sich durch deren Bearbeitung auszuzeichnen.[73] Der Preis für die beste Ausarbeitung bestand in einer goldenen Medaille, die einen Wert von 25 Dukaten besaß und in einer öffentlichen Versammlung verliehen wurde.[74] Planck hatte die Aufgabe noch während seiner Zeit in Jena bearbeitet und zur Bewertung vorgelegt. Seine Schrift mit dem Titel „De legitimatione ad causam“ umfasst 42 Seiten und wurde 1837 in Göttingen veröffentlicht. Nach einer kurzen Einleitung über Begriff, Arten und die gewöhnliche Lehre der legitimatio ad causam gliedert sich die Arbeit in drei Kapitel, in denen Planck Ursprung, Natur und Gebrauch der legitimatio ad causam darstellt. Dabei tritt Planck auf rein romanistischer Grundlage für eine klare Trennung von Sach- und Prozesslegitimation ein, was zu damaliger Zeit noch nicht gängige Praxis war.[75] Schließlich wurde Plancks Manuskript am 04. Juni 1837 mit dem Preis belohnt.[76] Dies lag nicht daran, dass es nur einen einzigen Bewerber für die Preisfrage gab, die Arbeit entsprach vielmehr den Anforderungen und erschien dem Preis würdig.[77] Damit traten Plancks besondere juristische Fähigkeiten bereits

72 Planck, De legitimatione ad causam, S. II.

73 Oesterley, S. 109. 1795 kam noch ein fünfter Preis für die beste Predigt in der Universitätskirche hinzu.

74 Oesterley, S. 109.

75 Seuffert, ZZP 28 (1901), V (VII); Stintzing-Landsberg, Abt. 3 Halbband 2, Text, S. 565. Diese Trennung wurde erst durch Planck und Moritz August von Bethmann-Hollweg herausgebildet und stellt gemäß Nörr eines der beachtenswertesten Einzelergebnisse der Historischen Rechtsschule dar, vgl. Nörr, in: Tradition und Fortschritt im Recht, S. 88 f.

76 Seuffert, ZZP 28 (1901), V (VI).

77 Unbekannter Verfasser, KritJb 4 (1838), 651 (651). Das Urteil der Göttinger Fakultät lautete: „De quo argumento, quum inter plures certamen initum esse sciamus, unum tantum ad finem pervenisse dolemus, auto-rem scilicet commentationis his insignitae verbis: Dubitare et aliquid nescire ausi sumus, quem tamen ea laude ornare juvat, quod in his, quae ad rem faciunt, diligenter conquirendis, prudenter examinandis, modeste dijudicandis, ita versatus sit, utmultos vincere posset. Insunt quidem, quae paupertute quadam sermonis laborent, nec non alia, quae planius dici debeant; sed his, antequam libellus prelo excudatur, emendandis quum potiores laudes haud infring-antur, unicae isti commentationi praemium non esse dene-dandum unanimi consensu Ordo censuit“, abgedruckt bei Planck, De legitimatione ad causam, S. II.

während seines Studiums hervor und deuteten seine spätere wissenschaftliche Karriere an. Zudem legte er mit dieser Arbeit den Schwerpunkt seiner weiteren Forschung im Bereich des Zivilprozessrechts fest.[78]

4.) Einfluss der Studienzeit auf Plancks späteres Wirken

Plancks Lehrer sowie die allgemeinen Umstände seiner Studienzeit beeinflussten seinen weiteren Werdegang und sein weiteres wissenschaftliches Wirken maßgeblich. Denn zum einen fiel sein Studium in die Zeit der Historischen Rechtsschule. Mit Beginn des 19. Jahrhunderts hatte sich auf Grundlage der von Gustav Hugos Differenzierung von dogmatischer, philosophischer und historischer Bearbeitung eine neue rechtswissenschaftliche Richtung, die historisch-systematische Methode, herausgebildet, welche maßgeblich durch Friedrich Carl von Savigny (1779-1861) geprägt wurde.[79] Es erfolgte eine Rückbesinnung zum historischen Bewusstsein und anhand historischer Quellen sollte eine Erneuerung der Rechtswissenschaft und des aktuellen Rechts erfolgen. Savignys 1814 veröffentlichte Schrift „Vom Beruf unserer Zeit für Gesetzgebung und Rechtswissenschaft" wurde zum Programm der Schule und übte „einen bestrickenden Zauber auf die Zeitgenossen" aus.[80] Darin trat er der zuvor von Anton Friedrich Justus Thibaut (1772-1840) in seiner ebenfalls 1814 veröffentlichten Denkschrift „Über die Notwendigkeit eines allgemeinen bürgerlichen Gesetzbuches für Deutschland" aufgestellten Forderung nach Erlass eines deutschen bürgerlichen Gesetzbuches entgegen und vertrat den Standpunkt, dass es einer einheitlichen Kodifikation des Zivilrechts nicht bedürfe.[81] Er fasste das Recht vielmehr als etwas historisch Gewachsenes auf, das aufgrund der rechtserzeugenden Kraft des Volkes als Gewohnheitsrecht entstehe und „nicht durch die Willkühr eines Gesetzgebers".[82] Nach seiner Anschauung galt es, „jeden gegebenen Stoff bis zu seiner Wurzel zu verfolgen, und so sein organisches Princip zu entdecken, wodurch sich das, was noch Leben hat, von demjenigen absondern

78 So auch Fuchs, in: Professoren der Universität Basel aus fünf Jahrhunderten, S. 148.

79 Wieacker, S. 378 ff.; Henkel, S. 10; Rückert, HRG II, Sp. 1048 ff.

80 Gierke, S. 5 f.; Wieacker bezeichnete die Abhandlung als eine „der schönsten Beiträge der Rechtsliteratur zum Prosaschatz unserer Sprache", Wieacker, S. 390.

81 Neuere Forschungen zeigen, dass es sich bei der Schrift Savignys nicht lediglich um eine Kampf- oder Gelegenheitsschrift handelte, sondern, dass sie bereits länger geplant war und einzelne Gedanken bereits von Savigny in seiner Landshuter Zeit (1808-1810) entwickelt wurden, vgl. hierzu Akamatsu, in: Friedrich Carl von Savigny: Politik und Neuere Legislationen, S. LII f.

82 Savigny, S. 8-15.

muß, was schon abgestorben ist, und nurnoch der Geschichte angehört."[83] Die Hauptaufgabe der Rechtswissenschaft bestand nach Savigny daher in der Erforschung des römischen Rechts, des germanischen Rechts und der neueren Modifikationen beider Rechte, wobei für ihn das römische Recht durch die Rezeption das geschichtlich gewordene Recht des deutschen Volkes darstellte.[84] Er gehörte damit dem romanistischen Zweig der Historischen Rechtsschule an. Die Germanisten hingegen, zu denen Karl Friedrich Eichhorn (1781-1854), der neben Savigny als Mitbegründer der Historischen Rechtsschule gilt, zählt, waren der Ansicht, dass das germanische und deutsche Recht das geschichtliche Recht des deutschen Volkes bilde und beschäftigten sich daher mit den ältesten deutschen Rechtsquellen und den germanisch-deutschen Kulturelementen.[85] Neben Eichhorn gehörten u.a. Carl Joseph Anton Mittermaier (1787-1867), August Ludwig Reyscher (1802-1880) und Georg Beseler (1809-1888)[86] den Germanisten an, zu denen auch Planck später in Kontakt stand. Damit setzte sich die Historische Rechtsschule anfänglich aus zwei Zweigen zusammen, dem romanistischen und dem germanistischen, die beide durch das Element des Historismus verbunden waren und sich zunächst gleichberechtigt gegenüber standen.[87] Mit der Zeit gingen die Zweige zunehmend eigene Wege und entfernten sich immer weiter von einander. Um 1840 kam es zu Auseinandersetzungen zwischen Romanisten und Germanisten, die zu einer Spaltung der Historischen Rechtsschule führten.[88] Die Romanisten waren der Auffassung, dass das Volk durch die Juristen repräsentiert werde und dass damit das rezipierte römische Recht dem Volksgeist entspräche.[89] Dem trat insbesondere der Germanist Beseler entgegen, der die rechtserzeugenden Tätigkeit des Volkes durch die Juristen ablehnte und die Rezeption des römischen Rechts als „Unterdrückung und Verkrüppelung des eigenen Rechtslebens" bezeichnete.[90] Ihren Höhepunkt erreichte die Kontroverse

83 Savigny, S. 117 f.

84 Savigny, S. 118; vgl. hierzu Gierke, S. 14 ff.

85 Wieacker, S. 403; vgl. ausführlich Dilcher/Kern, Die juristische Germanistik des 19. Jahrhunderts und die Fachtradition der Deutschen Rechtsgeschichte, ZRG GA 100 (1984), 1-46.

86 Zu Beseler siehe Kern, Bernd-Rüdiger: Georg Beseler, Leben und Werk, Berlin 1982.

87 Gierke, S. 10; die Zusammengehörigkeit der beiden Richtungen findet insbesondere in der gemeinschaftlichen Herausgabe der „Zeitschrift für geschichtliche Rechtswissenschaft" durch Savigny als Romanisten und Eichhorn als Germanisten ihren Ausdruck.

88 Wieacker, S. 407 ff.

89 Gierke, S. 18.

90 Beseler, S. 42.

auf den Germanistenversammlungen, die 1846 in Frankfurt am Main und 1847 in Lübeck stattfanden.[91] Hier traten Juristen, Philologen und Historiker zusammen, um gemeinsam für ein deutsches Kulturwesen zu wirken.[92] Die behandelten Themengebiete, wie die Schleswig-Holstein-Frage, Geschworenengerichte und die Rechtsvereinheitlichung durch Kodifikation machen die auch politische Ausrichtung der Germanisten deutlich. Erst auf den Deutschen Juristentagen, die seit 1860 an die Stelle der Germanistenversammlungen traten, fanden Romanisten und Germanisten wieder zusammen und sahen ihre gemeinsame Aufgabe in dem Zusammenwirken zugunsten der Zukunft des nationalen Rechts.[93] Auch Planck ist der Historischen Rechtsschule zuzurechnen, wovon die Bearbeitung der Preisfrage zeugt. Er schlug zunächst den romanistischen Weg ein, was sich jedoch in den kommenden Jahren ändern sollte.

Zum anderen fiel sein Studium in die Zeit der „Göttinger Sieben".[94] Die „Göttinger Sieben" waren eine Gruppe Göttinger Universitätsprofessoren, die sich gegen die Aufhebung der Hannoverschen Verfassung durch Ernst August I. im Jahr 1837 aussprachen und daraufhin durch diesen entlassen wurden. Von den Studenten der Georg-August-Universität wurden sie wie Helden gefeiert.[95] Unter den Professoren befanden sich zwei Lehrer Plancks, Friedrich Christoph Dahlmann und Wilhelm Eduard Albrecht. Diese Erfahrung Plancks mag eine Ursache dafür gewesen sein, dass er später im Rahmen der Schleswig-Holstein-Frage kurzzeitig politisch agierte und zwar nicht aus politischer Leidenschaft, sondern, genau wie seine Göttinger Lehrer, aus rechtlicher Überzeugung.

---

91 Zu den Verhandlungen siehe: Verhandlungen der Germanisten zu Frankfurt am Main am 24., 25. und 26. September 1846, Frankfurt a.M. 1847; Verhandlungen der Germanisten zu Lübeck am 27., 28. und 30. September 1847, Lübeck 1848.

92 Gierke, S. 20 ff. Zu den Germanistenversammlungen siehe Rückert/Schäfer, HRG II, Sp. 252-255.

93 Gierke, S. 31.

94 Zu den „Göttinger Sieben" vgl. Treitschke, Heinrich von: Deutsche Geschichte im Neunzehnten Jahrhundert, vierter Theil: Bis zum Tode König Friedrich Wilhelms III., 2. Auflage, Leipzig 1889, S. 643-668; Kück, Hans: Die Göttinger Sieben: Ihre Protestation und ihre Entlassung im Jahre 1837, Berlin 1934; Thadden, Rudolf von: Die Göttinger Sieben, ihre Universität und der Verfassungskonflikt von 1837, Hannover 1987; See, Klaus von: Die Göttinger Sieben: Kritik einer Legende, 3. Auflage, Heidelberg 2000; Saage-Maaß, Miriam: Die Göttinger Sieben – demokratische Vorkämpfer oder nationale Helden? Zum Verhältnis von Geschichtsschreibung und Erinnerungskultur in der Rezeption des Hannoverschen Verfassungskonfliktes, Göttingen 2007.

95 Hunger, in: Göttingen: Geschichte einer Universitätsstadt, Bd. 2, S. 200.

II. Dissertation: „De legitimatione ad causam", 1837

Am 19. August 1837 wurde Planck im Alter von gerade 20 Jahren von der Göttinger Fakultät aufgrund seiner preisgekrönten Abhandlung „De legitimatione ad causam" zum doctor utriusque juris[96] promoviert und erhielt dabei das Prädikat „Egregie" (I mit Auszeichnung).[97]

III. Habilitation: „Continentia causae", 1839

Mit seiner Arbeit über die „Continentia causae"[98] beantragte Planck am 14. Juli 1839 seine Habilitation bei der Juristischen Fakultät der Göttinger Universität.[99] Nach Ableistung einer Probevorlesung über die Beweislast sowie eines Kolloquiums befürwortete die Fakultät Plancks Ernennung zum Privatdozenten, woraufhin das Kuratorium diesem vorläufig für zwei Jahre eine entsprechende Stelle übertrug.[100] Mit erfolgreicher Habilitation gehörte er nunmehr zum exklusiven Kreis der Hochschuldozenten.

IV. Privatdozent in Göttingen, 1839 - 1842

Zum Wintersemester 1839/40 nahm Planck sodann seine Vorlesungstätigkeit an der Göttinger Universität auf.[101] Seine Lehrveranstaltungen umfassten sowohl das Zivil- als auch das Strafprozessrecht. Daneben bot er zudem zeitweise zusammen mit weiteren Privatdozenten ein Generalexaminatorium über alle Rechtsteile sowie auch Specialexaminatorien und Repetitorien in deutscher und lateinischer Sprache an. Außerdem leitete er ein Repetitorium über das römische Recht sowie ein Zivilrechtspraktikum. Seine besondere Vorliebe galt jedoch den

---

96 Doktor beider Rechte.

97 UAM, E-II-501 (Personalakt J. J. W. Planck), Blatt 2; Chronik der Universität München 1901, S. 5; Seuffert, ZZP 28 (1901), V (VII).

98 Zusammengehörigkeit mehrerer Rechtsstreitigkeiten.

99 Seuffert, ZZP 28 (1901), V (VII); Foljanty/Gelinek, in: Greifswald – Spiegel der deutschen Rechtswissenschaft, S. 472.

100 Seuffert, ZZP 28 (1901), V (VII f.).

101 Vgl. Verzeichnis der Vorlesungen der Georg-August-Universität Göttingen WS 1839/40, S. 6. Eine detaillierte Aufstellung der von Planck abgehaltenen Lehrveranstaltungen befindet sich im Anhang.

Veranstaltungen über Zivil- und Strafprozessrecht.[102] Bei den Studenten war er ein äußerst beliebter Dozent.[103]

V. Assessor des Spruchkollegiums, 1840 - 1842

Von 1840 bis 1842 war Planck als Assessor des Spruchkollegiums der Göttinger Juristenfakultät tätig.[104] Das Spruchkollegium wurde von anderen Gerichten oder sonstigen streitenden Parteien angerufen und hatte die Aufgabe, anhand übersandter Akten Rechtsgutachten oder Entscheidungen zu erstellen.[105] Die Arbeitslast lag dabei im Wesentlichen auf den Schultern der Assessoren als eigentliche Träger der Spruchpraxis.[106] Ihre Aufgabe bestand darin, die ihnen zugeteilten Fälle aufzuarbeiten, in den Sitzungen vorzutragen und das Erstvotum abzugeben.[107] Trotz des hohen Arbeitsaufwands, den eine Zugehörigkeit zum Spruchkollegium mit sich brachte, war eine derartige Position unter den jungen Professoren und Privatdozenten äußerst beliebt, da mit ihr eine weitere praktische Fortbildungsmöglichkeit verbunden war.[108] Zudem sprachen auch die mit der Tätigkeit verbundenen Einnahmen viele junge Juristen an.[109] Für die Aufnahme war zunächst ein entsprechendes Gesuch an die Regierung zu richten, die den Bewerber nach positiver Rücksprache mit der Fakultät zu einer Proberelation zuließ.[110] Dem Bewerber wurde dann eine Akte zur Bearbeitung zugeteilt und bei zufriedenstellender Ausführung folgte seine Ernennung.[111] Die Mitglieder des Spruchkollegiums waren stets äußerst zufrieden mit Plancks Ausarbeitungen und es wurde ihm attestiert, dass seine Relationen alle Ansprüche erfüllen würden, die man nur an solche Arbeiten stellen könne.[112]

---

102 StABS, Erziehungs-Akten Z 11 Planck, Mitteilung Wunderlich vom 08.02.1842.

103 Vgl. StABS, Erziehungs-Akten Z 11 Planck, Einschub eines leider unbekannten Verfassers in der Mitteilung Thöls an Gerlach vom 02.02.1842.

104 Klugkist, S. 126.

105 Oesterley, S. 140; Tütken, S. 327 f.

106 Klugkist, S. 126.

107 Klugkist, S. 126.

108 Klugkist, S. 53; Tütken, S. 327 f.

109 Klugkist, S. 53.

110 Klugkist, S. 53.

111 Klugkist, S. 53.

112 Vgl. StABS, Erziehungs-Akten Z 11 Planck, Mitteilung Thöl an Gerlach vom 02.02.1842.

D. Stationen als Ordinarius

I. Basel 1842 - 1845: Romanistisch geprägte Phase

Am 23. Februar 1842 wurde Planck zum Ordinarius für römisches Recht und Zivilprozessrecht an die Universität Basel berufen und er fand damit den Einstieg in seine Professorenlaufbahn an der kleinen schweizerischen Hochschule.[113] Die Universität Basel galt, genau wie die Universitäten in Zürich, Bern und Freiburg (Schweiz), als Einstiegsuniversität in das erste ordentliche Ordinariat und diente unter anderem als Zubringeruniversität für die deutschen Universitäten.[114] Die Kantonstrennung 1833, die zur Teilung des Kantons Basel in die Kantone Basel-Stadt und Basel-Landschaft geführt hatte, die daran anknüpfende Phase der Restauration und die damit verbundenen Folgen waren zu der Zeit, als Planck an die Universität kam, noch in vielen Bereichen des gesellschaftlichen und politischen Lebens und vor allem an der Universität selbst, in Form massiver finanzieller Schwierigkeiten, deutlich zu spüren.

1.) Wirken an der Universität

a) Berufung

In Basel wurde Planck Nachfolger von Agathon Wunderlich[115], der 1842 einem Ruf an die Universität Rostock gefolgt war.[116] Als mögliche Neubesetzung für die frei gewordene Stelle war zunächst die Berufung des an der Universität Basel

113 StABS, Erziehungs-Akten Z 11 Planck, Beschluss des Kl. Raths vom 23.02.1842.

114 Baumgarten, S. 182.

115 Gottlob Friedrich Walter Agathon Wunderlich, 12.03.1810 (Göttingen) - 21.11.1878 (Lübeck), Studium der Philologie und Rechtswissenschaft in Göttingen, 1832 erfolgte seine Promotion und 1833 die Habilitation, 1837 wechselte er aufgrund der Ereignisse um die „Göttinger Sieben“ an die Universität Berlin, 1838 wurde er Professor des römischen Rechts an der Universität Basel, 1842 folgte er einem Ruf nach Rostock und 1850 ernannte man ihn zum Richter des Oberappellationsgerichts der vier freien Städte in Lübeck, vgl. Eisenhart, ADB 44 (1898), 311-313 und Jhering, Jahrbücher für die Dogmatik des heutigen römischen und deutschen Privatrechts, Bd. 17 (1879), 145-157.

116 Bonjour, S. 541.

tätigen Privatdozent Johann Jakob Bachofen[117] erwogen worden.[118] Nachdem dieser jedoch die ordentliche Professur des römischen Rechts abgelehnt hatte, empfahl die Kuratel Planck zu berufen.[119]

Neben Planck wurde auch die Berufung von Johann Friedrich Budde, eines Privatdozenten aus Bonn, in Betracht gezogen.[120] Doch eine Reihe positiver Empfehlungen verschiedener Gelehrter ließen die Entscheidung schließlich zu Gunsten Plancks ausfallen. Anzuführen ist hier zum einen die Stellungnahme Johann Heinrich Thöls[121]. Dieser kannte Planck aus seiner Studienzeit in Göttingen und sprach sich eindringlich für seinen ehemaligen Studenten und dessen Fähigkeiten aus. Lobend schrieb er am 02. Februar 1842 in einem Brief an den Baseler Professor Franz Dorotheus Gerlach, der ihn um nähere Auskünfte im Hinblick auf eine mögliche Berufung Plancks gebeten hatte:

> „Unter den hiesigen Privatdocenten wüßte ich keinen, der so geeignet für die fragliche Stelle wäre, wie der Dr. Planck, theils durch seinen gänzlich unbescholtenen Wandel, theils durch seine ausgezeichneten juristischen Kenntniße, sein Urtheil, u seine Art, die Jurisprudenz aufzufassen und zu behandeln, nicht minder wissenschaftlich als practisch. Ich kann über dieses Alles aus eigener Erfahrung, die sich aus der Zeit herschreibt, wo Hr Dr Planck noch mein Zuhörer im Practikum war, u aus der spätere[n], wo ich in mancherlei, u auch wissenschaftlichem Verkehr mit ihm gestanden, bezeugen. Ganz

117 Johann Jakob Bachofen, 22.12.1815 (Basel) - 25.11.1887 (ebenda), studierte in Basel, Berlin und Göttingen, promovierte sich 1839, 1841 wurde er zum Professor für römisches Recht an der Universität Basel ernannt, legte sein Amt jedoch 1844 nieder, um sich ausschließlich seiner literarischen Arbeit zu zuwenden. Er gilt als Pionier der vergleichenden Rechtswissenschaft und veröffentlichte 1861 sein Hauptwerk „Das Mutterrecht. Eine Untersuchung über die Gynaikokratie der alten Welt nach ihrer religiösen und rechtlichen Natur", vgl. Wolf, NDB 1 (1953), 502-503; Müllenbach, ZRG GA 105 (1988), 17-96; Bühler, HRG I, Sp. 398.

118 StABS, Erziehungs-Akten Z 11 Planck, Erziehungskollegium an Kl. Rath, 19.02.1842.

119 StABS, Erziehungs-Akten Z 11 Planck, Kuratel an Erziehungskollegium, 08.02.1842.

120 StABS, Erziehungs-Akten Z 11 Planck, Kuratel an Erziehungskollegium, 08.02.1842.

121 Johann Heinrich Thöl, 06.06.1807 (Lübeck) - 16.05.1844 (Göttingen), nach dem Studium der Rechtswissenschaft in Leipzig und Heidelberg erfolgte 1829 seine Promotion und 1830 die Habilitation. Ab 1837 war er außerordentlicher Professor in Göttingen und ab 1842 ordentlicher Professor in Rostock, von 1848 bis 1849 war er Mitglied der Frankfurter Nationalversammlung und ging sodann wieder nach Göttingen, vgl. Ehrenberg, ZHR 31 (1885), 564-588; Frensdorff, ADB 38 (1894), 47-52; Ahrens, Zeitschrift des Vereins für Lübeckische Geschichte und Altertümer 86 (2006), 99-113.

dasselbe bestätigt auch Herr Prof. Ribbentrop[122], der ihn durch Umgang u aus dem Spruchkollegium genau kennt, u eben so der geheime Justizrath Mühlenbruch[123], der ihn zu der Stelle empfiehlt, u mir namentlich gesagt, daß er in dem Colloquium, welches er vor Jahren hier gehalten, um sich zu habilitieren, sich als ein Meister gezeigt, u daß seine Ausarbeitungen für das Spruchcollegium [...], nicht minder wie seine Relationen, allen Ansprüchen, die man nur an dgl Arbeiten machen könne, entsprechen."[124]

Innerhalb des Schreiben Thöls wurde darüber hinaus von einem weiteren Verfasser insbesondere Plancks ausgezeichnete Lehrfähigkeit hervorgehoben:

> „Was seinen Vortrag in Colloquien u Privatissimis, welche sich auf Römisches Recht, außerdem auf Civilprozeß, Criminalprozeß u ein Civilpracticum erstrecken, betrifft, so kann man hier freilich nur vom Höremsagen urtheilen, übrigens treten auch in dieser Beziehung nur günstige Urtheile der Studierenden hervor und dem lobenden Wort entspricht denn auch der Umstand, daß die Collegia fleißig besucht werden. Nach Allem diesem glaube ich, daß Sie eine sehr gute Acquisition machen würden, wenn Sie den Dr. Planck beriefen."[125]

Auch Wunderlich begrüßte die Berufung Plancks. In seinem Empfehlungsschreiben, in dem er zunächst auf die bedeutenden familiären Verbindungen Plancks und dessen bisherigen Werdegang einging, hob er besonders hervor:

> „Seine practischen Leistungen beim Civilgericht wurden mir von seinem, auch meinem ehemaligen, Chef, Herrn Oberamtmann Heyne (Sohn des großen Philologen) als ganz vorzüglich bezeichnet. Dieses Urtheil hat Gewicht, da es von einem der erfahrensten Geschäftsmänner herrührt, dessen Unpartheilichkeit und Strenge allgemein anerkannt sind. In gleicher Weise haben sich die Mitglieder der Juristischen Fakultät zu Göttingen ausgesprochen. [...] Er zeigt sich als ein junger Mann von einnehmendem Äußern, offen und gesellig im Umgang, strebend und ernst in der Wissenschaft. Unter den jungen Lehrern auf deutschen Universitäten, die ich auf meinen Reisen kennen lernte, habe ich keinen gefunden, welcher mehr geeignet wäre, den hiesigen Verhältnissen zu entsprechen."[126]

---

122 Georg Julius Ribbentrop, 02.05.1798 (Bremerlehe) - 13.04.1874 (Göttingen), wurde nach seinem Studium in Göttingen und Berlin 1820 zunächst Privatdozent der Universität Göttingen, 1822 außerordentlicher und 1832 ordentlicher Professor für römisches Recht daselbst, vgl. Landsberg, ADB 28 (1889), 405-406.

123 Christian Friedrich Mühlenbruch, ebenfalls ein ehemaliger Professor Plancks aus Göttingen, zu Mühlenbruch siehe Fn. 59.

124 StABS, Erziehungs-Akten Z 11 Planck, Mitteilung Thöl an Gerlach vom 02.02.1842.

125 StABS, Erziehungs-Akten Z 11 Planck, Einschub eines leider unbekannten Verfassers in der Mitteilung Thöls an Gerlach vom 02.02.1842.

126 StABS, Erziehungs-Akten Z 11 Planck, Mitteilung Wunderlich vom 08.02.1842.

Zudem lag der Kuratel ein sehr positives Urteil Bachofens über Plancks preisgekrönte Arbeit „De legitimatione ad causam" vor, in welchem er besonders lobte:

> „Die Klarheit, mit welcher der Verfasser diese dogmatische Entwicklung in den Schriften der Glossatoren und der späteren Zeiten bis in die neueste Prozeßliteratur verfolgt; die Vertrautheit mit der älteren und neueren Literatur, welche hier nicht zusammengeschmiert, sondern mit Kritik und sorgfältig zusammengetragen ist [...] und überdies [...] die gute Lateinität, die bei Juristen mit ziemlicher Sicherheit auf ein einläßliches Quellenstudium schließen läßt."[127]

Aufgrund dieser Reihe überzeugender Bewertungen und der daneben vorliegenden Berichte Göttinger Studenten, aus denen hervorging, dass Planck und dessen Vorlesungen sich aufgrund des „ausgezeichneten" Vortrags großer Beliebtheit erfreuten, entschied sich die Kuratel für die Empfehlung der Berufung Plancks.[128] Eine besondere Rolle spielte bei der Entscheidung darüber hinaus, dass Planck sich bisher vorwiegend dem römischen Recht und dem Zivilprozessrecht gewidmet hatte und der neu zu berufende Professor den dogmatischen Teil des römischen Rechts, Institutionen und Pandekten lehren sollte, so dass Planck im Vergleich zu Budde, qualifizierter für die zu vergebende Stelle erschien.[129] Um eine längere Vakanz der juristischen Hauptprofessur und die damit einhergehenden Nachteile zu vermeiden, wurde auf eine schnellstmögliche Wiederbesetzung des Lehrstuhls großer Wert gelegt.[130] Die Empfehlung der Kuratel wurde daher am 19. Februar 1842 durch die Mitglieder des Erziehungskollegiums genehmigt.[131] Nach Rücksprache mit seinen Verwandten erklärte Planck sich bereit, den an ihn ergangenen Ruf anzunehmen, und bereits am 23. Februar 1842 erfolgte seine Ernennung zum ordentlichen Professor.[132] Planck erhielt damit im Alter von 35 Jahren seine erste ordentliche Professur, die zugleich die juristische Hauptprofessur der Baseler Universität darstellte und für diese von besonderer Bedeutung war. Seine Ernennung zeugt von dem großen Vertrauen, das die Universität in den jungen Planck setzte, was gleichzeitig für dessen ausgezeichnete Qualifikation spricht.

---

127 StABS, Erziehungs-Akten Z 11 Planck, Bachofen an Kanzler Heusler, 07.02.1842; zitiert nach Bonjour, S. 571.

128 StABS, Erziehungs-Akten Z 11 Planck, Kuratel an Erziehungskollegium, 08.02.1842.

129 StABS, Erziehungs-Akten Z 11 Planck, Kuratel an Erziehungskollegium, 08.02.1842.

130 StABS, Erziehungs-Akten Z 11 Planck, Kuratel an Erziehungskollegium, 08.02.1842.

131 StABS, Erziehungs-Akten Z 11 Planck, Erziehungskollegium 19.02.1842.

132 StABS, Erziehungs-Akten Z 11 Planck, Einschub eines leider unbekannten Verfassers in der Mitteilung Thöls an Gerlach vom 02.02.1842.

b) *Die Juristische Fakultät*

Die Kantonstrennung von 1833 brachte erhebliche Schwierigkeiten für die Universität mit sich. Denn durch den schiedsgerichtlichen Entscheid vom 09. November 1833 wurde das Universitätsvermögen zur Teilungsmasse gerechnet.[133] Zwar wurde die Universität nicht real geteilt, sondern dem Kanton Basel-Stadt zugesprochen, doch dieser hatte im Gegenzug eine erhebliche Entschädigungssumme an den Kanton Basel-Land zu zahlen, was eine starke finanzielle Belastung darstellte und zu einer Reduzierung der Professuren und der Gehälter führte.[134] Folge für die Juristische Fakultät war, dass durch den entstandenen Spardruck das „Gesetz über die Errichtung des Pädagogiums und der Universität" vom 09. April 1835 die Fakultät unter anderem zu einer propädeutischen Vorbereitungsanstalt degradierte und die personelle Besetzung stark verminderte.[135] Es sah für die Juristische Fakultät lediglich zwei Lehrstühle vor, wobei nur für einen der beiden eine volle Besoldung bestimmt war.[136] Die Studentenfrequenz war während Plancks Zugehörigkeit zur Baseler Universität dementsprechend gering, zwischen 1842 und 1845 verzeichnete die Universität zwischen 38 und 83 Studenten.[137] Erst durch das Universitätsgesetz von 1866 wurde der propädeutische Charakter wieder beseitigt, die Besoldung angehoben und die Anzahl der Lehrstühle in der Juristischen Fakultät auf drei erhöht.[138]

Neben Planck waren an der Fakultät Johannes Schnell[139] (1837-1878) und Bachofen (1841-1844) tätig,[140] wobei die Mittel für die Anstellung Schnells als dritten Lehrkörper von der Freiwilligen Akademischen Gesellschaft[141]

---

133 Staehelin, S. 145.

134 Staehelin, S. 146 f.

135 Staehelin, S. 145 ff.; Bonjour, S. 403, 406, 408.

136 Bonjour, S. 406, 539. Für den ersten Lehrstuhl war ein Gehalt von Fr. 1.600,- vorgesehen und für den zweiten Fr. 800,-, vgl. Teichmann, S. 12.

137 Zu den Studentenanzahlen vgl. Teichmann, S. 62.

138 Bonjour, S. 432 f.

139 Johannes Schnell, 31.08.1812 (Basel) - 16.10.1889 (Bern), studierte in Berlin und Heidelberg Rechtswissenschaften, 1837 habilitierte er sich als Dozent an der Basler Universität, 1838 erfolgte ebenda seine Ernennung zum außerordentlichen und 1839 zum ordentlichen Professor des vaterländischen Rechtes, 1851 und 1852 war er Rektor der Universität, vgl. von Wyss, ADB 32 (1891), 158-160.

140 StABS, Vorlesungsverzeichnisse der Universität Basel aus den Jahren 1842-1845.

141 Die Freiwillige Akademische Gesellschaft wurde 1835 von Baseler Bürgern gegründet. Gemäß § 1 ihrer Statuten vom 17.09.1835 hatte die Gesellschaft folgende Aufgabe: „Die Freiwillige Akademische Gesellschaft der Stadt Basel hat den Zweck, wissenschaftliche Bildung im Allgemeinen zu fördern, insbesondere aber die in der

übernommen wurden.[142] Daneben bot Andreas Heusler[143], der seit 1831 der Regierung angehörte, ohne akademisches Amt zeitweise Vorlesungen an.[144] Ab dem Wintersemester 1844/45 trat Emanuel Burckhardt-Fürstenberger als Privatdozent hinzu.[145]

c) Lehrtätigkeit und ausgeübte Ämter

In Basel nahm Planck seine Vorlesungstätigkeit zum Sommersemester 1842 auf. Seine Vorlesungen umfassten Institutionen des römischen Rechts, Zivilprozessrecht, Pandekten mit praktischen Arbeiten und Repetitorien über Pandekten.[146] Im Durchschnitt umfassten seine Vorlesungen wöchentlich knapp 12 Stunden, wobei den Schwerpunkt seiner Vorlesungstätigkeit das römische Recht bildete. Im Rahmen seiner Pandektenvorlesungen orientierte er sich an Puchtas „Lehrbuch der Pandekten", Leipzig 1838, und Grundlage seiner Vorlesungen im Zivilprozess bildete das Lehrbuch seines Onkels Martin „Lehrbuch des teutschen gemeinen bürgerliches Processes", 12. Auflage, Heidelberg 1838, wie aus den Vorlesungsverzeichnissen zu entnehmen ist. Dies verwundert nicht, Puchta war einer der wichtigsten Vertreter der Pandektenwissenschaft und Martins Lehrbuch gehörte in der damaligen Zeit zu den führenden Büchern im Bereich des Prozessrechts,[147] allein aus der zahlreichen weiterführenden Literatur[148] zu

---

Stadt Basel bestehenden höheren Lehranstalten, sowie auch die Kunst- und wissenschaftlichen Sammlungen zu unterstützen", die Statuten sind abgedruckt bei Burckhardt, S. 10.

142 Bonjour, S. 552.

143 Andreas Heusler, 08.03.1802 (Basel) - 11.04. 1868 (ebenda), nach seinem Rechtsstudium in Tübingen und Jena folgte 1826 die Promotion und 1828 die Habilitation in Basel. Im Anschluss war er zunächst Privatdozent für Schweizer Staatsrecht, 1830 erfolgte seine Ernennung zum ordentlichen Professor für römische Rechtsgeschichte, Strafrecht und Schweizer Staatsrecht. Im selben Jahr wurde er Mitglied des großen und 1831 des kleinen Rates, 1832 Mitglied und 1833 Präsident des Erziehungskollegiums, 1832 wurde er Präsident der Kuratel. Er erarbeitete Entwürfe zur Reorganisation der Universität, die größtenteils umgesetzt wurden. 1850 nahm er seine Vorlesungstätigkeit als ordentlicher Professor wieder auf, vgl. Vischer, ADB 12 (1880), 337-339 und Burckhardt, BZGA 91 (1991), 209-229.

144 Bonjour, S. 550.

145 StABS, Vorlesungsverzeichnisse der Universität Basel WS 1844/45.

146 Vgl. StABS, Vorlesungsverzeichnisse der Universität Basel SoSe 1842 bis WS 1844/45. Eine Gesamtübersicht seiner Vorlesungstätigkeit findet sich im Anhang.

147 Vgl. Stintzing-Landsberg, Abt. 3 Halbband 2, Text, S. 161.

148 Vgl. z.B. Weber, Ernst Heinrich: Paraphrase des Martin'schen Civil Proceß Lehrbuches, Stuttgart 1835; Morstadt, Karl Eduard (Hrsg.): Dr. J. C. Gensler's

Martins Lehrbuch kommt die Bedeutung des Werkes zum Ausdruck. Vom Sommersemester 1843 bis zum Wintersemester 1843/44 fungierte Planck als Dekan und im Wintersemester 1844/45 war er Prodekan.[149]

2.) Privatleben

Am 25. März 1843 heiratete Planck in Jena seine erste Frau Mathilde Voigt.[150] Mathilde, geboren am 15. März 1819, war die Tochter des Jenenser Direktors des Botanischen Gartens, geheimen Hofrats und Honorarprofessors Friedrich Siegmund Voigt.[151] Knapp ein Jahr später wird am 08. Mai 1844 Plancks erste Tochter Emma Susanne Johanna Charlotte Friederike Sophie in Basel geboren.[152] Diese war später mit dem ebenfalls aus einer bedeutenden Professorenfamilie stammenden Rudolf Schirmer verheiratet, so dass weitere Verflechtungen zu einer Gelehrtenfamilie entstanden.[153] Rudolf Schirmer (10. März 1831 - 27. Januar 1896) hatte in Göttingen, Greifswald, Wien, Paris und Berlin Medizin studiert, 1856 erfolgte seine Promotion und 1860 die Habilitation in Berlin im Bereich der Augenheilkunde. Ab 1867 war er Professor an der Universität Greifswald und leitete die dortige Augenklinik.[154]

In Basel schlossen Planck und seine Frau eine enge Freundschaft mit Friedrich Miescher-His und dessen Familie, wovon ein sich über mehrere Jahre erstreckender Briefwechsel zeugt.[155] Miescher-His wurde am 02. März 1811 in Walkringen bei Biglen im bernischen Emmental geboren.[156] Sein Vater war Landwirt und betrieb daneben einen Leinwand- und Tuchhandel.[157] Nach Erlangung seines Abiturs trat Miescher-His zunächst als Lehrling in das Geschäft seines Vaters ein,

---

vollständiger Commentar über Martin's Civilproceß-Lehrbuch, 2 Bände, Heidelberg 1825.

149 Vgl. StABS, Vorlesungsverzeichnisse der Universität Basel aus den Jahren 1842-1845.

150 Puschmann, Schlesisches Geschlechterbuch, Bd. 4, S. 180.

151 Bechmann, Beilage zur Allgemeinen Zeitung, Jahrgang 1900, Nr. 230, S. 1; Seuffert, ZZP 28 (1901), V (VIII); Puschmann, Schlesisches Geschlechterbuch, Bd. 4, S. 180.

152 Puschmann, Schlesisches Geschlechterbuch, Bd. 4, S. 180. Emma verstarb bereits im Alter von 49 Jahren am 05. Mai 1894 in Greifswald.

153 Die Hochzeit fand am 15.09.1863 in Kiel statt, s. Schlesisches Geschlechterbuch, Bd. 4, S. 180.

154 Zu Schirmer siehe Pagel, ADB 54 (1908), 29.

155 Es handelt sich insgesamt um 10 persönliche Briefe. Diese befinden sich im Besitz der Universitätsbibliothek Basel, NL 102 B: 4615-4624.

156 Frey, S. 7.

157 Frey, S. 7.

entschloss sich jedoch dann, Medizin zu studieren, und schrieb sich an der Medizinischen Fakultät in Bern ein.[158] Nach Abschluss seiner Studien, die ihn unter anderem auch nach Berlin führten, wurde er 1837 zum ordentlichen Professor für Physiologie und allgemeine Pathologie der Universität Basel ernannt.[159] 1844 folgte er einem Ruf nach Bern, wechselte aber 1850 zurück nach Basel.[160] Er war der Pate von Plancks erster Tochter Emma.[161] Nachdem Planck Basel verlassen hatte, hielt er seinen Freund Miescher-His in Briefen über jedes neue Entwicklungsstadium seiner Tochter auf dem Laufenden und bedauerte es immer wieder zutiefst, nicht in Basel bei Miescher-His und dessen Familie sein zu können.[162]

3.) Abschied von Basel

Allerdings blieb Planck, genau wie sein Vorgänger Wunderlich, nicht lange in Basel und folgte bereits 1845 einem Ruf nach Greifswald.[163] Das bescheidene Gehalt mag ein Grund dafür gewesen sein, dass Planck nur kurz in Basel verweilte und die Gelegenheit nutzte, nach Greifswald zu gehen. Zudem herrschte in Basel in Teilen der Bevölkerung eine universitätsfeindliche Grundstimmung vor, wonach der Unterhalt der Universität und die damit einhergehenden Kosten als überflüssiger Luxus für Basel betrachtet und kritisiert wurden.[164] Diese negative Haltung richtete sich besonders gegen die aus Deutschland berufenen Professoren und bedachte diese mit schlechten Witzen, in denen von der „Abfütterung nutzloser Pflastertreter" die Rede war.[165] Auch dies mag eine Ursache dafür gewesen sein, dass die aus Deutschland berufenen Professoren nicht lange in

158 Frey, S. 8.
159 Frey, S. 7 ff.
160 Frey, S. 15 ff.
161 Vgl. UB Basel, NL 102 B: 4617, Brief Planck an Miescher, 21.01.1846.
162 So berichtete Planck beispielsweise in einem Brief vom 21.01.1846 über seine Tochter scherzhaft: „Die körperliche Entwicklung scheint bei dem Kind, wie in Basel, so auch jetzt noch entschieden die Vorhand behalten zu wollen. Sie ist noch so dick und fett, wie damals, bekommt jetzt ihre Backenzähne, und ist gerade so groß, daß sie mit dem Kopf auf unseren Eßtisch sehen kann. Dieser oder vielmehr das, was er trägt, ist nämlich ein ganz besonderer Gegenstand ihrer Aufmerksamkeit. Essen und Trinken füllen zur Zeit noch das Gehirnchen und seine Gedanken so ziemlich aus. Bei so guten Appetit wird auch in der Wahl des Eßbaren nicht der geringste Unterschied gemacht – wenn es sich nur verspeisen läßt", UB Basel, NL 102 B: 4617, Brief Planck an Miescher, 21.01.1846.
163 Bonjour, S. 542.
164 Bonjour, S. 419.
165 Bonjour, S. 419.

Basel verweilten, sondern die Universität alsbald wieder verließen. Auch Plancks Nachfolger Rudolf von Jhering folgte bereits 1846 einem Ruf nach Rostock.[166] Für Planck bildete der Aufenthalt an der Baseler Universität den Einstieg in seine erste ordentliche Professur und er diente ihm quasi als „Sprungbrett" in das Ordinariat an einer deutschen Universität.

4.) Erstes Werk: „Die Mehrheit der Rechtsstreitigkeiten im Prozeßrecht", 1844

In seiner Baseler Zeit veröffentlichte Planck 1844 mit seiner Abhandlung „Die Mehrheit der Rechtsstreitigkeiten im Prozeßrecht. Entwicklung der processualischen Erscheinungen, die durch den Einfluß mehrerer Rechtsstreitigkeiten auf einander hervorgerufen werden" seine erste größere Arbeit. Dabei sei nach Planck der gewählte, umschreibende Titel erforderlich, da kein allgemeiner technischer Ausdruck für die zu behandelnden Themengebiete existiere.[167] Im Einzelnen handelt es sich um eine Darstellung von Rechtskraft, Rechtshängigkeit, objektiver und subjektiver Klagehäufung, Widerklage, Litisconsortium, Intervention und von der Lehre der präparatorischen und präjudiziellen Sachen. Damit widmete sich Planck, wie auch bereits in seiner Dissertation und seiner Habilitation, dem Prozessrecht. Er selbst bezeichnete seine Arbeit als „Versuch" einer Darstellung der historischen Entwicklung einzelner Materien aus dem Kernprozessrecht.[168] Bis zur Erschließung durch Planck galt die Thematik als äußert „verworren".[169]

a) Hintergrund

Mit Begründung der Historischen Rechtsschule erkannte man, dass eine historische Auseinandersetzung mit der Rechtsentwicklung nicht nur bei aktuellen Fragestellungen im Bereich der Gesetzgebungspolitik von Bedeutung war, sondern darüber hinaus auch für das richtige Verständnis der jeweilig bestehenden Rechtsinstitute.[170]

---

166 Bonjour, S. 542, Jhering fühlte sich durch die vorherrschende ablehnende Haltung verletzt und war glücklich, als er Basel verlassen konnte.

167 Vgl. Planck, Mehrheit der Rechtsstreitigkeiten, S. III.

168 UBH, Heid. Hs. 2746, 1141, Brief Planck an Carl Joseph Anton Mittermaier, 03.09.1844.

169 Friedrich, Sitzungsberichte 1902, S. 83.

170 Planck, Festrede, S. 10 f.

Vor diesem Hintergrund stellte 1821 August Bethmann-Hollweg, ein Schüler Savignys, als Erster in seiner Arbeit „Grundriss zu Vorlesungen über den gemeinen Civilprocess", Berlin 1821, ein Programm über die historische Bearbeitung des Prozessrechtes auf.[171] Es folgen Arbeiten unter anderem von August Wilhelm Heffter[172] und Hans Karl Briegleb[173]. In diese Reihe von Werken, in denen sich die Rechtsgelehrten mit dem Prozessrecht nach historischer Methode auseinandersetzten, ist auch Plancks Werk einzuordnen.

b) *Inhalt*

In seiner Abhandlung untersucht Planck den Einfluss mehrere Rechtstreitigkeiten aufeinander, wobei seine Ausführungen sowohl den Zivil- als auch den Strafprozess umfassen. Er ist sich dabei durchaus bewusst, dass beide Materien eigenständige Rechtsgebiete darstellen, für die geschichtliche Untersuchung hält er aber aufgrund der Verwandtschaft der Gebiete eine gemeinsame vergleichende Betrachtung für nutzbringender.[174]

Das Werk gliedert sich in drei Abschnitte. Im ersten Abschnitt wird, wie nach der historischen Methode üblich, zunächst das römische Prozessrecht dargestellt. Im zweiten Abschnitt beschäftigt sich Planck mit der Fortbildung der Rechtsansichten im Mittelalter bis auf die neueste Zeit. Eine derartige Vorgehensweise sei seiner Ansicht nach geboten, um die einzelnen Prozessrechtsinstitute vollständig zu durchdringen und hierdurch praktische Rückschlüsse für die geltende Gerichtspraxis ziehen zu können:

> „Nicht die Freude an historischen Untersuchungen, welche zum Theil durch die Ungenießbarkeit der Schriften des Mittelalters sehr verkümmert werden würde, führt uns somit auf diesen Weg; wir suchen vielmehr auf ihm den Schlüssel der heutigen Rechtsinstitute selbst, und verfolgen mithin ein rein practisches Interesse."[175]

In diesem Teil der Darstellung der mittelalterlichen Rechtsentwicklung sind bereits erste germanistische Ansätze in Plancks Arbeitsweise erkennbar, das germanische Recht spielt jedoch nach wie vor eine untergeordnete Rolle.[176]

---

171 Planck, Festrede, S. 12; Nörr, Ius Commune 10 (1983), 141 (144).

172 Institutionen des römischen und teutschen Civil-Processes, Bonn 1825.

173 Über exekutorische Urkunden und Exekutivprozeß, Nürnberg 1839.

174 „Es ist allerdings ein Verdienst der neueren Zeit, den Criminalprozess aus der Knechtschaft des Civilprozesses erlös't zu haben", so Planck, Mehrheit der Rechtstreitigkeiten, S. IV.

175 Planck, Mehrheit der Rechtsstreitigkeiten, S. 258.

176 Mayer, ZRG GA 22 (1901), XVII (XVIII).

Angelehnt an Savigny sah auch Planck zu diesem Zeitpunkt das reine antike römische Recht als alleinige Grundlage für die Rechtswissenschaft an und ist damit, wie in seinen vorhergehenden Arbeiten, noch dem romanistischen Zweig der Historischen Rechtsschule zuzuordnen. Er erkannte aber auch die mit einer solchen Vorgehensweise einhergehende Gefahr der Entfernung des Prozessrechts von der Praxis und stellte die Anwendung des römischen Rechts unter den Vorbehalt der Praktikabilität:

> „Der practische Nutzen der folgenden dogmengeschichtlichen Darstellung muß für uns also der sein: erstens: wir sind berechtigt, die für unrichtig erkannte theoretische Ansicht zu verwerfen, selbst wenn sie das Ansehn von Jahrhunderten für sich haben sollte, und zu der reinen Auffassung des römischen Rechts, so weit diese auf neuere Verhältnisse anwendbar ist, zurückzukehren. Die in Gesetzgebung und Gerichtsgebrauch festgesetzten einzelnen Folgen derselben können wir nicht umstoßen, wir weisen ihnen aber im organischen Zusammenhang der Rechtsansichten den ihnen gebührenden Platz an, wodurch ihr Verständnis normiert werden muß. Zweitens: wir lernen sowohl die Vermittlung der römischen Ansichten mit der heutigen Gerichtsverfassung und Prozeßform, als auch die aus Gesetzgebung und Gerichtsgebrauch hervorgegangenen neugeschaffenen Institute begreifen.“[177]

Dem letzten Abschnitt der Abhandlung Plancks obliegt eine doppelte Aufgabe. Es sollen nicht nur die einzelnen Hauptresultate der vorangegangenen Untersuchung für das aktuelle Prozessrecht aufgezeigt werden, sondern Planck beabsichtigt zudem, diese in das Gesamtsystem des aktuellen Prozessrechts einzuordnen.[178] Denn seiner Ansicht nach würden in den neueren Darstellungen häufig zusammengehörende Materien auseinandergerissen, wodurch das Auffinden gemeinsamer Grundgedanken wesentlich erschwert werde.[179]

In Bezug auf die Lehre vom Gerichtsstand kommt Planck zu dem Ergebnis, dass unter den speziellen Gerichtsständen ein Gerichtsstand der materiellen Konnexität mit aufzunehmen sei, auch wenn er einen derartigen Gerichtsstand aufgrund seiner „vagen Allgemeinheit ganz untauglich für eine wissenschaftliche Entwicklung“ hält.[180] Alle innerlich verwandten Rechtsstreitigkeiten sollen bei dem Richter angebracht werden, bei welchem ein verwandter Prozess bereits anhängig ist. Hinsichtlich des Konkurrenzverhältnisses bei mehreren in Betracht kommenden allgemeinen Gerichtständen führt es aus, dass dem Kläger das Wahlrecht zustehe, das durch die Anrufung eines Gerichts ausgeübt werde.[181]

---

177 Planck, Mehrheit der Rechtsstreitigkeiten, S. 264.
178 Planck, Mehrheit der Rechtsstreitigkeiten, S. 529.
179 Planck, Mehrheit der Rechtsstreitigkeiten, S. 530.
180 Planck, Mehrheit der Rechtsstreitigkeiten, S. 531.
181 Planck, Mehrheit der Rechtsstreitigkeiten, S. 535.

Betreffend die Möglichkeit zur Führung eines zweiten Prozesses über dieselbe Sache stellt Planck klar, dass sich die richterliche Gewalt nur einmal mit derselben Sache befassen könne und er leitet hieraus die Rechtskraft des ergangenen Endurteils sowie die Unstatthaftigkeit zweier gleichzeitiger Prozesse über dieselbe Sache ab.[182] Eine entsprechende Erläuterung solle seiner Ansicht nach im Abschnitt des allgemeinen Teils über das Verfahren im Allgemeinen erfolgen.[183] Ebenfalls im allgemeinen Teil sei die Frage zu erörtern, wie andere anhängige Prozesse in der Prozessleitung zu berücksichtigen seien. Dabei müsse insbesondere die Prozessverbindung, die gemäß Planck regelmäßig nur nach billigem Ermessen des prozessleitenden Richters erfolgen könne, und die Reihenfolge der Behandlung mehrere Prozesse aufgezeigt werden.[184] Ausgehend von dem Grundgedanken, dass in den Fällen der Klagehäufung und der Widerklage eine Verbindung mehrerer Prozesse vorliege, schlägt Planck in Hinblick auf die Darstellung des Verfahrens im Besonderen vor, nach der Betrachtung des ordentlichen Prozessganges die besonderen Erscheinungen, welche die Verbindung mehrerer Prozesses mit sich bringt, zu problematisieren.[185]

c) Plancks Lehre von der subjektiven Klagehäufung

Innerhalb der Untersuchung Plancks ist insbesondere seine Ansicht betreffend die Lehre von der subjektiven Klagehäufung hervorzuheben, mit welcher er das Rechtsinstitut im 19. Jahrhundert reformierte und die richtungsweisend für den Gesetzgeber der CPO sein sollte.

aa) Herausbildung der Ansicht Plancks

In der heutigen rechtswissenschaftlichen Doktrin wird nicht mehr zwischen subjektiver Klagehäufung und Streitgenossenschaft unterschieden, die beiden Begriffe werden vielmehr synonym verwendet.[186] Im älteren gemeinen Recht hingegen verbarg sich hinter diesen Ausdrücken Verschiedenes. Während unter einer subjektiven Klagehäufung eine Mehrheit von Klagen infolge einer Mehrheit von Streitenden auf Seiten des Klägers oder des Beklagten verstanden wurde, stellte die Streitgenossenschaft hingegen einen Fall dar, in welchem sich der *eine*

---

182 Planck, Mehrheit der Rechtsstreitigkeiten, S. 538 ff.
183 Planck, Mehrheit der Rechtsstreitigkeiten, S. 544 f.
184 Planck, Mehrheit der Rechtsstreitigkeiten, S. 547 ff.
185 Planck, Mehrheit der Rechtsstreitigkeiten, S. 554 f.
186 MK-ZPO/Schultes, § 59, Rn. 3; Hk-ZPO/Bendtsen, § 60, Rn. 1; Musielak-ZPO/Weth, § 60, Rn. 3.

Kläger bzw. der *eine* Beklagte aus mehreren Personen zusammensetzte.[187] In seinem Werk beschäftigte sich Planck ausführlich mit dieser Thematik und verlieh der Materie eine neue Gestalt, indem er die gemeinrechtliche Unterscheidung zwischen der subjektiven Klagehäufung und der Streitgenossenschaft beseitigte und die Figur der einheitlichen Streitpartei verwarf.[188] Damit vereinigte er die zuvor nebeneinander bestehenden Rechtsinstitute zu einem einheitlichen und fasste sie unter dem Begriff der subjektiven Klagehäufung zusammen, deren prozessuale Zulässigkeit er anerkannte.

Im älteren gemeinen Recht wurde die subjektive Klagehäufung hingegen von den Rechtsgelehrten grundsätzlich als unzulässig erachtet, da vermieden werden sollte, dass mehrere Kläger bzw. mehrere Beklagte in einem Prozess nebeneinander agierten.[189] Die Streitgenossenschaft hielt man hingegen für zulässig, da in diesen Fällen eine einheitliche Streitpartei konstruiert wurde, was erforderlich war, um den aus mehreren Personen bestehenden Vereinigungen, wie beispielsweise Gemeinden, ein Klagerecht zukommen zu lassen.[190] Diese Personen wurden als *ein* Kläger bzw. als *ein* Beklagter behandelt und als Litisconsorten (Streitgenossen) bezeichnet.[191] Über die genauen Voraussetzungen, wann eine derartige Streitgenossenschaft statthaft sein sollte, bestand jedoch große Uneinigkeit und es wurde keine stringente Lösung gefunden.[192] So sollten konnexe oder unteilbare Ansprüche eine zulässige Streitgenossenschaft begründen und die Streitgenossen durch den gemeinschaftlichen Zweck des Prozesses zu einer zivilrechtlichen communio, Sozietät oder auch zu einer juristischen Person verbunden sein.[193] Nach Christoph Martin, Plancks Onkel, setzte sich diese Unzertrennlichkeit der Rechtsverhältnisse im Prozess fort und zog einen einheitlichen Prozess gefolgt von einer einheitlichen Entscheidung nach sich.[194] Mit der Zeit verlor die Abgrenzung zwischen der subjektiven Klagehäufung und der Streitgenossenschaft durch zahlreiche Aufweichungen immer mehr an Kontur[195] und

---

187 Wachenfeld, S. 1; Goldschmidt, S. 526.

188 Insbesondere Goldschmidt rechnet diesen Verdienst der rechtswissenschaftlichen Forschung Planck zu, Goldschmidt, S. 526. Vgl. hierzu auch Holzhammer, S. 1 ff.; Mantzouranis, S. 11 ff.

189 Wachenfeld, S. 2.

190 Wachenfeld, S. 2.

191 Planck, Mehrheit der Rechtsstreitigkeiten, S. 426 (Hervorhebungen im Original).

192 Planck, Mehrheit der Rechtsstreitigkeiten, S. 426; Goldschmidt, S. 526; Holzhammer, S. 1 f.

193 Holzhammer, S. 2; Lüke, S. 255.

194 Martin, S. 227 f.; vgl. hierzu auch Mantzouranis, S. 11.

195 Vgl. zu der Entwicklung Wachenfeld, S. 4 ff.; Mantzouranis, S. 7 ff.

die grundsätzliche Unzulässigkeit der subjektiven Klagehäufung wurde letztlich von einer Reihe Gelehrter aufgegeben. Planck nennt hier insbesondere Justin Timotheus Balthasar von Linde und ihm folgend auch August Wilhelm Heffter, welche die Streitgenossenschaft „als eine Art der subjektiven Klagehäufung“ auffassten.[196] Doch nach Plancks Ansicht wurde daraus nicht die notwendige Konsequenz gezogen, sondern man versuchte vielmehr immer noch, neben der subjektiven Klagehäufung eine Definition der Litisconsorten aufzustellen, was seiner Meinung nach nicht möglich war und von ihm kritisiert wurde:

> „Nach der hier vertheidigten Ansicht muß der Begriff der Litisconsorten für ein Phantom erklärt werden, welches aus dem Bestreben hervorgegangen ist, Gesichtspuncte der Zweckmäßigkeit, die nach den Umständen des einzelnen Falles aufzufassen sind, auf allgemeine untrügliche Regeln zu bringen. Der Grund dieses Bestrebens liegt [...] in der veränderten Stellung des Richters. Sein Ermessen sollte ausgeschlossen, an dessen Stelle allgemeine Gesichtspuncte *gesetzlich* festgestellt werden, auf welche die Partheien gradezu prozessualische Rechte und Verbindlichkeiten noch vor Beginn des Prozesses zu gründen vermöchten. So sah man sich genöthigt, auf die Eigenschaften des vor Gericht zu bringenden Rechtsverhältnisses einzugehen, und dort den Grund der Möglichkeit einer Streitgenossenschaft zu suchen. Die Erfahrung hatte aber gezeigt, daß eine Verbindung mehrerer Personen dann am zweckmäßigsten sich erwiesen, wenn eine Gemeinschaft oder Connexität, um diesen vagen Ausdruck zu gebrauchen, des Rechtsverhältnisses vorgelegen hatte. So war es natürlich, eben diese Gemeinschaft oder Connexität als den wirklichen Grund der Streitgenossenschaft aufzufassen und hinzustellen. Diejenigen Gelehrten, welche mehr auf das praktische Resultat sahn, ließen sich indeß von der Consequenz jener Ansicht nicht abhalten, auch daneben noch andre Fälle der Streitgenossenschaft zuzulassen, wodurch dann die Theorie jenes buntschäckige Ansehn bekam, welches nicht anders als trostlos genannt werden kann.“[197]

Nach Planck musste daher, wenn man dem Richter in diesem Fall wieder das Ermessen zuspreche, der Begriff der Litiskonsorten fallen gelassen werden, was zur Folge habe, dass nur noch ein einheitliches Rechtsgebilde existiere.[198] Er hob damit den bestehenden Gegensatz zwischen der subjektiven Klagehäufung und der Streitgenossenschaft vollständig auf und kam zu folgendem Ergebnis:

> „[Die] Verbindung mehrerer Prozesse, worin sogar verschiedene Personen auftreten, zu einem Rechtsstreit, ist eine erlaube Prozessmaxime, wodurch Abkürzung des Verfahrens bezweckt wird. Es ist die Sache des Richters, zu ermessen, ob im einzelnen Fall eine

---

196 V. Linde, ZCrPr 15 (1841), 343 (362); Heffter, S. 122 ff.; vgl. Planck, Mehrheit der Rechtsstreitigkeiten, S. 426.

197 Planck, Mehrheit der Rechtsstreitigkeiten, S. 427 (Hervorhebungen im Original).

198 Planck, Mehrheit der Rechtsstreitigkeiten, S. 428; er subsumierte dieses einheitliche Rechtsinstitut unter den Begriff der subjektiven Klagehäufung.

solche Verbindung jenen Zweck wirklich erreichen werde, oder ob vielmehr eine Verwirrung der mehreren Prozesse zu befürchten sei. Die Partheien haben in dieser Beziehung ihre Anträge zu stellen, wenn sie eine Verbindung wünschen. [...] Die juristische Beurtheilung jedes einzelnen Prozeß führenden Individuums bleibt dieselbe, welche sie ohne die Verbindung gewesen wäre. Es liegen mithin der richterlichen Beurtheilung nicht *ein*, sondern *wenigstens* so viele Prozesse vor, als Köpfe vorhanden sind."[199]

Der bis dahin die Streitgenossenschaft beherrschende Grundgedanke, dass es sich um nur *eine* Klage mit nur *einem* aus einer Mehrzahl von Personen bestehenden Kläger bzw. Beklagten handle, wurde damit von Planck aufgegeben und die Figur der einheitlichen Streitpartei verworfen. Alle Klageverbindungen stellen nach Ansicht Plancks vielmehr ein einheitliches Rechtsinstitut dar, das vor allem der Abkürzung und Vereinfachung des Verfahrens, also der Prozessökonomie diene.[200] Dabei sei es Sache der Parteien, entsprechende Anträge auf Klageverbindung zu stellen, die endgültige Entscheidung über deren Zulässigkeit obliege jedoch dem Ermessen des Richters, der bei Bedarf auch eine Prozesstrennung anordnen könne.[201] Durch die subjektive Klagehäufung werde nach Planck die juristische Beurteilung jedes einzelnen Rechtsstreits nicht berührt, so dass die prozessuale Selbstständigkeit der einzelnen Parteien grundsätzlich erhalten bleibe.[202] Prozesshandlungen einer Partei hätten grundsätzlich keine unmittelbare Auswirkung auf die andere mitstreitende Partei, so könne beispielsweise eine Partei den sie selbst betreffenden Prozess vorzeitig durch Vergleich oder Verzicht beenden.[203] Aufgrund ihrer klaren Struktur fand die Lehre Plancks unter den Juristen breite Zustimmung und wurde schnell Gemeingut der neueren Prozessrechtslehre.[204] Auch als der Reichsgesetzgeber vor der Aufgabe des Entwurfes eines einheitlichen Zivilverfahrensrechts stand, übte sie auf die Regelungen der Streitgenossenschaft einen maßgeblichen Einfluss aus.

---

199 Planck, Mehrheit der Rechtsstreitigkeiten, S. 428 (Hervorhebungen im Original).

200 Planck, Mehrheit der Rechtsstreitigkeiten, S. 385.

201 Planck, Mehrheit der Rechtsstreitigkeiten, S. 392 ff.

202 Planck, Mehrheit der Rechtsstreitigkeiten, S. 409 ff.

203 Planck, Mehrheit der Rechtsstreitigkeiten, S. 410.

204 Vgl. hierzu Wachenfeld, S. 9; Holzhammer, S. 4; Mantzouranis, S. 13 f. Die Plancksche Lehre fand rasch Eingang in die Prozessrechtsliteratur, Verweise befinden sich insbesondere bei von Bayer, Vorträge über den gemeinen ordentlichen Civilprozeß, 8. Auflage, München 1856, S. 115 ff.; Wetzell, System des ordentlichen Civilprocesses, Leipzig 1861, S. 666 und Renaud, Lehrbuch des Gemeinen deutschen Civilprocessrechts, 2. Auflage, Leipzig 1873, S. 143 f.

bb) Berücksichtigung bei der Kodifikation der CPO 1877

Der Gesetzgeber legte die Lehre Plancks gemäß der Materialien zu den Reichsjustizgesetzen bei der Kodifikation der §§ 56-60 CPO zugrunde.[205] Bei der gesetzlichen Ausgestaltung der einzelnen Regelungen zur Streitgenossenschaft erfuhr sie jedoch zum Teil wesentliche Modifikationen.

(1) Begriff der Streitgenossenschaft

Unter dem Begriff der Streitgenossenschaft verstand der historische Gesetzgeber eine Verbindung von mehreren Prozessen zu einem Verfahren, die dadurch zustande kommt, dass eine Mehrzahl von Personen als selbstständige Parteien entweder auf Kläger- (aktive Streitgenossenschaft) oder auf Beklagtenseiten (passive Streitgenossenschaft) auftreten.[206] Gemäß der Erkenntnisse Plancks ging er damit im Fall einer subjektiven Klagehäufung von einer Selbstständigkeit der Verfahren aus und lehnte die Figur der einheitlichen Streitpartei ab.[207] Dieser auf Planck zurückzuführende Gedanke beherrscht auch heute noch das deutsche Zivilprozessrecht, das nicht mehr zwischen der subjektiven Klagehäufung und der Streitgenossenschaft differenziert und dem eine einheitliche Streitpartei fremd ist.[208] In § 61 ZPO, der dem damaligen § 58 CPO wörtlich entspricht, heißt es: „Streitgenossen stehen, soweit nicht aus den Vorschriften des bürgerlichen Rechts oder dieses Gesetzes sich ein anderes ergibt, dem Gegner dergestalt als Einzelne gegenüber, dass die Handlungen des einen Streitgenossen dem anderen weder zum Vorteil noch zum Nachteil gereichen." Zudem gestatten die §§ 145, 147 ZPO dem Richter, Verfahren nach seinem Ermessen zu trennen und zu verbinden, zuvor fanden sich entsprechende Regelungen in den §§ 136, 138 CPO. Auch diese Regelungen stehen im Einklang mit der Vorstellung Plancks von der Streitgenossenschaft.

Im Einzelnen differenzierte der Gesetzgeber jedoch zwischen zwei verschiedenen Formen der Streitgenossenschaft: der einfachen und der notwendigen Streitgenossenschaft. Diese Einteilung sowie die Ausgestaltung der einzelnen

205 Hahn, S. 171; vgl. hierzu auch Mantzouranis, S. 14.

206 Hahn, S. 171; Mantzouranis, S. 14.

207 In den Materialien heißt es hierzu: „Die Streitgenossen treten in Folge des Prozesses in kein besonderes Verhältniß zu einander; daß sie gemeinschaftlich klagen oder verklagt werden, ist ein Faktum, welches rechtliche Wirkungen unter ihnen nicht begründet. Materiell sind ihre Interessen unabhängig von einander, so daß jeder Streitgenosse so beurtheilt werden muß, als ob er allein mit seinem Gegner im Prozesse befangen wäre", Hahn, S. 171.

208 MK-ZPO/Schultes, § 62, Rn. 41; BGH NJW 1996, 1060 (1061); Musielak-ZPO/Weth, § 62, Rn. 13.

Regelungen enthalten wesentliche Abweichungen von der Lehre Plancks, wie sich im nachfolgenden zeigen wird.

(2) Einfache Streitgenossenschaft

Die Regelungen der CPO zur einfachen Streitgenossenschaft, die zwar keine allgemeinen Zulässigkeitsvoraussetzungen enthielten, stellten in den §§ 56, 57 CPO drei Fallgruppen auf, in denen eine subjektive Klagehäufung statthaft war. § 56 CPO, der dem heutigen § 59 ZPO entspricht, regelte die ersten beiden Fälle der einfachen Streitgenossenschaft: „Mehrere Personen können als Streitgenossen gemeinschaftlich klagen oder verklagt werden, wenn sie in Ansehung des Streitgegenstandes in Rechtsgemeinschaft stehen, oder wenn sie aus demselben thatsächlichen und rechtlichen Grunde berechtigt oder verpflichtet sind." Im ersten Fall mussten die Parteien somit hinsichtlich des Streitgegenstandes in Rechtsgemeinschaft stehen (§ 59 Alt. 1 ZPO = § 56 Alt. 1 CPO) und in der zweiten Kategorie war erforderlich, dass sie aus demselben tatsächlichen und rechtlichen Grund berechtigt oder verpflichtet waren (§ 59 Alt. 2 ZPO = § 56 Alt. 2 CPO). Die dritte Fallgruppe der einfachen Streitgenossenschaft wurde in § 57 CPO, der dem heutigen § 60 ZPO entspricht, geregelt: „Mehrere Personen können auch dann als Streitgenossen gemeinschaftlich klagen oder verklagt werden, wenn gleichartige und auf einem im Wesentlichen gleichartigen thatsächlichen und rechtlichen Grunde beruhende Ansprüche oder Verpflichtungen den Gegenstand des Rechtsstreits bilden." Demnach erfasste § 57 CPO Situationen, in denen die Gleichartigkeit der Ansprüche bzw. Verpflichtungen die Zulässigkeit der einfachen Streitgenossenschaft begründete.

In allen Fällen der einfachen Streitgenossenschaft wurde damit die Zulässigkeit der Streitgenossenschaft von vorne herein durch gesetzliche Regelungen begrenzt, was nicht mit der Lehre Plancks vereinbar ist.[209] Denn seiner Vorstellung nach sollte die subjektive Klagehäufung als Instrument der Prozessökonomie dann zulässig sein, wenn hierdurch nach richterlichem Ermessen eine Vereinfachung und Abkürzung des Verfahrens erreicht werden könne. Die Bildung der verschiedenen Fallgruppen durch den Gesetzgeber erinnert hingegen stark an die zuvor überwundene gemeinrechtliche Unterscheidung zwischen der subjektiven Klagehäufung und der Streitgenossenschaft.[210] Hinsichtlich der Wirkungen der einfachen Streitgenossenschaft stimmten die gesetzlichen Regelungen

209 Vgl. hierzu Holzhammer, S. 5 ff.; Lüke, S. 254 f.; Mantzouranis, S. 14 ff.

210 Holzhammer, S. 5; Lüke, S. 255.

mit der Lehre Plancks überein, jeder Streitgenosse war durch ein selbstständiges Prozessrechtsverhältnis mit der Gegenpartei verbunden.[211]

(3) Notwendige Streitgenossenschaft

Die notwendige Streitgenossenschaft wurde vom Gesetzgeber in § 59 CPO (= § 62 ZPO) verankert: „Kann das streitige Rechtsverhältniß allen Streitgenossen gegenüber nur einheitlich festgestellt werden, oder ist die Streitgenossenschaft aus einem sonstigen Grunde eine nothwendige, so werden, wenn ein Termin oder eine Frist nur von einzelnen Streitgenossen versäumt wird, die säumigen Streitgenossen als durch die nicht säumigen vertreten angesehen." Die Regelung enthielt damit für den Fall, dass eine einheitliche Rechtsfeststellung aus prozessualen (§ 59 Abs. 1 Alt. 1 CPO) oder materiell-rechtlichen (§ 59 Abs. 1 Alt. 2 CPO) Gründen notwendig war, die Fiktion, dass säumige Streitgenossen durch die nicht säumigen als vertreten angesehen wurden. Auch diese Regelung modifizierte die Lehre Plancks.[212] Zwar hielt der historische Gesetzgeber an dem von Planck aufgestellten Grundsatz der Prozessmehrheit fest, beschränkte aber im Fall der notwendigen Streitgenossenschaft die prozessuale Selbstständigkeit der Streitgenossen.[213] Eine derartige Einschränkung sei erforderlich, „damit nicht durch wiedersprechende Urtheile [...] unlösbare Verwicklungen herbeigeführt werden."[214] Planck hingegen erstrebte die vollständige prozessuale Unabhängigkeit der einzelnen Prozessrechtsverhältnisse der Streitgenossen und wollte die juristische Behandlung der einzelnen Verfahren unter keinen Umständen eingrenzen.[215]

Abschließend lässt sich feststellen, dass die Lehre Plancks von der subjektiven Klagehäufung einen erheblichen Einfluss auf den Reichsgesetzgeber ausübte und dass seine Auffassung von der Mehrheit der Rechtsstreitigkeiten zur Grundlage der Normierung der Streitgenossenschaft im deutschen Verfahrensrecht wurde, die auch heute noch Geltung für sich beansprucht. Allerdings erfuhren die Regelungen im Detail Modifikationen, die nicht im Sinne Plancks waren, sondern vielmehr eine Überlieferung gemeinrechtlichen Anschauungen darstellen und aus Gründen der Praktikabilität notwendig waren.

211 Vgl. hierzu Mantzouranis, S. 15 f.
212 Vgl. ausführlich Holzhammer, S. 5 ff.
213 Hahn, S. 171, 174; Holzhammer, S. 5 ff.
214 Hahn, S. 174.
215 Planck, Mehrheit der Rechtsstreitigkeiten, S. 409 ff.

d) *Reaktionen und Ergebnis*

Der wesentliche Verdienst der Arbeit Plancks liegt in der präzisen rechtshistorischen Erforschung der einzelnen prozessualen Erscheinungen, die durch eine Mehrheit von Rechtsstreitigkeiten bewirkt werden, wodurch Missverständnisse, die auf mittelalterlichen Verwechslungen beruhten, ausgeräumt werden konnten.[216] Durch seine sorgfältige Quellenexegese leistete er einen wertvollen Beitrag zur Erhellung der Materie und die Resultate seiner Abhandlung wurden Gemeingut der Prozessrechtslehre, die auch auf die nachfolgende Kodifikation des Zivilprozessrechts einwirkten.[217]

Georg Wilhelm Wetzell, ein Schüler Puchtas und selbst Romanist, widmete der Untersuchung Plancks eine umfassende Rezension in den Kritischen Jahrbüchern für deutsche Rechtswissenschaft.[218] Er lobte zunächst die Wahl des Gegenstandes, da bislang keine derartige zusammenhängende Darstellung existiere, kritisierte aber den seiner Ansicht nach unvorteilhaften Aufbau sowie die gemeinsame Behandlung von Zivil- und Strafprozess, würdigte die Arbeit jedoch insgesamt als „wahre Bereicherung der Litteratur des Civilprocesses".[219] Spätere Bewertungen des Werkes fielen durchweg positiv aus. Mayer bezeichnete die Arbeit als „Meisterwerk"[220] und urteilte in seinem Nachruf auf Planck:

> „Ueberall zeigen sich schon die Vorzüge, die dem Schriftsteller Planck für sein Leben eigenthümlich geblieben sind: stets eine höchst sorgfältige Analyse der Quellen, aber so, dass die Erörterung niemals bei den Quellenaussprüchen stehen bleibt, sondern in scharfsinnigster und von praktischem Gefühl getragener Divination die allgemeinen Gedanken ermittelt werden, auf denen die einzelnen Quellenansprüche beruhen."[221]

Nörr hob Plancks beeindruckendes Bekenntnis zur Zweckmäßigkeit im Prozess hervor[222] und Landsberg sah die vornehmliche Leistung der Abhandlung in der „Entwirrung mittelalterlicher Verwechslungen und Verbindungen, in der unbefangenen Herausschälung des echt römischen Rechtsgedankens."[223]

---

216 So auch Bechmann, Beilage zur Allgemeinen Zeitung, Jahrgang 1900, Nr. 230, S. 3; Friedrich, Sitzungsberichte 1902, S. 83.

217 So Seuffert, ZZP 28 (1901), V (VIII); Friedrich, Sitzungsberichte 1902, S. 83.

218 Wetzell, KritJb 21 (1847), 120-142.

219 Wetzell, KritJb 21 (1847), 120 (121, 142).

220 So Mayer, ZRG GA 22 (1901), XVII (XVII).

221 Mayer, ZRG GA 22 (1901), XVII (XVIII).

222 Nörr, Ius Commune 10 (1983), 141 (160).

223 Stintzing-Landsberg, Abt. 3 Halbband 2, Text, S. 565 f.

Das Werk stellt Plancks letzte Arbeit dar, die dem romanistischen Zweig der Historischen Rechtsschule zuzurechnen ist. Der starke Einfluss seiner Lehrer aus seiner Studienzeit wird ihn unter anderem veranlasst haben, sich in Basel auch weiterhin der juristischen Romanistik zu widmen. Zudem war die Vorherrschaft des römischen Rechts zu diesem Zeitpunkt noch stark ausgeprägt, Planck selbst berichtete in seiner Festrede 1888 von „der Herrschaft, welche das römische Recht noch immer auf die Geister ausübte, und auch die meisten Anhänger der Historischen Schule veranlasste, sich zunächst nur mit der gründlicheren historischen Erforschung des römischen Rechts zu befassen.“[224]

5.) Zusammenfassung

Die kleine Universität Basel bildete den Einstieg in Plancks Professorenkarriere. In seinem späteren Leben erinnert er sich oft an die aus seiner Sicht schöne Zeit in Basel und an die dort lieb gewonnenen Freunde zurück, die er in seinen späteren Urlauben gern besuchte. In Basel trat er durch die Veröffentlichung seines ersten großen Werks „Die Mehrheit der Rechtsstreitigkeiten im Prozeßrecht“ auf dem Gebiet des Prozessrechts hervor und machte sich unter den führenden Prozessrechtlern einen Namen, indem er die gemeinrechtliche Unterscheidung zwischen der subjektiven Klagehäufung und der Streitgenossenschaft beseitigte. Die Arbeit weist ihn noch als Romanisten aus, lässt aber bereits erste Ansätze einer späteren Hinwendung zur juristischen Germanistik erblicken. Es verwundert nicht, dass auch die preußischen Universitäten nach kurzer Zeit auf den jungen Professor aufmerksam wurden und bereits 1845 Plancks Berufung an eine preußische Universität erfolgte. Er nutzte die Gelegenheit, seine Karriere voranzutreiben, und verließ Basel nach nur dreijähriger Tätigkeit.

II. Greifswald 1845 - 1850: Die Hinwendung zur Germanistik

Am 12. Februar 1845 wurde Planck zum ordentlichen Professor der Juristischen Fakultät der Universität Greifswald ernannt und er siedelte im Frühjahr 1845 dorthin über.[225] Am 29. April 1845 traf er in Greifswald ein. Zuvor hatte er noch mehrere Tage in Göttingen sowie in Jena im Haus seiner Schwiegereltern mit der Familie verbracht und im Anschluss daran noch einige Besuche in Berlin und

224 Planck, Festrede, S. 11.

225 UAG PA 422 Planck, Mitteilung Eichhorn vom 26.02.1845; Seuffert, ZZP 28 (1901), V (IX), Seuffert gibt als Berufungstag den 22.02.1845 an, muss sich hierbei jedoch um 10 Tage geirrt haben.

Halle getätigt.[226] Seine Frau und seine Tochter folgten ihm erst in den Herbstferien nach Greifswald.[227] Planck wurde zunächst eine jährliche Besoldung in Höhe von 800 Reichstalern gewährt und ab Mai 1847 erhielt er des Weiteren eine jährliche Gehaltszulage von 200 Reichstalern.[228] In einem späteren Brief berichtete er, dass die Lebensverhältnisse in Greifswald zwar teuer waren, doch dass eine Familie mit mäßigen Ansprüchen von einem Gehalt in Höhe von 1.000 Reichstalern dort gut leben könne.[229]

Die Lage in Greifswald war während Plancks Aufenthalt zum einen dadurch geprägt, dass aufgrund der lange andauernden Zugehörigkeit Greifswalds zu Schweden besondere Verhältnisse, insbesondere an der Universität, vorherrschten. Greifswald war erst 1815 aufgrund des zwischen Schweden und Dänemark geschlossenen Friedensvertrags vom 14. Januar 1814 („Kieler Frieden"), in dem Dänemark Schweden das Königreich Norwegen überlassen und als Ausgleich hierfür Schwedisch-Vorpommern erhalten sollte, und des daraufhin zwischen Preußen, Dänemark und Schweden abgeschlossenen Ringtauschvertrags, wonach Lauenburg von Preußen an Dänemark und Schwedisch-Vorpommern dafür von Schweden an Preußen überging, nach über 170-jähriger schwedischer Zugehörigkeit Teil des preußischen Staates geworden.[230] Zum anderen waren es die konfliktträchtigen Phasen des Vormärz, der Revolution und schließlich der Reaktionsära, die diese Zeit kennzeichneten.

1.) Wirken an der Universität

a) Allgemeine Lage der Universität

Mit Neu-Vorpommern übernahm Preußen zugleich die Universität Greifswald mit der ausdrücklich auferlegten Verpflichtung, diese mindestens im gegenwärtigen Zustand zu erhalten.[231] Der Fortbestand der Universität Greifswald war damit gesichert. Doch aufgrund der langen schwedischen Herrschaft nahm die Universität Greifswald zu diesem Zeitpunkt eine Sonderstellung unter den Universitäten im preußischen Staat ein. Sie musste den übrigen preußischen Universitäten

---

226 UB Basel, NL 102 B: 4617, Brief Planck an Miescher, 19.05.1845.

227 UB Basel, NL 3: 272, 226, Brief Planck an Bachofen, 14.06.1845.

228 UAG PA 422 Planck, Mitteilung Eichhorn vom 26.02.1845 und vom 21.05.1847.

229 DLA Marbach, A: Köstlin, Zug.nr. 46039/1, Brief Planck an Köstlin vom 30.06.1850.

230 Kosegarten, S. 320 f.; Bueckling, S. 15.

231 Molitor, in: FS zur 500-Jahrfeier der Universität Greifswald, S. 12; Kosegarten, S. 321; Schubel, S. 48.

angepasst werden, es galt den „Eindruck der Fremdartigkeit und Abgelegenheit", der durch die Zugehörigkeit zu Schweden entstanden war, zu bewältigen.[232]

Der mit der schwedischen Herrschaft verbundene Stillstand der Universität konnte jedoch in den ersten Jahrzehnten der neuen Zugehörigkeit zu Preußen nicht überwunden werden, Fortschritt und Anpassung gingen nur sehr zögerlich voran.[233] Der damalige Kultusminister Johann Albrecht Friedrich von Eichhorn bezeichnete die Universität 1841 als „bisher arg vernachlässigt"[234] und rückte sie daher in den Mittelpunkt seiner Modernisierungspolitik.[235] Es folgte ein langsamer, aber stetiger Aufschwung, mit dem auch ein Anstieg der Studentenzahlen verbunden war.[236]

Zu Beginn der revolutionären Ereignisse im Vormärz setzte sich ein Großteil der Professoren für den liberalen Fortschritt ein, begnügte sich jedoch im weiteren Verlauf mit der Realisierung gemäßigter Forderungen.[237] Mit Ende der Revolution von 1848/1849 folgte die Zeit der Reaktion und Restauration, womit eine allgemeine Stagnation im universitären Bereich einherging.[238]

b) Die Juristische Fakultät

Die Verpflichtung, die Universität im gegenwärtigen Zustand zu erhalten, bedeutete zunächst für die Juristische Fakultät, dass, wie bisher, Gutachtertätigkeiten der Greifswalder Professoren im Vordergrund standen, und Lehre und Forschung nur eine untergeordnete Rolle spielten.[239] Die Humboldtsche Universitätsreform, welche Forschung und Lehre in den Vordergrund wissenschaftlicher Arbeit rückte, ließ sich an der Juristischen Fakultät in Greifswald erst verwirklichen, als in den vierziger Jahren weitgehende Neubesetzungen der Lehrstühle anstanden.[240] So konnten Gelehrte berufen werden, die nicht nur die Neigung zur Forschungsarbeit besaßen, sondern durch die geringe Anzahl der Studierenden, die deutlich verringerte Anzahl der von der Fakultät als Spruchfakultät zu erstellenden

232 Knothe, in: FS zur 550-Jahrfeier der Universität Greifswald, S. 177.

233 Wilhelmus/Buchführer u.a., S. 26 ff.; Knothe, in: FS zur 550-Jahrfeier der Universität Greifswald, S. 177.

234 Vgl. Beseler, Erlebtes, S. 41.

235 Baumstark, S. 60 f.; Beseler, Erlebtes, S. 41.

236 Thümmel, S. 163.

237 Wilhelmus/Buchführer u.a., S. 31.

238 Wilhelmus/Buchführer u.a., S. 31.

239 Schubel, S. 58; Knothe, in: FS zur 550-Jahrfeier der Universität Greifswald, S. 173.

240 Molitor, in: FS zur 500-Jahrfeier der Universität Greifswald, S. 13; Schubel, S. 58.

Gutachten und die gute finanzielle Situation auch über die nötige Zeit und die Mittel verfügten, sich tatsächlich der wissenschaftlichen Arbeit zu widmen.[241]

Diese neue Epoche wurde maßgeblich durch die Berufung Georg Beselers 1842 eingeläutet, die von Eichhorn im Rahmen seiner Modernisierungspolitik forciert wurde.[242] Beseler sollte vor Ort die Verhältnisse erkunden, um festzustellen, für welche Fächer weitere Neuberufungen erforderlich seien.[243] Zunächst lehnte Beseler den an ihn ergangenen Ruf ab, da seiner Ansicht nach eine Professur in Greifswald „nichts Verlockendes" besäße.[244] Doch nach einem klärenden Gespräch mit Eichhorn überzeugte dieser ihn schließlich, nach Greifwald zu gehen, und versprach Beseler im Gegenzug, ihn zu einem späteren Zeitpunkt an der Universität Berlin oder im höheren Staatsdienst unterzubringen, sicherte ihm ein bedeutendes Gehalt zu und den Titel eines Geheimen Justizrates.[245]

Der Schwerpunkt von Beselers Arbeit bestand in der Angleichung der Greifswalder Juristischen Fakultät an die anderen preußischen Fakultäten.[246] Durch verschiedene Berufungen gelang es Beseler, schrittweise der Universität eine hervorragende Position unter den anderen deutschen Universitäten zu verschaffen, was zur Folge hatte, dass die Greifswalder Juristen auf die renommiertesten Lehrstühle berufen wurden.[247] Diese Zeit wird daher zu Recht als Blütezeit der Juristischen Fakultät Greifswalds angesehen.[248] Eine dieser für die Universität Greifswald bedeutenden Berufungen war die Ernennung Plancks.[249]

Neben Planck und Beseler waren zu dieser Zeit August Friedrich Barkow[250] von 1819 bis 1861, Franz Anton Niemeyer[251] von 1822 bis 1867, Friedrich

---

241 Molitor, in: FS zur 500-Jahrfeier der Universität Greifswald, S. 13; Schubel, S. 58.

242 Molitor, in: FS zur 500-Jahrfeier der Universität Greifswald, S. 13; Schubel, S. 58; Baumstark, S. 60 f.

243 Beseler, Erlebtes, S. 41 f.

244 Beseler, Erlebtes, S. 41.

245 Beseler, Erlebtes, S. 41 f.

246 Molitor, in: FS zur 500-Jahrfeier der Universität Greifswald, S. 14.

247 Molitor, in: FS zur 500-Jahrfeier der Universität Greifswald, S. 14; Schubel, S. 58 f.

248 So auch Knothe, in: FS zur 550-Jahrfeier der Universität Greifswald, S. 212.

249 So Molitor, in: FS zur 500-Jahrfeier der Universität Greifswald, S. 14, der die Berufung Plancks als glücklichen Griff bezeichnet; s.a. Schubel, S. 59.

250 August Friedrich Barkow, 28.01.1791 (Trent auf Rügen) - 04.03.1861, studierte in Greifswald, Göttingen und Berlin, war im Anschluss zunächst als Privatdozent in Berlin tätig, wurde 1819 außerordentlicher Professor für Strafrecht, Strafprozess und römisches Recht an der Universität Greifswald und 1827 ordentlicher Professor ebenda, vgl. Muther, ADB 2 (1875), 67.

251 Franz Anton Niemeyer, 08.01.1790 (Halle/Saale) - 11.08.1867 (Greifswald), studierte in Leipzig, Halle und Göttingen, war ab 1813 als außerordentlicher Professor an der

Wilhelm von Tigerström[252] von 1831 bis 1849, Karl Theodor Pütter[253] von 1833 bis 1873 und Adolf Schmidt[254] von 1849 bis 1850 an der Juristischen Fakultät in Greifswald tätig. Als Planck 1845 Mitglied der Fakultät wurde, beschrieb er selbst deren aktuelle Lage in einen Brief an Bachofen folgendermaßen:

> „Was die Lehre betrifft, so ist wenigstens die Facultät vollständig besetzt, und das ist nicht blos der Studierenden halber, sondern auch um der Docenten willen sehr angenehm. An ordinariis besitzen wir zwei schätzbare alte Exemplare in der Person der Hr. Niemeyer und Barkow, welche das römische Recht verwalten. In diesem Fache wäre eine Auffrischung durch junge Kräfte sehr am Platze. [...] Das deutsche Recht, sowohl Staats- als Privatrecht, und die deutsche St. und Rechtsgeschichte wird sehr würdig vertreten durch Beseler, der auch hauptsächlich die Facultät wieder in Schwung gebracht hat. Vor seiner Ankunft sollen hier 1 mitunter 2 Juristen studiert haben. Für das Kirchen- und Völkerrecht ist Pütter da, der bei meiner Ankunft ebenfalls zum ord. befördert ist. Criminalrecht, Civil- u. Criminalprozeß sind meine Aufgabe. So sind wir wenigstens einfach für alle Disziplin besetzt. [...] Die ganze juristische Facultät hat trotz ihrer Kleinheit wenigstens den Vorzug, daß viel Leben darin ist, und Streben nach vorwärts."[255]

Während seiner Zugehörigkeit zur Fakultät sprach Planck sich für verschiedene Ehrenpromotionen aus und setzte sich für die Berufung neuer Gelehrter ein. Er veranlasste beispielsweise, als Heinrich von Friedberg[256] im Frühjahr 1850 den

---

Universität Marburg tätig, ging im Anschluss nach Halle und wurde 1822 zum ordentlichen Professor der Universität Greifswald ernannt, vgl. Grewolls, S. 7078.

252 Friedrich Wilhelm von Tigerström, 06.03.1803 (Rittergut Bassin, Pommern) - 28.10.1868 (ebenda), studierte in Göttingen und Berlin, wurde 1831 in Greifswald zum unbesoldeten außerordentlichen Professor ernannt, 1849 erfolgte auf seine Bitte hin die Entlassung aus dem Amt, von da an bewirtschaftete er bis zu seinem Tod das Familiengut Bassin, vgl. Eisenhart, ADB 38 (1894), 295-296.

253 Karl Theodor Pütter, 03.04.1803 (bei Hagen in der Grafschaft Mark) - 13.04.1873, Verwandter von Johann Stephan Pütter, studierte in Bonn und Berlin, widmetet sich insbesondere dem Studium des Deutschen Rechts, wurde 1833 zum außerordentlichen Professor der Universität Greifswald berufen, 1845 erfolgte seine Ernennung zum ordentlichen Professor, vgl. Pyl, ADB 26 (1888), 777.

254 Karl Adolf Schmidt (von Ilmenau), 04.11.1815 (Allstedt) - 24.10.1903 (Baden-Baden), nach seinem Studium in Jena erfolgte 1843 seine Ernennung zum außerordentlichen und 1849 zum ordentlichen Professor an der Universität Greifswald, 1850 nahm er einen Ruf nach Freiburg (Breisgau) an, ging im Frühjahr 1869 nach Bonn und bereits im Herbst nach Leipzig, vgl. Avenarius, NDB 23 (2007), 174-175.

255 UB Basel, NL 3: 272, 226, Planck an Bachofen, 14.06.1845.

256 Heinrich von Friedberg, 27.01.1813 (Märkisch-Frieland/Westpreußen)-02.06.1895 (Berlin), nach seinem Rechtsstudium in Berlin, war er ab 1841 Assessor am

Wunsch äußerte, Vorlesungen zum Straf- und Zivilprozessrecht halten zu dürfen, dessen Ehrenpromotion sowie die Einleitung eines abgekürzten Habilitationsverfahrens.[257] Als Mitglied des Oberappellationsgerichts kannte Planck Friedberg bereits aufgrund dessen Tätigkeit als Oberstaatsanwalt in Greifswald.[258] Zudem hatte Friedberg bei der Entwicklung des neuen Strafverfahrensrechts entscheidend mitgewirkt. Das Gesetz vom 17. Juli 1846[259] sowie die Verordnung vom 03. Januar 1849[260] trugen seine Handschrift und manifestierten ein neues Zeitalter des Strafprozesses, in welchem ein mündliches, öffentliches Verfahren mit Schwurgericht an die Stelle des geheimen Inquisitionsprozesses trat.[261] Mit seinen Bemühungen erkannte Planck Friedbergs Arbeit an und lobte das neue Verfahrensrecht.[262] Auch wenn Friedberg nur kurz als Privatdozent an der Fakultät wirkte, so war diese durch Planck und Friedberg als Männer der Praxis in Hinblick auf das neue Strafverfahrensrecht bestens aufgestellt und konnte so bei dessen Etablierung mitwirken.[263] Plancks Einsatz für Friedberg zeugt letztlich für sein Bekenntnis zum modernen Strafverfahrensrecht.

---

dortigen Kammergericht, wurde 1845 Gehilfe der Staatsanwaltschaft und 1848 zweiter Staatsanwalt am Kammergericht. 1850 wurde er Oberstaatsanwalt am Appellationsgericht Greifswald, 1854 Geheimer Justiz- und Vortragender Rat im Justizministerium, 1870 Präsident der Justizprüfungskommission, 1875 Kronsyndikus, 1876 Staatssekretär im Reichsjustizamt und von 1879 bis 1889 preußischer Justizminister, vgl. Döhring, NDB 5 (1961), 444-445.

257 Collin, in: Greifswald – Spiegel der deutschen Rechtswissenschaft 1815 bis 1945, S. 214 f.

258 Schröder, in: FS zur 500-Jahrfeier der Universität Greifswald, S. 121.

259 Gesetz betreffend das Verfahren in den beim Kammergericht und dem Kriminalgericht in Berlin zu führenden Untersuchungen, abgedruckt in: Gesetz-Sammlung für die königlichen preußischen Staaten 1846, S. 267-290.

260 Verordnung über die Einführung des mündlichen und öffentlichen Verfahrens mit Geschworenen in Untersuchungssachen, abgedruckt in: Gesetz-Sammlung für die königlichen preußischen Staaten 1849, S. 14-47.

261 Collin, in: Greifswald – Spiegel der deutschen Rechtswissenschaft 1815 bis 1945, S. 212 f.

262 Collin, in: Greifswald – Spiegel der deutschen Rechtswissenschaft 1815 bis 1945, S. 214.

263 Collin, in: Greifswald – Spiegel der deutschen Rechtswissenschaft 1815 bis 1945, S. 215 f., Friedberg hielt lediglich in zwei Semestern Vorlesungen.

Des Weiteren setzte Planck sich im Sommer 1850 für die Berufung von Reinhold Köstlin[264] für Straf- und Prozessrecht ein.[265] Köstlin sollte dabei die Lücke schließen, die durch die Abgänge Plancks und Schmidts an der Juristenfakultät entstand.[266] In einem Brief erläuterte Planck Konditionen und Vorzüge einer Professur in Greifwald:

> „Wenn Sie geneigt wären, hierher zu kommen, so würde die Facultät die Berufung als ordentliche Professur mit einem Gehalt von 1000 Rthlr. beantragen, u. ich habe eigentlich wenig Zweifel, daß man darauf in Berlin eingehen wird. Was die Verhältnisse betrifft, so ist die Zahl der Studierenden allerdings gering (etwa 40); auch liegt Greifswald etwas hoch im Norden, dagegen kommt in Betracht, daß es eine preußische Universität ist, u. dadurch die Aussicht auch auf die übrigen preuß. Universitäten näher gerückt wird. Die Verbindung mit Berlin ist durch die Stettiner Eisenbahn bedeutend vergrößert; man ist in 18 Stunden dort; das hat auch auf den geistigen Verkehr einen sehr belebenden Einfluß ausgeübt."[267]

Die Berufung Köstlins wurde jedoch vom Universitätskurator abgelehnt, da Köstlins Hauptinteresse seiner Ansicht nach „einer neuen politischen Gestaltung Deutschlands"[268] gelte.[269] In einem späteren Brief bedauerte Planck es für die Greifswalder Universität sehr, dass die Berufung Köstlins fehlschlug.[270]

c) Lehrtätigkeit

Als Planck zum Sommersemester 1845 seine Vorlesungen aufnahm, verzeichnete die Juristische Fakultät 40 Studenten, bis zu seinem Abgang 1850 blieb die Anzahl verhältnismäßig konstant.[271]

---

264 Christian Reinhold Köstlin, 29.01.1813 (Tübingen) - 14.09.1856 (Tübingen), studierte Rechtswissenschaft, Geschichte und Philosophie in Tübingen, Heidelberg, Berlin und Wien, habilitierte sich 1839 in Tübingen für Strafrecht, wurde 1841 außerordentlicher und 1851 ordentlicher Professor für Strafrecht ebenda, trat als Dichterjurist hervor, überwiegend unter dem Pseudonym „Christian Reinhold", vgl. Naucke, NDB 12 (1980), 408-409 und Klüpfel, ADB 16 (1882), 759-761.

265 DLA Marbach, A: Köstlin, Zug.nr. 46039/1, Brief Planck an Köstlin, 30.06.1850.

266 DLA Marbach, A: Köstlin, Zug.nr. 46039/1, Brief Planck an Köstlin, 30.06.1850.

267 DLA Marbach, A: Köstlin, Zug.nr. 46039/1, Brief Planck an Köstlin, 30.06.1850.

268 UAG, K 181, Bl. 41, zitiert nach Knothe, in: FS zur 550-Jahrfeier der Universität Greifswald, S. 200.

269 Siehe zu dem Vorgang Knothe, in: FS zur 550-Jahrfeier der Universität Greifswald, S. 200 f.

270 DLA Marbach, A: Köstlin, Zug.nr. 46039/4, Brief Planck an Köstlin, 10.06.1851.

271 Übersicht bei Woigk, in: FS zur 550-Jahrfeier der Universität Greifswald, S. 567, die Anzahl bewegte sich zwischen 30 (Wintersemester 1847/48) und 42 (Sommersemester 1849) Studierenden.

In den elf Semestern, die Planck in Greifswald lehrte, las er Strafrecht, Strafprozessrecht und Zivilprozessrecht.[272] Mit Eintritt in das Oberappellationsgericht Greifswald stellte er jedoch seine Vorlesung im Strafrecht ab 1848 ein.[273] Zudem bot Planck regelmäßig ein Zivilrechtspraktikum und ein Zivilprozessrechtspraktikum an.[274] Einmalig hielt er im Wintersemester 1845/46 eine Vorlesung zur Theorie des summarischen Prozesses.[275] An seinen Vorlesungen nahmen regelmäßig zwischen drei und 23 Studenten teil.[276]

d) Politische Einstellung

Planck trat im Rahmen seiner Professorentätigkeit politisch in Erscheinung, wenn auch in einem eher beschränkten Umfang, so dass er nicht als klassischer politischer Professor einzuordnen ist. In der Zeit des Vormärz und in den Revolutionsjahren verfolgte er einen gemäßigt liberalen Standpunkt.

aa) Ehrenpromotion Alexander Karl Braun

Deutlich zeigte sich diese Einstellung Plancks, als er am 02. Juli 1846 den Antrag stellte, dem Politiker und Juristen Alexander Karl Braun[277] einen Ehrendoktortitel zu verleihen.[278] Er begründete seinen Antrag mit dem Hinweis auf Brauns Einsatz als „unermüdliche[r] Kämpfer für die Einführung der Oeffentlichkeit und Mündlichkeit im Königreich Sachsen".[279] Planck wollte „gerade durch diesen Schritt auch von Seiten der Repräsentanten der Wissenschaft ein Votum für die Zweckmäßigkeit und Nothwendigkeit der Reform" des Gerichtsverfahrens abgeben.[280] Beseler, der zu diesem Zeitpunkt als Dekan fungierte, unterstützte

---

272 UAG, Altes Rektorat Hbg 38/16, Hbg 39/2, Hbg 38/17, Hbg 38/19, Hbg 38/18, Hbg 38/20, Hbg 38/21, Hbg 38/22, Hbg 39/3, R 27, Hbg 39/4, Labores Planck. Eine Gesamtübersicht seiner Vorlesungstätigkeit findet sich im Anhang.

273 UAG, Altes Rektorat Hbg 38/20, Labores Planck.

274 UAG, Altes Rektorat Hbg 38/16, Hbg 39/2, Hbg 38/17, Hbg 38/19, Hbg 38/18, Hbg 38/20, Hbg 38/21, Hbg 38/22, Hbg 39/3, R 27, Hbg 39/4, Labores Planck.

275 UAG, Altes Rektorat Hbg 39/2, Labores Planck.

276 UAG, Altes Rektorat, Hbg 38/16, Hbg 39/2, Hbg 38/17, Hbg 38/19, Hbg 38/18, Hbg 38/20, Hbg 38/21, Hbg 38/22, Hbg 39/3, R 27, Hbg 39/4, Labores Planck.

277 Alexander Karl Braun, 10.05.1807 (Plauen) - 23.03.1868 (ebenda), Jurist und liberaler Politiker, von 1839-1849 Mitglied der Zweiten Kammer der Sächsischen Stände, 1848/49 Ministerpräsident in Sachsen und zugleich Justizminister, ab 1850 Amthauptmann in Plauen, vgl. Kern, in: Sächsische Lebensbilder, Bd. 5, S. 75-86.

278 Zitiert nach Kern, in: Sächsische Lebensbilder, S. 84.

279 Zitiert nach Kern, in: Sächsische Lebensbilder, S. 84.

280 Zitiert nach Kern, in: Sächsische Lebensbilder, S. 84.

den Antrag, der schließlich auch von der Universitätsleitung bewilligt wurde.[281] Braun war seit 1839 Mitglied der Zweiten Sächsischen Kammer und veröffentlichte 1845 einen „Rechenschaftsbericht", in welchem er die Grundlagen einer Strafprozessrechtsreform darlegte und insbesondere für ein öffentliches und mündliches Verfahren eintrat.[282] Die Ehrenpromotion dieses liberalen Politikers war eine deutliche politische Demonstration für die mit dem Vormärz einhergehenden Forderungen nach einem modernen Gerichtsverfahren.[283]

bb) Constitutioneller Klub

Planck war Mitglied und stellvertretender Sprecher des am 13. April 1848 gegründeten Constitutionellen Klubs.[284] Der Vorsitz des Klubs oblag Eduard Baumstark[285], unter den Mitgliedern befand sich auch Beseler.[286] Dieser „Klub von Männern Greifswalds und der Umgebung ohne Unterschied des Standes und des Alters" hatte die Aufgabe, „die politische Einsicht unter seinen Mitbürgern zu fördern, deren politische und deutsche Gesinnung zu kräftigen und auf die Mitbürger zur Entwicklung volksthümlichen, sozialen und staatlichen Lebens im constitutionellen Geiste einzuwirken".[287] Er setzte sich gegen die Weiterführung der Revolution und für ein geeintes Deutschland im Rahmen einer konstitutionellen Monarchie ein.[288] Zudem engagierte sich der Klub im Schleswig-Holsteinischen Krieg, bildete ein Komitee zur Ausrüstung der Freischar für Schleswig-Holstein und förderte den Flottenbau.[289]

Als am 01. Mai 1848 in Preußen die Wahlmänner für die Wahl des nach Frankfurt am Main für die Deutsche Nationalversammlung und des nach Berlin für die Preußische Nationalversammlung zu sendenden Abgeordneten gewählt

---

281 Kern, in: Sächsische Lebensbilder, S. 84.

282 Kern, in: Sächsische Lebensbilder, S. 79 f.

283 So auch Knothe, in: FS zur 550-Jahrfeier der Universität Greifswald, S. 200.

284 Schröder, in: FS zur 500-Jahrfeier der Universität Greifswald, S. 98.

285 Eduard Baumstark, 28.03.1807 (Sinzheim/Baden) - 08.04.1889 (Greifswald), 1838 außerordentlicher Professor für Staats- und Kameralwissenschaft an der Universität Greifswald, ab 1842 ordentlicher Professor ebenda, 1843-1876 Leiter der Staats- und Landwirtschaftlichen Akademie Eldena bei Greifswald, ab 1848 Abgeordneter in der Preußischen Nationalversammlung, vgl. Gassen, NDB 1 (1953), 668-669.

286 Schröder, in: FS zur 500-Jahrfeier der Universität Greifswald, S. 98.

287 Greifswalder Wochenblatt Nr. 30 vom 15.04.1848, Beilage S. 146, zitiert nach Kern, Georg Beseler – Leben und Werk, S. 78.

288 Schröder, in: FS zur 500-Jahrfeier der Universität Greifswald, S. 98; Wilhelmus/ Buchführer u.a., S. 30.

289 Schröder, in: FS zur 500-Jahrfeier der Universität Greifswald, S. 98, 100.

wurden, beteiligte Planck sich als Wahlkommissar und wurde in der Stadt Greifswald im Wahlbezirk 11 als Wahlmann für die Wahl des Abgeordneten für die Frankfurter Nationalversammlung bestimmt.[290] Als Abgeordneter für die Frankfurter Nationalversammlung wurde schließlich Beseler gewählt, der auch während seiner Amtszeit Kontakt mit dem Constitutionellen Klub hielt.[291]

2.) Richterliche Tätigkeit am Oberappellationsgericht Greifswald

Zum 01. April 1848 wurde Planck im Nebenamt zum Rat am Oberappellationsgericht Greifswald berufen mit einem jährlichen Gehalt von 800 Reichstalern.[292] Seine Stelle als Professor an der Universität behielt er, schränkte allerdings seine Vorlesungstätigkeit teilweise ein, so dass sein Professorengehalt um die Hälfte auf 500 Reichstaler gekürzt wurde.[293] Ab 1848 erhielt Planck folglich insgesamt ein jährliches Gehalt von 1.300 Reichstalern und vereinte praktische und theoretische Tätigkeit.

Das Oberappellationsgericht war oberstes Gericht in Neu-Vorpommern und zudem seit 1818 Aufsichts- und Kontrollorgan der Rechtsprechung in Neu-Vorpommern.[294] Präsident des Oberappellationsgerichts war zu dieser Zeit Hans Daniel Ludwig Friedrich Hassenpflug (1844-1849).[295] Neben Planck waren Carl Ludwig Adolph von Bohlen (1831-1849), Ludwig Friedrich von Mühlenfels (1846-1849) und Richard Carl Friedrich von Zerbst (1834-1843, 1846-1849) als Oberappellationsgerichtsräte am Gericht tätig.[296] Die Hauptaufgabe der Oberappellationsgerichtsräte bestand in der Wahrnehmung der richterlichen Tätigkeit, insbesondere in der sorgfältigen Aktenkunde und der Anfertigung von Voten.[297]

Durch die Revolution von 1848/49 kam es zu einem grundlegenden staatsrechtlichen Wandel in Preußen und damit zur Neuordnung der Gerichtsverfassung und des gerichtlichen Verfahrens.[298] Mit der Verordnung über die

290 Stralsundische Zeitung vom 06.05.1848; Schröder, in: FS zur 500-Jahrfeier der Universität Greifswald, S. 101.

291 Schröder, in: FS zur 500-Jahrfeier der Universität Greifswald, S. 101, 103.

292 UAG PA 422 Planck, Mitteilung vom 27.03.1848. Auf der Personal-Liste des UAM wird als Ernennungszeitpunkt hingegen der 05.02.1848 genannt, s. UAM, E-II-501 (Personalakt J. J. W. Planck), Blatt 2.

293 UAG PA 422 Planck, Mitteilung vom 27.03.1848.

294 Ott, S. 70.

295 Ott, S. 73.

296 Vgl. Aufstellung bei Ott, S. 75-77.

297 Ott, S. 73. Für den Zeitraum 1846 bis 1849 sind keinerlei Aktenbestände erhalten, vgl. Ott, S. 158.

298 Ott, S. 363; Knothe, in: FS zur 550-Jahrfeier der Universität Greifswald, S. 192.

Aufhebung der Privatgerichtsbarkeit und des eximierten Gerichtsstandes, sowie die anderweitige Organisation der Gerichte vom 02. Januar 1849 wurde der bisher sehr unterschiedlich organisierte Gerichtsaufbau in den einzelnen preußischen Provinzen vereinheitlicht und das Obertribunal in Berlin wurde Höchstgericht für ganz Preußen, und zwar auch für den Bezirk des bisherigen Oberappellationsgerichts Greifswald.[299] Dieses wurde unter der Bezeichnung „Appellationsgericht" weitergeführt und blieb als Appellinstanz für den Regierungsbezirk Stralsund bestehen.[300] Durch die Verordnung vom 03. Januar 1849 wurde in Preußen ferner das mündliche und öffentliche Verfahren mit Geschworenen in Untersuchungssachen eingeführt[301] und im Jahre 1849 hatte Planck die ehrenvolle Aufgabe, als Vorsitzender das erste in Greifswald stattfindende Schwurgericht zu eröffnen und zu leiten.[302]

Als mit der Ablehnung der Kaiserkrone durch Friedrich Wilhelm IV. die deutsche Revolution scheiterte und auch die darauf folgende Gegenrevolution endete, wurden in Greifswald vierzehn Demokraten wegen des Aufruhrs angeklagt.[303] Der Prozess, der drei Tage andauerte, wurde unter dem Vorsitz Plancks vor dem Schwurgericht geführt.[304] Am 08. Oktober 1849 endete die Verhandlung mit der Folge, dass elf der Angeklagten freigesprochen und diejenigen zu Gefängnisstrafen von sechs Monaten bis zu einem Jahr verurteilt wurden, die die Grenzen des passiven Widerstands überschritten hatten.[305]

3.) Privatleben

In Greifswald angekommen, fühlte Planck sich zunächst sehr einsam und fremd, die Trennung von seinen Freunden sowie von der Schweiz fiel ihm äußerst

---

299 Knothe, in: FS zur 550-Jahrfeier der Universität Greifswald, S. 192; VO abgedruckt in: Gesetz-Sammlung für die königlichen preußischen Staaten 1849, S. 1-13. In § 28 heißt es: „Das Obertribunal bildet fortan in den Rechtssachen aus dem Bezirke des Appellationsgerichts zu Greifswald die dritte und höchste Instanz".

300 Ott, S. 363.

301 Verordnung über die Einführung des mündlichen und öffentlichen Verfahrens mit Geschworenen in Untersuchungssachen, abgedruckt in: Gesetz-Sammlung für die königlichen preußischen Staaten 1849, S. 14-47.

302 Bechmann, Beilage zur Allgemeinen Zeitung, Jahrgang 1900, Nr. 230, S. 1; Seuffert, ZZP 28 (1901), V (IX).

303 Schröder, in: FS zur 500-Jahrfeier der Universität Greifswald, S. 121.

304 Schröder, in: FS zur 500-Jahrfeier der Universität Greifswald, S. 121.

305 Schröder, in: FS zur 500-Jahrfeier der Universität Greifswald, S. 121.

schwer. Am 19. Mai 1845 schrieb er an seinen Freund Miescher-His über seine derzeitige Situation:

> „Du kennst mich ja hinlänglich, um zu wissen, daß die gemüthliche Seite bei mir fast zu vorherrschend ist, wodurch es mir leider unmöglich wird, in einer Lebenslage mich wohl zu fühlen, so lange mir das Glück nicht wenigstens ein Herz beschieden hat, dem ich mich ganz hinzu geben vermag. Hieraus wirst Du dann auch leicht abnehmen, daß mein jetziges Dasein in dem mir fremden, noch immer fremden Greifswald noch keineswegs zu dem befriedigendsten gehören kann. Ich will damit durchaus keinen Tadel gegen die Gemüthsart der hiesigen Leute und ihr Benehmen gegen mich aussprechen. Das letztere ist im Gegentheil sehr zuvorkommend und freundlich, wie denn überhaupt der ganze Pommer'sche Menschenschlag durch Biederkeit, Gastfreiheit und Offenheit sich auszeichnet. Aber es liegt in der Natur der Sache, daß so lange die Berührungspunkte, die durch das gemeinsame Erleben wenn auch unbedeutender Dinge fehlen, eine Vertraulichkeit sich nicht herstellen kann. Nichts desto weniger hege ich für die Zukunft die besten Hoffnungen."[306]

Auch seinem Freund Bachofen schilderte er zu dieser Zeit, dass sein „Herz immer noch in Basel" sei.[307] Doch er lebte sich mit der Zeit zunehmend, wenn auch langsam, in Greifswald ein. Am 14. Juni 1845 notierte er diesbezüglich in einem Brief an Bachofen:

> „Sie wollen nun wissen, wie es hier steht. Im Ganzen kann ich sagen: gut. Ich fange bereits an, mich in dem Pommer'schen Norden einzugewöhnen. […] Die Anzahl der Studierenden ist nun allerdings nicht sehr bedeutend, in diesem Semester nach dem kürzlich erschienenen Verzeichnis: 217, darunter 40 Juristen. In meinem Criminalrecht habe ich diesen Sommer 9 Stud. Doch kann ich im Ganzen mit ihrem Eifer für die Sache zufrieden sein."[308]

Daneben berichtete er, dass man in Greifswald „sehr gesellig lebt, und sich auch ziemlich frei und ungezwungen bewegt", was er in einer Stadt wie Greifswald nicht erwartet hätte.[309] Zudem schwärmte er von der schönen Natur, dem guten Wetter und dem Seebad, das er als Erfrischung eifrig nutze, doch seine

306 UB Basel, NL 102 B: 4617, Brief Planck an Miescher, 19.05.1845. Des Weiteren bedauerte Planck auch seine musikalische Einschränkung in Greifswald, da sein Flügel aus Basel noch nicht eingetroffen war und in Greifswald nicht die Möglichkeit bestand, ein Piano zu mieten.

307 UB Basel, NL 3: 272, 225, Brief Planck an Bachofen, 12.04.1845.

308 UB Basel, NL 3: 272, 226, Brief Planck an Bachofen, 14.06.1845.

309 UB Basel, NL 3: 272, 226, Brief Planck an Bachofen, 14.06.1845.

Gedanken würden weiterhin in einsamen Stunden noch immer „sehr fleißig nach Basel wandern".[310]

Der Familie Planck fiel es in Greifwald schwer, engere gesellschaftliche Beziehungen aufzubauen. Freundschaften, wie sie in Basel entstanden waren, fanden sie in Greifswald nicht. Deutlich wird dies in einem Brief Plancks vom 21. Januar 1846, in dem er die aktuelle Situation der Familie wie folgt beschrieb:

> „Unser Haushalt kommt jetzt, was die äußere Einrichtung betrifft, allmählich in den Gang. Es war doch umständlicher und kostspieliger, als ich erwartet hatte. Dagegen unsere geselligen Verhältnisse gestalten sich nur sehr langsam [...]. Diese Norddeutschen haben eine eigenthümliche Abgeschlossenheit, die es schwer macht, nahe an sie heranzukommen. [...] Ein größerer geselliger Kreis versammelt sich gern und oft. Dabei sind auch die Frauen nicht allein nicht ausgeschlossen, sondern regelmäßige Theilnehmer. Ja sogar fällt es nicht im mindesten schwer, zu diesen Kreisen Zutritt zu erhalten; man wird vielmehr, sobald die äußeren Förmlichkeiten des Besuchs erfüllt sind, fast wider Willen mit Einladungen dieser Art überhäuft. Und doch! Es fällt so schwer, ein eigentliches inniges Verhältnis anzuknüpfen, ein Herz für sich zu erobern, dem man sich so gern aufschließen möchte, und rückhaltlos hingeben. Das habe weder ich noch Mathilde hier wieder gefunden [...]. Desto größere Freude haben wir in unserem eigenen Hause an der kleinen Emma."[311]

Im Weiteren folgten Schilderungen über Plancks Tochter Emma sowie über den schlechten Gesundheitszustand seiner Frau, die an einem langanhaltenden starken Husten litt und damit verbunden sich in einer schlechten Gemütsverfassung befand. Planck hatte daher die Absicht, mit ihr im Sommer eine Kur in der Schweiz zu unternehmen. Zudem beklagte er, dass er in Greifswald seine Liebe zur Musik nicht richtig ausleben könne:

> „In Basel ward Ihr so freundlich, mich gern anzuhören, und in dieser Resonanz der Töne klang Alles auch in meinem Inneren noch einmal so schön. Hier nimmt Niemand theil dran. Man spielt hier Beethoven's Symphonien vierhändig, das ist ungefähr der Höchst-Punkt, zu dem das hiesige Klavierspiel sich erhebt."[312]

Am 06. August 1846 schrieb er dann, dass das gesellige Leben in Greifswald sich langsam einstelle und dass sie hauptsächlich mit der Familie von Professor Wilhelm Baum (Chirurg) Umgang hätten.[313] Doch er vertraute seinem Freund Miescher-His auch an, dass es ihm immer noch schwer falle, ein innigeres

310 UB Basel, NL 3: 272, 226, Brief Planck an Bachofen, 14.06.1845.
311 UB Basel, NL 102 B: 4618, Brief Planck an Miescher, 21.01.1846.
312 UB Basel, NL 102 B: 4618, Planck an Miescher, 21.01.1846.
313 UB Basel, NL 102 B: 4619, Planck an Miescher, 06.08.1846.

Verhältnis aufzubauen und dass „vorsichtige Zurückhaltung“ an die Stelle seiner früheren „vertrauten Offenheit“ getreten sei und er alleine stehe.[314]

Die für die Herbstferien geplante Reise in die Schweiz wurde aufgrund der Schwangerschaft seiner Frau absagt. Stattdessen plante er einen Ausflug nach Rügen zu den Kreidefelsen.[315] Außerdem berichtete er seinem Freund von einem besonderen Kunstgenuss: Der Studenten-Gesangsverein führte „Antigone“ auf, begleitet von Mendelsohnsscher Musik, was einen ganz außerordentlichen Eindruck auf ihn machte.[316]

Am 29. September 1846 wurde in Greifswald Plancks erster Sohn Hugo Sigismund Wilhelm Allwill geboren.[317] Dieser folgte dem Vorbild seines Vaters und widmete sich ebenfalls dem Studium der Rechtswissenschaft.[318] Er studierte in Kiel, Leipzig und München, wurde 1874 Kreisrichter in Itzehoe, 1879 Landrichter in Flensburg und 1886 Oberlandesgerichtsrat in Kiel.[319] 1890 erfolgte seine Ernennung zum Geheimen Justizrat, 1893 wurde er Reichsgerichtsrat und 1906 schließlich Senatspräsident am Reichsgericht in Leipzig.[320] Verheiratet war er mit Magdalene Friederike Harms, der Tochter des Pastors Christian Harms von Grube (Schleswig-Holstein).[321] Er verstarb im Alter von 66 Jahren am 22. November 1922 in Leipzig.[322]

Nach der Geburt Hugos erlitt die Familie Planck einen schweren Schicksalsschlag, Plancks Ehefrau Mathilde verstarb am 29. Juni 1847[323] im Alter von nur 28 Jahren und hinterließ Planck mit den beiden gemeinsamen Kindern. Schweren Herzens schrieb Planck am 30. Juni 1847 an seinen Freund Miescher-His:

> „Gestern Nacht ist meine Mathilde heimgegangen zu ihrem himmlischen Vater. Er hat sie gnädig erlöst von unsäglich langem und schmerzlichem Leiden. Auch ich bin nun so

314 UB Basel, NL 102 B: 4619, Planck an Miescher, 06.08.1846.

315 UB Basel, NL 102 B: 4619, Planck an Miescher, 06.08.1846.

316 UB Basel, NL 102 B: 4619, Planck an Miescher, 06.08.1846.

317 Puschmann, Schlesisches Geschlechterbuch, Bd. 4, S. 180.

318 Er schrieb sich am 05.10.1864 unter der Matrikelnummer 12135 an der Universität Kiel hierfür ein, vgl. Gundlach (Hrsg.), Album CAU, S. 460 f. Es handelte sich um eine Einschreibung „gratis in hon. patris“.

319 Degener, S. 1049.

320 Degener, S. 1049.

321 Puschmann, Schlesisches Geschlechterbuch, Bd. 4, S. 180.

322 Puschmann, Schlesisches Geschlechterbuch, Bd. 4, S. 180.

323 Im Schlesischen Geschlechterbuch wird auf Seite 180 fälschlicherweise der 29.01.1847 als Sterbetag angegeben. Auch Lemmerich nimmt als Sterbedatum den 29.01.1847 an. Planck datiert diesen jedoch auf den 29.06.1847, vgl. UB Basel, NL 102 B: 4620, Brief Planck an Miescher, 30.06.1847.

ganz allein auf dieser weiten Welt. [...] Diese Jahre oder Tage der Einsamkeit, die mir der Herr noch auferlegen wird, wird es mich stärken und aufrecht erhalten zu thun, was meine Pflicht von mir verlangt."[324]

Er berichtete, dass sich der Gesundheitszustand seiner Frau nach der Entbindung zunächst stabilisierte, sich dann jedoch ab Januar 1847 deutlich verschlechterte. Mathilde bekam Fieber und es folgten sechs qualvolle Monate, in denen sie gegen ihre Krankheit ankämpfte, bis sie in der Nacht des 29. Juni 1847 ein heftiger Husten überkam, dem sie erlag.[325] Weiter schilderte er, dass auch sie sich nie richtig in Greifswald eingelebt hatte und gern in der Schweiz geblieben wäre.[326]

Knapp zweieinhalb Jahre später fand Planck in der aus Ostpreußen stammenden Emma Caroline Patzig eine neue Ehefrau.[327] Die Heirat fand am 14. Oktober 1849 in Greifswald statt.[328] Emma Patzig, geboren am 22. Juni 1821, war die Tochter des Geheimen Rechnungsrats und Universitätsrentmeisters Gotthilf Patzig (1788-1877) und der Johanna Burchard (1801-1871).[329]

Emma wird als eine sehr liebenswürdige, aber auch temperamentvolle Frau beschrieben, die bei den Gelehrten sehr angesehen war und die Fähigkeit besaß, sich ihre eigene Meinung zu bilden und ihren Standpunkt entsprechend zu verteidigen.[330] An seinen Freund Miescher-His sendete Planck am 14. Oktober 1849 eine kurze Vermählungsanzeige und fügte hinzu:

„Wenn ich auch nur ein paar Worthe hinzusetze, einziger Miescher, so muß ich Dir sagen, daß Du u. Deine Antonie[331] meine Emma lieb haben sollt. Sie war Mathilde's beste Freundin, u. ich hoffe zu Gott, daß durch sie meinen Kindern eine teure Mutter und mir eine threue u. traute Gefährtin durch das Leben geschickt sein soll."[332]

---

324 UB Basel, NL 102 B: 4620, Planck an Miescher, 30.06.1847.

325 UB Basel, NL 102 B: 4620, Planck an Miescher, 30.06.1847.

326 UB Basel, NL 102 B: 4620, Planck an Miescher, 30.06.1847.

327 Puschmann, Schlesisches Geschlechterbuch, Bd. 4, S. 180; Seuffert, ZZP 28 (1901), V (IX).

328 Puschmann, Schlesisches Geschlechterbuch, Bd. 4, S. 180.

329 Puschmann, Schlesisches Geschlechterbuch, Bd. 4, S. 181; Hoffmann, NDB 20 (2001), 497 (497).

330 Fischer, S. 33; Hoffmann, Max Planck – Entstehung der modernen Physik, S. 8.

331 Charlotte Antonie His, 07.07.1819-26.09.1896, Ehefrau von Friedrich Miescher-His.

332 UB Basel, NL 102 B: 4622, Brief Planck an Miescher, 14.10.1849.

Abb. 2: Johann Julius Wilhelm Planck mit seiner zweiten Ehefrau Emma Caroline Planck, geb. Patzig, 1867

Quelle: Archiv der Max-Planck-Gesellschaft, Berlin-Dahlem, Planck, Bild-Nr. IV/40.

Bis ins hohe Alter wird Emma als noch rüstig und geistig frisch dargestellt.[333] Sie verstarb am 04. August 1914 im Alter von 93 Jahren in München.[334] Im Gegensatz zu ihrem Mann neigte sie zu leidenschaftlichem Handeln und bildete damit zu Planck, der als eher ruhig, bedachtsam und unnahbar beschrieben wird, das entsprechende Gegengewicht.

333 Vgl. Rheingans/Swinne (Hrsg.), Max Planck: Brieftagebuch, S. 172, 180, 183.

334 Rheingans/Swinne (Hrsg.), Max Planck: Brieftagebuch, S. 190. Max Planck berichtet, dass es ihm aufgrund des Kriegsausbruchs und der damit verbundenen Mobilmachung nicht möglich war, an der Beerdigung seiner Mutter teilzunehmen.

Abb. 3: Emma Caroline Planck, geb. Patzig, München 1884

Quelle: Archiv der Max-Planck-Gesellschaft, Berlin-Dahlem, Planck, Bild-Nr. IV/43.

4.) Abschied von Greifswald

Im Frühjahr 1850 erhielt Planck einen Ruf als Rat an das Oberappellationsgericht der vier freien Städte Deutschlands, dessen Sitz sich in der Freien und Hansestadt Lübeck befand.[335] Eine derartige Berufung bedeutete für einen Juristen eine besonders ehrenvolle Würdigung seiner bisherigen Arbeit, denn das Oberappellationsgericht fungierte von 1820 bis 1879 als dritte Instanz in Zivil- und Strafsachen für die freien Städte Lübeck, Hamburg, Bremen und Frankfurt und genoss aufgrund seiner wegweisenden Rechtsprechung einen hervorragenden Ruf.[336] An die Räte des Oberappellationsgerichts wurden hohe Anforderungen gestellt. Gemäß § 4 der Gerichtsordnung vom 13. August 1831 des

335 UAG, K 181 Die Juristische Fakultät, Mitteilung des Ministeriums der geistlichen, Unterrichts- und Medizinalangelegenheiten vom 16.05.1850.

336 Zum Oberappellationsgericht vgl. Polgar, S. 15.

Oberappellationsgerichts konnte zum Rat „nur ein Rechtsgelehrter ernannt werden, welcher von christlicher Religion und unbescholtenem Lebenswandel“ war. Er musste zudem Deutscher sein und das dreißigste Lebensjahr vollendet haben. Favorisiert wurden bei der Ernennung herausragende Rechtsgelehrte und Praktiker.[337] Diese hohen Anforderungen wurden vor allem und insbesondere auch an die Präsidenten des Gerichts gestellt, so dass dieses Amt nur von bedeutenden deutschen Juristen wahrgenommen wurde, in zeitlichen Reihenfolge übten es namentlich Georg Arnold Heise (1820-1850), Carl Georg von Wächter (1851-1852) und Johann Friedrich Kierulff (1853-1879) aus.[338] Alle konnten, wie auch Planck, bei ihrem Eintritt in das Oberappellationsgericht umfangreiche Praxiskenntnisse vorweisen und waren zuvor als Professoren im universitären Bereich tätig. Aufgrund seiner bisherigen Laufbahn stellte Planck damit die ideale Besetzung für die offene Ratsstelle des Oberappellationsgerichts Lübeck dar.

Er fasste den Entschluss, dem Ruf Folge zu leisten, soweit in Greifswald nicht bestimmte Bedingungen, die ihn zum Verweilen bewegen könnten, erfüllt würden.[339] So forderte er eine jährliche Besoldung von 1.500 Reichstalern für seine weitere Tätigkeit als Professor.[340] Auch wenn der Minister der geistlichen, Unterrichts- und Medizinalangelegenheiten, Adalbert von Ladenberg, das Verbleiben Plancks an der Universität Greifswald als sehr wünschenswert bezeichnete, konnte man ihm jedoch eine derartige Erhöhung seines Gehalts, selbst wenn er seine Vorlesungstätigkeit wieder erweitern würde, nicht ohne weiteres gewähren.[341] Denn aufgrund des Abgangs von Schmidt, der einem Ruf nach Freiburg folgte, wurde eine neue Lehrkraft für die Fächer römisches und deutsches Recht benötigt, so dass, würde man Planck die geforderten 1.500 Reichstaler zahlen, die Mittel für eine Wiederbesetzung der Stelle von Schmidt fehlen würden.[342] Zudem wurde befürchtet, dass die neben Planck tätigen Professoren Pütter und Barkow im Falle einer solchen Zuwendung an Planck „nicht ohne Grund eine

337 Polgar, S. 64.

338 Zu den Präsidenten siehe Polgar, S. 166-197.

339 UAG, K 181 Die Juristische Fakultät, Mitteilung des Ministeriums der geistlichen, Unterrichts- und Medizinalangelegenheiten vom 16.05.1850.

340 UAG, K 181 Die Juristische Fakultät, Mitteilung des Ministeriums der geistlichen, Unterrichts- und Medizinalangelegenheiten vom 10.06.1850.

341 Vgl. UAG, K 181 Die Juristische Fakultät, Mitteilung des Ministeriums der geistlichen, Unterrichts- und Medizinalangelegenheiten vom 10.06.1850.

342 UAG, K 181 Die Juristische Fakultät, Mitteilung des Ministeriums der geistlichen, Unterrichts- und Medizinalangelegenheiten vom 10.06.1850.

sie kränkende Zurücksetzung" erblicken könnten.[343] Ladenberg erklärte sich allerdings bereit, sollte Planck seine Vorlesungstätigkeit wieder ausweiten, ihm zu seinem derzeitigen Jahresgehalt von 500 Reichstalern eine jährliche Zulage von weiteren 400 Reichstalern zu gewähren.[344] Sollte er darüber hinaus auch geneigt sein, eine Stelle als Kreisrichter zu übernehmen, könne man ihm weitere 600 Reichstaler jährlich zahlen, so dass seinem Wunsch nach einen Jahresgehalt von 1.500 Reichstalern entsprochen werden könne.[345]

Hierbei handelte es sich letztlich nicht um ein attraktives Angebot, denn bevor Planck seine Lehrtätigkeit aufgrund seiner Anstellung beim Oberappellationsgericht einschränkte, bezog er bereits ein Gehalt von 1.000 Reichstalern für seine Professorentätigkeit, jetzt würde er hierfür letztlich nur noch 900 Taler erhalten und stünde damit schlechter. Zudem war die Stelle am Kreisgericht mit weiterer Arbeit verbunden, hatte Planck doch gerade aufgrund seiner Tätigkeit als Rat am Oberappellationsgericht die Anzahl seiner Lehrveranstaltungen herabgesetzt.

Neben diesem finanziellen Aspekt war für Plancks Entscheidung, Greifswald zu verlassen, auch die bestehende Ungewissheit über den Fortbestand des Oberappellationsgerichts Greifswald mitentscheidend.[346] Denn durch die Verordnung vom 03. Januar 1849 sollte gemäß § 28 das Obertribunal in Berlin auch höchste Instanz für den Bezirk des Appellationsgerichts zu Greifswald sein. Ladenberg sagte Planck zwar zu, dass er, solange das Oberappellationsgericht bestehe, seine bisherige Tätigkeit an diesem ausüben könne, sollte es jedoch dazu kommen, dass das Oberappellationsgericht tatsächlich aufgehoben werde, so wäre man gerne bereit, Planck den Übertritt an das Kreisgericht zu Greifswald zu ermöglichen, soweit er dies wünsche.[347]

Doch die erklärten Zugeständnisse überzeugten Planck schlussendlich nicht und er entschied sich, Greifswald zu verlassen. Als er gerade dem Ruf nach Lübeck an das Oberappellationsgericht der vier freien Städte Folge leisten wollte, erhielt er einen Ruf an die Universität Kiel, die einen Nachfolger für den kurz

343 UAG, K 181 Die Juristische Fakultät, Mitteilung des Ministeriums der geistlichen, Unterrichts- und Medizinalangelegenheiten vom 10.06.1850.

344 UAG, K 181 Die Juristische Fakultät, Mitteilung des Ministeriums der geistlichen, Unterrichts- und Medizinalangelegenheiten vom 10.06.1850.

345 UAG, K 181 Die Juristische Fakultät, Mitteilung des Ministeriums der geistlichen, Unterrichts- und Medizinalangelegenheiten vom 10.06.1850.

346 UAG, K 181 Die Juristische Fakultät, Mitteilung des Ministeriums der geistlichen, Unterrichts- und Medizinalangelegenheiten vom 16.05.1850 und 10.06.1850.

347 UAG, K 181 Die Juristische Fakultät, Mitteilung des Ministeriums der geistlichen, Unterrichts- und Medizinalangelegenheiten vom 10.06.1850.

zuvor verstorbenen Niels Nikolaus Falck suchte.[348] Planck wurde so vor die Wahl gestellt, seine Laufbahn als ausschließlich praktische Tätigkeit am Gericht oder als theoretische an der Universität fortzusetzen. Er entschloss sich „nicht ohne Zaudern“[349] für die universitäre Karriere und folgte dem Ruf an die Kieler Alma Mater. Durch eine Anstellung als Ergänzungsrichter bei dem Kieler Oberappellationsgericht, die ihm zusätzlich in Kiel angeboten wurde, eröffnete sich für ihn die Möglichkeit, auch weiterhin praxisnah zu arbeiten,[350] was für seine Entscheidung wahrscheinlich mitentscheidend gewesen sein wird. Planck verließ Greifswald zum Wintersemester 1850/1851 und folgte mithin dem Ruf an die Universität Kiel.[351] Über seine Greifswalder Zeit berichtete Planck, er habe dort fünf zufriedene Jahre verbracht.[352]

1861 kam Planck in der Juristischen Fakultät zu Greifswald erneut ins Gespräch, als man auf der Suche nach einem „vollkommen durchgebildeten Prozessualisten“[353] als Vertreter der Fächer gemeiner Zivilprozess, Strafrecht und Strafprozessrecht war.[354] Neben Planck wurde an zweiter Stelle der Berliner Privatdozent Karl Wieding[355] vorgeschlagen, welcher letztlich die Stelle auch annahm[356] und der 1867 auch Plancks Nachfolger in Kiel wurde.

5.) Werke und Publikationen

Die Arbeiten der Greifswalder Juristen, die in der Blütezeit der Universität entstanden, zählen zu den bedeutendsten Werken der deutschen Jurisprudenz

348 UAG, K 181 Die Juristische Fakultät, Mitteilung des Universitätskuratoriums vom 10.07.1850; Bechmann, Beilage zur Allgemeinen Zeitung, Jahrgang 1900, Nr. 230, S. 1.

349 Seuffert, ZZP 28 (1901), V (X).

350 Seuffert, ZZP 28 (1901), V (X).

351 UAG PA 422 Planck, Mitteilung vom 29.07.1850.

352 DLA Marbach, A: Köstlin, Zug.nr. 46039/1, Brief Planck an Köstlin vom 30.06.1850.

353 Zitiert nach Knothe, in: FS zur 550-Jahrfeier der Universität Greifswald, S. 203.

354 Knothe, in: FS zur 550-Jahrfeier der Universität Greifswald, S. 203.

355 Karl Johannes Friedrich Wilhelm Wieding, 01.09.1825 (Tondern) - 24.10.1887 (Kiel), begann sein Rechtsstudium zunächst in Kiel, war von 1848 bis 1850 Mitglied der schleswig-holsteinischen Armee, beendete im Anschluss sein Studium in Göttingen, promovierte 1857 in Berlin und habilitierte sich im Anschluss als Privatdozent an der Universität ebenda. 1861 ernannte man ihn zum ordentlichen Professor in Greifswald und 1867 folgte er dem Ruf an die Universität Kiel, wo er als ordentlicher Professor für Zivil- und Strafprozess und Strafrecht tätig war, vgl. Carstens, ADB 42 (1897), 389-390 und Volbehr/Weyl, S. 36.

356 Knothe, in: FS zur 550-Jahrfeier der Universität Greifswald, S. 203.

des 19. Jahrhunderts.[357] Zu nennen sind hier beispielsweise die Arbeiten Georg Beselers und Bernhard Windscheids.[358] Zurückzuführen sind diese Leistungen auf die gute Qualifikation der Greifswalder Rechtsgelehrten und auf die bestehende Möglichkeit, sich dem wissenschaftlichen Arbeiten widmen zu können.[359] Zudem förderten sich die Professoren gegenseitig. Planck traf beispielsweise in Greifswald auf Beseler. Beide verband von da an ein freundschaftliches Verhältnis und Beseler berichtete später in seiner Biografie, er sei vielfach durch Planck unterstützt worden und dieser habe ihm „Hülfe und Förderung" bei der Ausarbeitung seines 1847 erschienenen ersten Bandes des Werkes „System des deutschen Gemeinen Privatrechts"[360] gewährt.[361]

a) Hinwendung zur Germanistik

Planck widmete sich in seiner Greifswalder Zeit hauptsächlich der historischen Untersuchung des deutschen Prozessrechts. Diese Orientierung ist wahrscheinlich zum einen auf den Einfluss Beselers zurückzuführen, in dessen Umfeld sich um 1840 eine Gruppe nationalliberaler Germanisten formierte.[362] Zum anderen werden aktuelle Reformbestrebungen im Bereich des Zivilverfahrens in Preußen, ausgelöst durch die territorialen Zugewinne nach Beendigung der Befreiungskriege, Planck veranlasst haben, sich auch weiterhin dem Prozessrecht zuzuwenden.[363]

Anders als in seinen bisherigen Werken, in denen Planck die Ansicht vertreten hatte, dass nur das römische Recht als gemeines Recht anzusehen sei, und die ihn als Vertreter des romanistischen Zweiges der Historischen Rechtsschule ausgewiesen hatten, gelangte er nun zu der Erkenntnis, dass ein Großteil der Rechtsquellen des gemeinen Prozesses germanischen Ursprungs seien. Er vertrat fortan einen germanistischen Standpunkt mit zum Teil antiromanistischen Zügen.[364]

---

357 Knothe, in: FS zur 550-Jahrfeier der Universität Greifswald, S. 212.

358 Eine kurze Darstellung der wichtigsten in Greifswald entstandenen Werke findet sich bei Knothe, in: FS zur 550-Jahrfeier der Universität Greifswald, S. 212-215. Beseler veröffentlichte beispielsweise zu dieser Zeit sein Werk „Volksrecht und Juristenrecht", Leipzig 1844.

359 Knothe, in: FS zur 550-Jahrfeier der Universität Greifswald, S. 212.

360 Beseler, System des gemeinen deutschen Privatrechts Bd. 1, Berlin 1847. Es erschienen noch zwei weitere Bände zu dem Werk, Bd. 2 wurde 1853 und Bd. 3 1855 veröffentlicht.

361 Beseler, Erlebtes, S. 108.

362 Vgl. zu Beseler und der Spaltung der Historischen Rechtsschule s. Schlosser, S. 264 ff.

363 Zu den preußischen Prozessreformen s. Ahrens, S. 83 ff.

364 Vgl. hierzu Mayer, ZRG GA 22 (1901), XVII (XVIII f.); Stintzing-Landsberg, Abt. 3 Halbband 2, Text, S. 566 f., datiert den Wendepunkt jedoch erst auf 1848 mit

b) *„Das Recht der Beweisführung nach dem älteren deutschen, besonders sächsischen Verfahren", 1846*

Den Auftakt dieses Wandels bildete sein 1846 erschienener, umfangreicher Aufsatz in der Zeitschrift für deutsches Recht und deutsche Rechtswissenschaft mit dem Titel „Das Recht der Beweisführung nach dem älteren deutschen, besonders sächsischen Verfahren".[365] Dieser stellte die Vorarbeit zu Plancks späterem Werk „Das deutsche Gerichtsverfahren im Mittelalter" dar, das 1879 erschien.[366]

aa) Hintergrund

Aktuelle Reformbestrebungen im Bereich des Prozessrechts veranlassten die Rechtgelehrten zur historischen Aufarbeitung des Prozessrechts, um hierdurch die Bildung eines einheitlichen Verfahrensrechts zu fördern. Zwar wurde das Prozessrecht durch die Verordnungen vom 01. Juni 1833 über den Mandats-, den summarischen und den Bagatell-Prozeß sowie durch die Verordnung vom 21. Juli 1846 über das Verfahren in Civil-Prozessen und durch die Allgemeine Gerichtsordnung für die Preußischen Staaten von 1793, die in den Bereichen weiterhin galt, in denen keine abweichenden Regelungen in den Verordnungen existierten, umfassend geregelt, doch aufgrund der bestehenden Unübersichtlichkeit und der damit einhergehenden Rechtsunsicherheit bestand das Bedürfnis nach einer einheitlichen Regelung des Prozessrechts.[367]

Plancks Werk ist in die Reihe dieser rechtshistorischen Arbeiten einzugliedern, die vor diesem Hintergrund im Lichte der Historischen Rechtsschule entstanden sind. Er war der Ansicht, dass das geltende Prozessrecht „weit mehr ächt deutsche Elemente in sich trägt, als wir bisher uns haben träumen lassen" und dass „die Mehrzahl der gemeinrechtlichen Prozeßinstitutionen nur von dieser Grundlage richtig und folgenreich bearbeitet werden können."[368]

bb) Inhalt

Der Aufsatz beinhaltet eine Darstellung des Beweisführungsrechts mit historischem Abriss. Einleitend weist Planck zunächst darauf hin, dass der ältere deutsche Prozess nur Beweisrechte gekannt habe und keine Beweispflichten,

---

Plancks Werk „Die Lehre vom Beweisurtheil", tatsächlich ist bereits Plancks Aufsatz „Das Recht der Beweisführung nach dem älteren deutschen, besonders sächsischen Verfahren" von 1846 dem germanistischem Zweig zuzuordnen.

365 Planck, ZdR 10 (1846), 205-324.

366 Bechmann, Beilage zur Allgemeinen Zeitung, Jahrgang 1900, Nr. 230, S. 3.

367 Adler, S. 145.

368 Planck, ZdR 10 (1846), 205 (206).

wie es im romanischen und aktuellen Rechtssystem der Fall sei, so dass man nicht von einer Beweislast im heutigen Sinne sprechen könne.[369] Daher müsse man sich, um die Eigentümlichkeiten des deutschen Verfahrens zu ergründen, von der derzeitig üblichen Betrachtungsweise frei machen, „weil das romanische Gewand, unter welchem wir das heutige Verfahren anzuschauen uns gewöhnt haben, hinderlich ist, um den wahren dadurch verhüllten Grundgedanken des deutschen Rechts zu erfassen."[370]

In seiner Bearbeitung beschränkt Planck sich auf die Quellen des sächsischen Rechts, dabei reicht seine Darstellung bis auf die Rechtsbücher des Mittelalters, den Sachsenspiegel, zurück. Zunächst erfolgt eine allgemeine Darstellung des älteren sächsischen Beweisverfahrens, wobei eingehend der Eid, die Gezeugen und das eigene Gerichtswissen erläutert werden. Im nächsten Schritt stellt er die Reihenfolge der Beweise nach älterer Ansicht dar, wonach grundsätzlich der Angegriffene zunächst zum Eid berechtigt war.[371] Die von dieser Ansicht aufgestellte Regel wendet er sodann auf Bürgerliche Klagen um Schuld, Klagen um Gut (fahrendes Habe, unbewegliches Gut) und Peinliche Klagen an und stellt klar, dass die Regel dann nicht gelte, wenn das Gericht über den streitigen Punkt eigene Kenntnis besitze.[372] Dann bemerkt er, dass sich allmählich eine Reform dieser Beweistheorie in der Rechtsgeschichte abzeichnete, deren Vollendung „aus sich selbst" jedoch weitgehend aufgrund der Rezeption römischer Rechtsansichten scheiterte:

> „Der plötzliche Sprung […], der durch das Eindringen des fremden Rechts verursacht ward, hat die Folge gehabt, daß die Fäden des Zusammenhangs mit den alten deutschen Rechtsansichten zerrissen wurden, und nur einzelne Reminiscenzen in die neue Beweistheorie hinübergeriethen, welche darin als Ruinen eines untergegangenen Rechtszustandes von den Rechtslehrern romanisirt wurden und erst in der neueren Zeit für die Forscher im Gebiet des geschichtlichen deutschen Rechts die Kunde des älteren einheimischen Rechts erhalten haben."[373]

In seiner Schlussbetrachtung stellt Planck die Gestalt der älteren deutschen Rechtsanschauung zum Zeitpunkt der Rezeption dem römischen Recht gegenüber, um aufzuzeigen, welche Elemente dem germanischen und welche dem römischen Rechtsboden entsprungen sind.[374] Schlussendlich gelangt er zu dem

369 Planck, ZdR 10 (1846), 205 (205).
370 Planck, ZdR 10 (1846), 205 (205 f.).
371 Planck, ZdR 10 (1846), 205 (229).
372 Planck, ZdR 10 (1846), 205 (239-297).
373 Planck, ZdR 10 (1846), 205 (301).
374 Planck, ZdR 10 (1846), 205 (317).

Ergebnis, dass mit der Rezeption der römischen Lehre von den Beweismitteln die ältere deutsche Ansicht fast vollständig verdrängt wurde, nur die Gestaltung des Beweisverfahrens als besonderer Prozessabschnitt sei erhalten geblieben, „in deren Inneres ein ganz verschiedenartiger Inhalt hinein gezwängt ward, wodurch nothwendig mancherlei Mißverhältnisse herbeigeführt werden mußten.“[375]

cc) Antiromanistischer Ansatz

In diesem Aufsatz trat Planck erstmalig als Vertreter des germanistischen Zweiges der Historischen Rechtsschule hervor und gelangte zu der Feststellung, dass ein Teil der Rechtsquellen des Prozessrechts deutsch-germanischer Abstammung sei und auch nur unter Berücksichtigung dieses Hintergrunds richtig betrachtet und gedeutet werden könnte. Er bekannte sich zwar zur Historischen Rechtsschule und stimmte, wie Beseler, im Ansatz mit Savignys Volksgeistlehre, wonach die rechtserzeugende Kraft beim Volk gesehen wurde, überein. Doch betrachtete er, genau wie Beseler, der in seinem 1843 erschienenen Werk „Volksrecht und Juristenrecht“ die Rezeption des römischen Rechts als „nationales Unglück“ bezeichnete,[376] anders als in seinen früheren Arbeiten die weitreichende Rezeption des römischen Rechts als etwas von den damaligen Rechtslehrern Aufgezwungenes an, wodurch die selbstständige Fortentwicklung des deutschen Rechts unterbrochen und unmöglich wurde.[377] Bereits 1845 schrieb er in einem Brief an Bachofen über Beseler mit diesem sympathisierend:

> „[...] im Grunde geht seine Opposition weit mehr gegen das römische Recht, als gegen das wissenschaftliche Recht überhaupt; und eigentlich auch nur gegen die praktische Geltung des römischen Rechts, während die wissenschaftlichen Bestrebungen auf diesem Gebiete von ihm ebenfalls vollkommen anerkannt werden.“[378]

Auch Planck zweifelte an der Rezeption des römischen Rechts als organischem Vorgang im Sinne der Volksgeistlehre. Sein Aufsatz lässt in dieser Beziehung zwar leichte antiromanistische Züge erkennen, indem er in Bezug auf die Rezeption vom Eindringen des fremden Rechts, vom Zerreißen der Fäden des Zusammenhangs und dem Hineinzwängen eines verschiedenartigen Inhalts spricht, doch so weit wie Beselers Ansicht reichte Plancks Auffassung nicht, er sah in der Rezeption einen Bruch in der freien Rechtsentwicklung, jedoch keine „Entartung“[379] des Rechts.

---

375 Planck, ZdR 10 (1846), 205 (324).

376 Beseler, Volksrecht und Juristenrecht, S. 55.

377 Planck, ZdR 10 (1846), 205 (301).

378 UB Basel, NL 3: 272, 226, Planck an Bachofen, 14.06.1845.

379 So Beseler, Volksrecht und Juristenrecht, S. 354.

dd) Beweggründe und Ergebnis

Weshalb Planck sich letztlich von der Romanistik abkehrte und zu den Germanisten übertrat, mag verschiedene Gründe gehabt haben.

Zum einen war es für Planck als Praktiker und Prozessrechtler naheliegender, sich den Germanisten anzuschließen, denn die methodische Germanistik zeichnete sich unter anderem auch durch ihre Praxisbezogenheit aus. Dieser Aspekt, die Bekenntnis zur Zweckmäßigkeit im Prozess, trat bereits in seinem ersten großen Werk „Die Mehrheit der Rechtsstreitigkeiten" hervor.

Zum anderen gibt teilweise seine am 27. Dezember 1888 gehaltene Festrede „Über die historische Methode auf dem Gebiet des deutschen Civilprozessrechts"[380] Aufschluss für seinen Übertritt ins Lager der Germanisten. Hier greift er die von Friedrich August Nietzsche[381] formulierte Behauptung auf, „dass die Romanisten und Decretisten des Mittelalters, selbst die italienische Schule, nur germanisches Recht lehrten, wo sie abwichen von den römischen Grundsätzen und dass das Verfahren unserer heutigen Geschichte zwar nicht mehr altgermanisch, noch weit weniger aber römisch ist, sondern sich vielmehr aus den altdeutschen Bräuchen und Formen, wenn auch unter dem Einflusse des römischen Rechts, doch der Hauptsache nach selbstständig entwickelt"[382] habe. Planck ist der Ansicht, dass diese Behauptung, die Nietzsche aufgrund seines frühzeitigen Todes nicht mehr selbst vollumfassend darlegen konnte, am besten zu beweisen sei, indem man „von dem, der das deutsche Prozessrecht der Gegenwart in seiner geschichtlichen Entstehung erforschen will," zusammen mit Eichhorn fordert, „dass er an erster Stelle das ursprünglich in Deutschland herrschende dem deutschen Volke eigenthümliche Prozessrecht in vollem Verständniss ergreife und zur Anschauung bringe, und erst an zweiter Stelle frage, welche Aenderungen daran durch das im späteren Mittelalter eindringende fremde Recht bewirkt worden seien."[383]

---

380 Planck hielt die Festrede am 27.12.1888 in einer öffentlichen Sitzung der Königlich Bayerischen Akademie der Wissenschaften zu München, 1889 erfolgte die Veröffentlichung.

381 Friedrich August Nietzsche, zwischen März 1795 und Anfang Februar 1796 (Nebra/Unstrut) geboren, verstorben am 16.02.1833 (Leipzig), biographische Aufzeichnungen beginnen erst nach Beendigung seines Studiums 1816. Er widmete sich zunächst der Amtspraxis, 1830 erfolgte seine Ernennung zum Ehrendoktor der Juristenfakultäten der Universitäten Rostock und Greifswald, 1831 wurde er außerordentlicher Professor an der Universität Leipzig, vgl. Eisenhart, ADB 23 (1886), 691-692.

382 Nietzsche, ALZ 1827, 9 (10).

383 Planck, Festrede, S. 19.

Denn durch eine derartige Vorgehensweise könne sich zeigen, dass einzelne gegenwärtige Prozessinstitute, „sobald man sie des romanischen Gewandes entkleidet, mit welchem sie von den Juristen des Mittelalters umhüllt sind“, dem nationalen germanischen Recht entsprungen seien und nicht dem rezipierten römischen Recht.[384] Es ließe sich beweisen, dass das geltende Prozessrecht „zwar nicht mehr altgermanisch“, aber „noch weit weniger römisch sei“, sondern sich selbstständig aus dem germanischen unter Einfluss des römischen Rechts entwickelt habe.[385] Planck war demgemäß der Ansicht, dass sich nur durch die so ermittelten Erkenntnisse Schlüsse für eine zeitgemäße Rechtsfortbildung ziehen ließen. Diese Feststellungen prägten fortan sein wissenschaftliches Vorgehen und bewirkten seinen Wandel vom Romanisten zum Germanisten.

c) „Die Lehre vom Beweisurtheil“, 1848

In Greifswald entstand auch Plancks zweites großes Werk „Die Lehre vom Beweisurtheil. Mit Vorschlägen für die Gesetzgebung“, das 1848 in Göttingen erschien. Auch in dieser Abhandlung bildete der germanische Prozess die Grundlage der Bearbeitung und es ist damit den germanistischen Werken der Historischen Rechtsschule zuzuordnen.

aa) Hintergrund

Genau wie sein vorhergehender Aufsatz aus dem Jahr 1846 ist auch dieses Werk im Zusammenhang mit den Bestrebungen nach einer einheitlichen Kodifikation des Zivilverfahrens zu sehen. Planck wollte der Frage und der damit verbundenen aktuellen Diskussion um die Zweckmäßigkeit der Übernahme des Beweisurteils in eine Gesamtkodifikation des Zivilverfahrensrechts nachgehen. Dabei kam es ihm insbesondere auf die Fragestellung an, ob der erkennende Richter an den Inhalt des Beweisurteils gebunden sein solle. Die Beantwortung dieser Frage hing maßgeblich davon ab, ob man das Beweisurteil als bloße prozessleitende Verfügung einordnete, wie es Hans Daniel Ludwig Hassenpflug vertrat,[386] oder das Beweisurteil als echtes Urteil auffasste.[387] Die Vertreter der ersten Ansicht lehnten eine Bindungswirkung ab, der Richter konnte danach bei Erlass des Endurteils jederzeit von der Beweisentscheidung abweichen. Sah man hingegen in dem Beweisurteil ein echtes Urteil, so stellte sich die Frage, ob diesem eine

384 Planck, Festrede, S. 19.
385 Planck, Festrede, S. 19.
386 Hassenpflug, S. 87.
387 Vgl. ausführlich Engel, S. 77 ff.

strenge Bindungswirkung beigelegt werden sollte oder ob man trotz der Klassifikation als echtes Urteil im Falle des Beweisurteils Einschränkungen hinsichtlich der Bindungswirkung vorzunehmen habe.

Planck widmete sich dieser Thematik, da er der Ansicht war, die rechtswissenschaftliche Forschung habe sich bislang nur ungenügend hiermit befasst und der geschichtlichen Untersuchung und Darstellung des deutschen Prozessrechts sei zu wenig Aufmerksamkeit gewidmet worden.[388]

bb) Inhalt

Anknüpfend an das germanische Prozessrecht versucht er, die rechtliche Bedeutung der Beweisurteile zu ermitteln und darzustellen, ob dem nicht bindenden Beweisdekret oder dem Beweisurteil in Hinblick auf die Reform des deutschen Prozessrechts der Vorzug zu gewähren sei. Den ersten Abschnitt bildet eine historische Betrachtung des Beweisurteils nach älterem deutschem und nach fremdem Recht (römisches Recht und romanisches Recht des Mittelalters). Es folgt eine Darstellung des Zusammentreffens der Rechte und der daraus hervorgegangenen Rechtsbildungen. Im zweiten Abschnitt erläutert Planck das Beweisurteil im gemeinen Recht und erteilt im letzten Abschnitt Verbesserungsvorschläge für die Gesetzgebung. Planck tritt hierbei für eine Wiedereinführung des altdeutschen Beweisurteils ein und kritisiert am geltenden gemeinrechtlichen Verfahren, dass das Urteil „auf unreife Acten hin gefällt" werde.[389] Ein nicht bindendes Beweisdekret lehnt er entschieden ab, da die Gefahr der Prozessverschleppung und Kostenmehrung drohe.[390] Zudem sei das Beweisdekret nicht mit dem deutschen Prozess vereinbar, da es in Widerspruch zu der Verhandlungsmaxime stehe und auf dem Instruktionsprinzip beruhe.[391] Außerdem harmoniere es nicht mit der Eventualmaxime und dem mündlichen Verfahren.[392] Der Prozess sei seiner Ansicht nach vielmehr in mehrere Abschnitte einzuteilen. Im ersten Abschnitt sollen Einreden und Einwendungen der Parteien gegen den Prozess vorgebracht werden und nach vollständigem Gehör der Parteien soll ein Urteil ergehen, das den Beklagten entweder von der Klage entbinde oder zur Einlassung schuldig erkenne, womit der Prozess in der Sache selbst beginne.[393] Der zweite Abschnitt solle die gesamte Operation des Behauptens

---

388 Planck, Beweisurtheil, S. 2.
389 Planck, Beweisurtheil, S. 429.
390 Planck, Beweisurtheil, S. 395 ff.
391 Planck, Beweisurtheil, S. 407.
392 Planck, Beweisurtheil, S. 409 ff.
393 Planck, Beweisurtheil, S. 431 f.

und des Beweisantretens beider Parteien umfassen und es solle ein anfechtbares Urteil ergehen, welches entweder den Streit definitiv oder unter der Bedingung, dass gewisse Beweise geliefert werden können, entscheide.[394] Dieses Beweisurteil sei seiner Ansicht nach ein echtes Urteil und keine bloße prozessleitende Verfügung, so dass es, wie jedes andere Urteil, mit Rechtsmitteln angegriffen werden könne.[395] Im Anschluss an das ergangene Beweisurteil seien dann im dritten Abschnitt die verlangten Beweise zu erbringen und zu prüfen.[396] Das Ergebnis dieser Prüfung solle wiederum ein anfechtbares Endurteil bilden, welches die Bedingung des vorgängigen Beweisurteils für erfüllt oder verfehlt erkläre.[397] Der Vorteil des Beweisurteils bestehe nach Ansicht Plancks in der Möglichkeit, „die kleinsten und die verwickeltsten Sachen mit derselben Sicherheit, und dennoch ohne unnützen Aufenthalt und Zeitverschwendung auch in mündlichen Verfahren zu behandeln.“[398] Zudem könne durch eine solch strenge Gliederung des Verfahrens „die Ordnung und Klarheit des Stoffs vor Verwirrung und tumultuarischem Verfahren gesichert werden.“[399] Der Angst vor einer Verletzung der materiellen Gerechtigkeit, die mit einem derartig „kräftigen Verfahren“ unweigerlich einhergehe, begegnet Planck mit dem Hinweis, dass nach dem Rechtssinn unserer Vorfahren „lieber die offene Gefahr der Freiheit, als die zweifelhafte Sicherheit der Bevormundung“ gewollt war.[400] Außerdem könnten ungerechte Entscheidungen durch eine entgegenwirkende Auslegung durch den Richter verhindert werden. Des Weiteren akzeptierte er Unmöglichkeit, Unverständlichkeit und einen Verstoß gegen den Anstand als Nichtigkeitsgründe für ein Beweisurteil.[401] Darüber hinaus könne nur durch ein solches gesetzlich geregeltes Verfahren die Rolle des Richters hinreichend Berücksichtigung finden und er definiert die Aufgabe des Richters wie folgt:

> „Er muß dastehn rein als der Wächter und Ausleger des Gesetzes, hoch über dem Gezänk und selbst den ungerechten Vorwürfen der Partheien. Das Gesetz bezeichne den Partheien den Raum und die Regeln des Kampfes im Voraus, ehe sie auf den Platz zu begeben sich entschließen; der Richter aber wache über deren Erfüllung, und entscheide als unpatheiischer Zuschauer.“[402]

---

394 Planck, Beweisurtheil, S. 432.
395 Planck, Beweisurtheil, S. 300 f.
396 Planck, Beweisurtheil, S. 432.
397 Planck, Beweisurtheil, S. 432 f.
398 Planck, Beweisurtheil, S. 434.
399 Planck, Beweisurtheil, S. 434.
400 Planck, Beweisurtheil, S. 435.
401 Planck, Beweisurtheil, S. 304.
402 Planck, Beweisurtheil, S. 435.

Abschließend weist er darauf hin, dass die anstehenden Prozessrechtsreformen „am besten und sichersten da wieder anknüpfen, wo die Entwicklung des deutschen Rechts durch das Eindringen des fremden gewaltsam unterbrochen wurde".[403]

cc) Einordnung und Reaktionen

Rechtsnatur und prozessuale Wirkungen des Beweisurteils wurden in der Juristenwelt lange kontrovers diskutiert.[404] Planck ging davon aus, dass das Beweisurteil ein echtes Urteil darstelle und keine bloße prozessleitende Verfügung.[405] Daraus folgerte er, dass das Urteil mit den normalen Eigenschaften eines solchen ausgestattet sei, also mithilfe von Rechtsmitteln angefochten werden könne und Rechtskraft erlange. Während ein Teil der Literatur die sich daraus ergebenden harten Folgen für die Parteien, die nach Erlass des Beweisurteils keinerlei Möglichkeiten mehr besaßen, auf den Prozessstoff einzuwirken, einzuschränken und abzumildern versuchten,[406] bevorzugte Planck eine strenge Bindungswirkung an das erlassene Beweisurteil, was letztlich nur als konsequent zu bewerten ist. Er erkannte die sich daraus ergebenden Gefahren für die materielle Gerechtigkeit, nahm diese aber bewusst zugunsten von Verfahrensbeschleunigung, Prozessökonomie und der Einheit des Prozessrechts in Kauf, da ansonsten seiner Ansicht nach noch größeres Unrecht drohe:

> „[...] formelles Recht muß sein. An irgend einer Gränze muß die Möglichkeit des Streitens durch positiven Ausspruch ausgeschlossen werden. Aber die Geschichte unseres deutschen Prozesses lehrt uns zu Genüge, daß man diese Gränze ja nicht zu weit hinausschieben soll. Durch die übertriebene Weite der neuern deutschen Prozeßformen ist noch unendlich viel häufiger das Unrecht zum Recht geworden, als dies bei der bei weitem größeren Strenge des altdeutschen Verfahrens, oder des altrömischen der Fall war."[407]

Plancks Werk fand in der Juristenwelt große Anerkennung. Mayer urteilte, die Darstellung Plancks, „in welcher die schärfste und eleganteste Synthese mit der

403 Planck, Beweisurtheil, S. 435.

404 Vgl. Engel, S. 66 ff.

405 So auch Gensler, AcP 1 (1818), 343 (366 ff.); Mittermaier, S. 142 ff.; Guyet, AcP 15 (1832), 401 (420); Brackenhoeft, AcP 28 (1846), 206 (207); Bayer, S. 745 ff.; vgl. hierzu Engel, S. 66 ff.

406 Vgl. ausführlich Engel, S. 80 ff. So wurde beispielsweise die Befugnis des Gerichts bejaht, eine Klage auch nach Erlass eines Beweisurteils als unschlüssig abweisen zu können, was nach Ansicht Plancks nicht möglich war.

407 Planck, Beweisurtheil, S. 314.

exaktesten Analyse wechselt, gewährt geradezu einen künstlerischen Genuss",[408] und Seuffert würdigte die Arbeit mit dem Hinweis, dass die Schilderung „zu dem Besten" gehöre, „was über den Zusammenstoß der beiden Rechte geschrieben worden"[409] sei. Tatsächlich wurden Plancks Darstellungen zum Beweisurteil Bestandteil vieler Lehr- und Handbücher.[410]

dd) Berücksichtigung in der Allgemeinen Proceßordnung für das Königreich Hannover vom 08. November 1850

Während die Allgemeine Gerichtsordnung für die Preußischen Staaten kein Beweisurteil mehr vorsah, fanden Plancks Vorschläge Berücksichtigung im Rahmen der Reformbestrebungen des Zivilprozesses in Hannover. Nachdem die am 04. Dezember 1847 verabschiedete allgemeine bürgerliche Prozessordnung für das Königreich Hannover aufgrund der mit der Revolution einhergehenden liberalen Forderungen noch vor ihrem Inkrafttreten am 01. Mai 1848 suspendiert und eine Neuerarbeitung vorgesehen wurde, wandte sich das hannoversche Justizministerium zunächst mit dem Antrag an Planck, bei der hannoverschen Zivilprozessreform mitzuwirken.[411] Planck lehnte jedoch ab und an seiner Stelle wurde Gerhard Adolf Wilhelm Leonhardt mit der Ausarbeitung beauftragt.[412]

Doch trotz fehlender aktiver Beteiligung an den Reformarbeiten wurde der von Planck in seinem Werk gemachte Vorschlag befolgt und das Beweisurteil in die allgemeine bürgerliche Prozessordnung für das Königreich Hannover vom 08. November 1850 in den §§ 215-219 übernommen.[413] Danach teilte sich das Zivilverfahren in zwei Abschnitte. Der erste Abschnitt diente der Zusammenstellung des gesamten Prozessstoffes. Bestanden mit dem Schluss der mündlichen Verhandlung und damit mit Ende des ersten Abschnitts rechtliche Zweifel an der Gewissheit erheblicher Tatsachen, so hatte der Richter gemäß § 215 BPO ein Beweisinterlokut[414] zu erlassen, das Beweissatz und Beweislast detailliert regelte. Dieses Beweisinterlokut war gemäß § 218 BPO für den Richter und die

---

408 Mayer, ZRG GA 22 (1901), XVII (XIX).

409 Seuffert, ZZP 28 (1901), V (IX).

410 Siehe z.B. Osterloh, § 203, S. 86, § 204, S. 92; Wetzell, § 71, Fn. 41; Renaud, § 209, S. 630 ff.

411 Vgl. Ahrens, S. 430 ff., 438.

412 Ahrens, S. 438.

413 Zum Einfluss Plancks: Leonhardt, S. 64 f; Stintzing-Landsberg, Abt. 3 Halbband 2, Text, S. 566; Nörr, Ius Commune 10 (1983), 141 (187).

414 Die Bezeichnung ist uneinheitlich, in der Prozessordnung für das Königreich Hannover wurde das Beweisurteil als Beweisinterlokut bezeichnet.

Parteien bindend. Im Gegensatz zu Plancks Lehre vom Beweisurteil konnte das Beweisinterlokut jedoch nicht selbstständig angegriffen werden, es war lediglich eine vorbehaltene Berufung gemäß §§ 218 II, 394 BPO zusammen mit der Berufung gegen das Endurteil zulässig. Die Endentscheidung hing gemäß § 219 BPO nur von dem Ausgang des zweiten Abschnitts, des Beweisverfahrens, geregelt in den §§ 223 ff. BPO, ab. Trotz anfänglicher Kritik fand die BPO nach kurzer Zeit breite Zustimmung in der Juristenwelt.[415]

ee) Weitere Entwicklung und Ergebnis

Zusammen mit der weiteren Entwicklung hin zu einer einheitlichen Kodifikation des Zivilprozesses, die mit Inkrafttreten der CPO für das Deutsche Reich am 01. Oktober 1879 ihren Abschluss fand, ging eine umfassende Diskussion unter den führenden Juristen über die Frage der Übernahme des Beweisinterlokuts einher, an welcher auch Planck aktiv beteiligt war, der sich für eine Übernahme des Beweisinterlokuts aussprach.[416] Mit der Kodifizierung des freien Beweisbeschlusses wurde das Beweisinterlokut jedoch letztendlich abgelöst. Nur in Form des in § 425 CPO 1877 vorgesehenen Sonderfalls, dass in einem Beweisverfahren ein Parteieid abgelegt werden sollte, fand das Beweisinterlokut Eingang in die CPO.[417] Danach war auf die Leistung eines Eides durch bedingtes Endurteil zu erkennen, in welchem gemäß § 427 CPO 1877 die Eidesnorm und die Folge der Leistung bzw. Nichtleistung des Eides festzustellen waren. Erst mit der ZPO-Novelle durch das Gesetz zur Änderung des Verfahrens in bürgerlichen Rechtsstreitigkeiten vom 27. Oktober 1933 fand das Beweisinterlokut durch die Einführung der Parteivernehmung sein definitives Ende.

d) Ergebnis

In der Greifswalder Zeit betätigte sich Planck trotz seiner ausgedehnten Lehr- und Richtertätigkeit schriftstellerisch, was wahrscheinlich durch die guten Greifswalder Verhältnisse begünstigt worden ist. Des Weiteren mag auch der frühe Tod seiner Ehefrau Mathilde ihn veranlasst haben, sich verstärkt seiner Arbeit zu widmen, um hierin Ablenkung von dem schweren Verlust zu suchen. Die in Greifswald entstandenen Werke markierten die Wendung Plancks vom

415 Engel, S. 111 f.

416 Planck, in: Verhandlungen des 2. DJT, Erster Band, S. 66 ff.

417 Ausführlich siehe hierzu Engel, S. 132. Für das Gericht entfaltet dieses bedingte Urteil gem. § 289 CPO 1877 Bindungswirkung und gem. §§ 472, 507 CPO 1877 war es selbstständig anfechtbar.

Romanisten zum Germanisten und Plancks Lehre vom Beweisurteil fand Berücksichtigung bei der Ausarbeitung der Zivilprozessordnung für das Königreich Hannover.

6.) Zusammenfassung

In seiner verhältnismäßig kurzen Wirkungsperiode in Greifswald widmete sich Planck zum einen der universitären Laufbahn und zum anderen der praktischen Tätigkeit als Richter. Unbeschadet dieser funktionellen Doppeltätigkeit war es ihm ferner möglich, sich schriftstellerisch zu betätigen. Seine wissenschaftlichen Ausarbeitungen, in denen er erstmals als Vertreter der Germanistik der Historischen Rechtsschule auftrat, bescherten ihm Ansehen in der Juristenwelt, was zur Folge hatte, dass eine Reihe bedeutender Anfragen an ihn herangetragen wurde. Zu nennen sind hier die Bitte um die Mitwirkung bei der Erarbeitung der Zivilprozessordnung für das Königreich Hannover und der Ruf an das berühmte Oberappellationsgericht in Lübeck. Beides wurde jedoch von Planck abgelehnt. Auch die ehrenvolle Aufgabe, das erste in Greifswald stattfindende Schwurgericht 1849 zu eröffnen und zu leiten, zeugt von der Anerkennung seiner Leistungen und wird ihn, als Streiter für ein modernes Strafverfahren, mit besonderem Stolz erfüllt haben. In Greifswald stand er in Kontakt mit anderen führenden Gelehrten, insbesondere traf er hier auf Beseler, der richtungweisend an Plancks weiterer wissenschaftlicher Orientierung mitwirkte. Politisch engagierte er sich im Rahmen des Constitutionellen Klubs und vertrat, wie der Großteil der Anhänger des germanistischen Zweiges der Historischen Rechtsschule, einen gemäßigt-liberalen Standpunkt.[418] Er erstrebte ein geeintes Deutschland, das seiner Ansicht nach am besten im Rahmen einer konstitutionellen Monarchie zu erreichen sei. Der Aufenthalt in Greifswald und die Tätigkeit an der in hoher Blüte stehenden Universität wirkte sich positiv auf Plancks weitere Karriere aus. Wie auch viele andere Professoren nutzte er die guten Greifswalder Verhältnisse, die es mit sich brachten, dass viele der Greifswalder Juristen an andere angesehene Universitäten berufen wurden,[419] und verließ die Universität nach nur fünfjährigem Aufenthalt.

---

418 Zur politischen Haltung der Vertreter der verschiedenen Zweige der Historischen Rechtsschule s. Kern, Die Historische Rechtsschule und die Germanisten, ZRG GA 101 (1984), 4-29.

419 Greifswald galt als Einstiegsuniversität und war unter anderem Zubringer für die anderen preußischen Universitäten, vgl. Baumgarten, S. 194 f. und Knothe, in: FS zur 550-Jahrfeier der Universität Greifswald, S. 208.

III. Kiel 1850 - 1867: Zwischen Politik und Universität

Am 05. Juli 1850 wurde Planck zum ordentlichen Professor der Universität Kiel ernannt und zog im Herbst 1850 mit seiner Frau und seinen beiden Kindern nach Kiel.[420] Emma Planck berichtete am 09. März 1851 in einem Brief, dass sich die Familie in ihrer neuen nordischen Heimat recht schnell eingelebt habe und freundlich aufgenommen worden sei.[421]

Wo die Familie zunächst unterkam, ist nicht bekannt. Ab 1853 bewohnten die Plancks eine Wohnung im Jahnshof,[422] der sich in der Kieler Altstadt nahe dem Kleinen Kiel in der Küterstraße 17 befand.[423] Das Anwesen wurde 1806 von dem Juristen und Stadtsyndikus Jakob Jahn (1770-1844) erworben.[424] Es soll ein sehr schöner Besitz gewesen sein, der in der zeitgenössischen Literatur folgendermaßen beschrieben wird:

> „Ein hoch aufgetrepptes Haus, durch sein spitzes vierseitiges Dach mit dem einen Schornstein weithin kenntlich, enthielt in seinem Hauptstock ungewöhnlich hohe Zimmer, mit hübschen Stuckdecken und mit niederländischen Mythologischen Bildern über den Thüren geschmückt."[425]

Zwischen der Faulstraße und dem Kleinen Kiel befand sich der zum Anwesen zugehörige großzügige Garten mit alten Bäumen, Rasenplätzen, Gebüschen und Lauben, welcher der Familie zum Aufenthalt diente und den Kindern des Hauses ein beliebter Spielplatz war.[426] Der Hof wurde zum Teil vermietet, so dass neben der Familie Planck z.B. auch die Familie von Professor Heinrich Moritz Chalybaeus[427] dort ihren Wohnsitz hatte.[428] 1861 wurde das Jahnsche Grundstück

---

420 UAM, E-II-501 (Personalakt J. J. W. Planck), Blatt 2; Seuffert, ZZP 28 (1901), V (X).

421 UB Basel, NL 102 B: 4615, Brief Emma Planck an Frau Miescher, 09.03.1851.

422 Michaelis, S. 95.

423 Stoltenberg, Gesellschaft für Kieler Stadtgeschichte: Mitteilungen der Gesellschaft für Kieler Stadtgeschichte 43 (1939), 65 (65).

424 Michaelis, S. 3.

425 Michaelis, S. 3.

426 Michaelis, S. 4; „Welch ein schöner Besitz", so Stoltenberg, der als Lehrer in der später in dem Haus untergebrachten Höheren Mädchenschule unterrichtete, s. Stoltenberg, Gesellschaft für Kieler Stadtgeschichte: Mitteilungen der Gesellschaft für Kieler Stadtgeschichte 43 (1939), 65 (65).

427 Heinrich Moritz Chalybaeus, 03.07.1796 (Pfaffroda) - 22.09.1862 (Dresden), wurde nach seinem Studium in Leipzig 1825 Professor an der Fürstenschule in Meißen, 1839 erfolgte seine Ernennung zum ordentlichen Professor der Philosophie in Kiel, 1852 wurde er mit sieben weiteren Professoren entlassen, 1854 erneut berufen, vgl. Volbehr/Weyl, S. 139.

428 Michaelis, S. 49, 73.

an die Stadt verkauft und die Plancks mussten den Jahnshof verlassen.[429] Heute befindet sich auf dem ehemaligen Grundstück des Jahnshofes das Gebäude der HSH-Nordbank AG. Nach dem Verkauf des Jahnhofes blieb die Familie Planck weiterhin in der Kieler Altstadt wohnen und zog zunächst in die Kehdenstraße 73 a und 1864 in die Hassstraße 123.[430]

1.) Politische Situation

Plancks Aufenthalt in Kiel war eine Zeit großer politischer Unruhe, die durch die Schleswig-Holsteinische Erhebung (1848-1851) und den Deutsch-Dänischen Krieg (01. Februar - 30. Oktober 1864) geprägt wurde und sein Verhalten maßgeblich mitbestimmt hat. Als Planck 1850 nach Kiel kam, tobte in den Herzogtümern Schleswig und Holstein, die seit 1773 dem dänischen Gesamtstaat angehörten und vom dänischen König als Herzog von Schleswig und Holstein regiert wurden, die Schleswig-Holsteinische Erhebung gegen Dänemark.[431] Der sich in der ersten Hälfte des 19. Jahrhunderts herausbildende Nationalstaatsgedanke und die damit verbundenen liberalen Ideen hatten auch die in Schleswig und Holstein lebenden Deutschen und Dänen erfasst.[432] Der Gegensatz zwischen den dänischen Nationalliberalen (sog. Eiderdänen), die einen dänischen Nationalstaat mit einer einheitlichen, liberalen Verfassung forderten und dessen südliche Grenze die Eider bilden sollte, und den deutsch gesinnten Schleswig-Holsteinern, die wünschten, dass ganz Schleswig-Holstein („up ewig ungedeelt")[433] einem künftigen deutschen Nationalstaat mit der Königsau als Nordgrenze angeschlossen werde, hatte sich seit den 1840er Jahren fortlaufend verschärft.[434]

Die Spannungen nahmen weiter zu, als aufgrund der Kinderlosigkeit des Kronprinzen Friedrich VII. ein Streit über die Frage entbrannte, ob der nächste männliche Verwandte aus einer erbberechtigten weiblichen Nebenlinie, wie es

429 Michaelis, S. 118.

430 Vgl. Verzeichniss der Behörden, Commissionen, Beamten, Institute, Lehrer und Studirenden der Universität Kiel, Sommersemester 1861, S. 9 und Sommersemester 1864, S. 9.

431 Vgl. zur Schleswig-Holsteinischen Erhebung Rackwitz, S. 10 ff.; das Herzogtum Holstein war zudem Teil des Deutschen Bundes.

432 Bohn, S. 89 f.; Rackwitz, S. 11 f.

433 Das aus dem Vertrag von Ripen von 1460 stammende Zitat „dat se bliven ewich tosamende ungedelt" wurde in „up ewig ungedeelt" umgedeutet und zum Leitspruch der Erhebung verwandt, vgl. Rackwitz, S. 11.

434 Bohn, S. 89 f.; Rackwitz, S. 11 f.

die in Dänemark geltende Lex Regia von 1665 für Dänemark vorsah, auch in den Herzogtümern die Nachfolge antreten dürfe.[435] Im Herzogtum Holstein galt die Lex Regia nicht, das heimische Recht sah vielmehr die Thronerbfolge im Mannesstamm vor, was eine Trennung von Dänemark bedeutet hätte und Herzog Friedrich Christian August von Augustenburg veranlasste, seine Ansprüche auf die Nachfolge anzumelden.[436] Dabei beschränkte er seine Erbansprüche jedoch nicht nur auf das Herzogtum Holstein, sondern bezog sie aufgrund der Zusammengehörigkeit von Schleswig und Holstein auch auf das Herzogtum Schleswig.[437]

In einem offenen Brief vom 08. Juli 1846 schloss jedoch Christian VIII. die Erbansprüche des Augustenburgers in Bezug auf Schleswig aus.[438] Der Brief und die darin vertretene Auffassung von Christian VIII. lösten boshafte Proteste im deutschen Bevölkerungsteil aus, woraufhin die dänische Regierung mit verschärften Polizei- und Militäreinsätzen für Ordnung in den Herzogtümern sorgen musste.[439] Mit dem Tod des dänischen Königs Christian VIII. am 20. Januar 1848 spitzte sich die Situation weiter zu und mündete letztlich in einer militärischen Auseinandersetzung, die drei Jahre andauerte, bis die Schleswig-Holsteiner schließlich kapitulierten.[440] Planck schrieb zu dieser Zeit in einem Brief an seinen Freund Miescher-His:

> „Wir tragen die böse Zeit, wie sie in ganz Deutschland getragen werden muß, u. trösten uns, daß es so nicht bleiben kann. Denn alle Gewaltherrschaft der Dänen wird die Thatsache nicht verwischen, daß die ganze jetzt heranwachsende Generation der Herzogthümer gegen Dänemark die Waffen getragen hat."[441]

Am 08. Mai 1852 wurde mit dem Londoner Protokoll der dänische Gesamtstaat wiederhergestellt, die Erbfolgefrage geregelt und Dänemark verpflichtet, keine Schritte zu unternehmen, die zu einer stärkeren Bindung Schleswigs an Dänemark führen.[442] Doch auch in der Folgezeit versuchte die dänische Regierung durch gezielte Gesetzes- und Verwaltungsmaßnahmen weiterhin, Schleswig in

---

435 Bohn, S. 91; Vosgerau/Lubowitz, S. 235.
436 Bohn, S. 91; Vosgerau/Lubowitz, S. 235.
437 Vosgerau/Lubowitz, S. 235.
438 Vosgerau/Lubowitz, S. 236 f.; Rackwitz, S. 13.
439 Bohn, S. 91; Vosgerau/Lubowitz, S. 237.
440 Bohn, S. 92.
441 UB Basel, NL 102 B: 4623, Brief Planck an Miescher, 09.03.1851.
442 Pflanze, S. 241; Bohn, S. 92.

den dänischen Gesamtstaat zu integrieren.[443] Planck berichtete hierüber in einem Brief an August Ludwig Reyscher[444] vom 27. November 1858:

> „Gern möchte ich Ihnen über unsere Zustände Eingehenderes u. Erfreuliches schreiben können. Allein die Lage ist in der That keine sonderlich trostreiche. Der neuste Schritt des Kopenhagener Kabinetts ist vielmehr von der Beschaffenheit, daß er eben so recht zur schlimmsten Entwicklung unserer Angelegenheit führen kann, als zu einer gedeihlichen. So lange man überhaupt sich scheut, in Frankfurt den Namen Schleswig auch nur auszusprechen, ist uns gar nicht geholfen, denn jede noch so begünstigte Stellung, die man Holstein getrennt von Schleswig, sei es nun im oder außerhalb des Gesammtstaats anweisen mag, wird nothwendig zu einer vollständigen Verkümmerung seiner ganzen geistigen u. materiellen Entwicklung führen. [...]
>
> Und es scheint mir dann doch die Hauptaufgabe immer die zu sein, der Zukunft nichts zu vergeben u. einstweilen über sich ergehen zu lassen, was nicht zu ändern ist."[445]

Wie richtig Planck die Situation einschätzte, zeigte sich, als im November 1863 eine dänischschleswigsche Verfassung verabschiedet wurde, was eine staatsrechtliche Änderung der Stellung Schleswigs bedeutete. Damit lag ein klarer Verstoß gegen die Vereinbarungen von 1852 vor, so dass die Schleswig-Holstein-Frage wieder in den Vordergrund politischer Diskussion trat.[446] Die Lösung des Konflikts wurde von Teilen der Bevölkerung als zukunftsweisend für den deutschen Nationalismus empfunden, denn wenn Deutschland nicht einmal im Stande sei, auf die Herausforderung Dänemarks entsprechend zu reagieren, werde das Land wohl auch niemals zur Gründung eines Nationalstaats in der Lage sein.[447] Auch

---

443 Bohn, S. 93.

444 August Ludwig Reyscher, 10.07.1802 (Unterriexingen an der Enz) - 01.04.1880 (Cannstatt), nach seiner Ausbildung zum Schreiberamt absolvierte er sein Studium der Rechtswissenschaften in Tübingen und er wurde 1829 Privatdozent an der dortigen Universität. 1831 erfolgte seine Ernennung zum außerordentlichen und 1837 zum ordentlichen Professor ebenda, ein Ruf an die Universität Kiel wurde 1851 von ihm abgelehnt. Zusammen mit Wilhelm Eduard Wilda, später mit Georg Beseler und Otto Stobbe gab er die „Zeitschrift für deutsches Recht und deutsche Rechtswissenschaft" heraus und zählte zu der jüngeren Generation der Germanisten. Er war auch politisch sehr aktiv, u.a. als führendes Mitglied im Nationalverein und im Jahr 1871/72 als Mitglied des Reichstags, vgl. Rückert, NDB 21 (2003), 482-483 und ausführlich ders., August Ludwig Reyschers Leben und Rechtstheorie, 1802-1880, Berlin 1974.

445 Stuttgart, WBL, Cod.hist.fol.767 Fasz. VIII, Brief Planck an Reyscher, 27.11.1858.

446 Bohn, S. 93; Vosgerau/Lubowitz, S. 251 ff.

447 Pflanze, S. 242 f.

Plancks Cousin Gottlieb Planck interpretierte die Lage dahingehend und schrieb in einem Brief vom 28. November 1863:

> „Es hängt davon nicht nur die Rettung der Herzogtümer für Deutschland und dessen ganzer Stellung nach außen, sondern auch der Gang unserer kurzen Entwicklung für lange Jahre ab. Mißlingt die Bewegung für Schleswig-Holstein, ernten wir wieder nur Schimpf und Schande, so muß, wenn nicht sofort dann eine Revolution ausbricht, eine entsetzliche Versumpfung des ganzen politischen Lebens und die Herrschaft einer krassen Reaktion die Folge sein."[448]

Im weiteren Verlauf forderten Österreich und Preußen mit Bismarck als Ministerpräsident Dänemark auf, die dänische Verfassung für Schleswig zurückzunehmen.[449] Mit Zurückweisung des gestellten Ultimatums durch Dänemark eröffneten am 01. Februar 1864 österreichische und preußische Truppen den Krieg, der im Oktober mit einer Niederlage Dänemarks endete.[450] Folge war, dass Dänemark die Herzogtümer Schleswig, Holstein und Lauenburg an Österreich und Preußen abtreten musste.[451] Zunächst wurden die Herzogtümer gemeinsam, später abgetrennt von den Siegermächten verwaltet.[452] Max Planck berichtete in einem 1931 geführten Interview, dass im Hause Planck zu der Zeit regelmäßig preußische und österreichische Einquartierungen von sechs oder acht Personen stattfanden und dass die Familie die „Weißröcke" vorzog, da man befürchtete, Preußen werde die Herzogtümer annektieren.[453]

Nach Ende des Deutschen Krieges fielen diese tatsächlich ganz an Preußen. Die Hoffnungen der meisten Schleswig-Holsteiner auf einen von Dänemark losgelösten eigenständigen Staat innerhalb des Deutschen Bundes unter der Führung des Erbprinzen Friedrich von Augustenburg wurden damit von Preußen enttäuscht und der von Bismarck schon frühzeitig gehegte Annexionsgedanke wurde Wirklichkeit.[454]

---

448 Brief Gottlieb Planck an Rudolf von Bennigsen, zitiert nach Oncken, S. 621. Das Zitat ist auch bei Pflanze, S. 243, zu finden, dort wird jedoch fälschlicherweise angegeben, der Autor des Briefes sei Rechtslehrer in Kiel gewesen. Gottlieb Planck war jedoch nicht in Kiel tätig, es liegt wahrscheinlich eine Verwechslung vor.

449 Bohn, S. 93 f.; Vosgerau/Lubowitz, S. 252 ff.

450 Bohn, S. 93 f.; Vosgerau/Lubowitz, S. 252 ff.

451 Bohn, S. 94; Vosgerau/Lubowitz, S. 255.

452 Bohn, S. 94; Vosgerau/Lubowitz, S. 255.

453 Lorsy, Interview mit Max Planck, Münchener Illustrierte Presse 1931, Nr. 20, S. 644.

454 Zu Bismarcks Plänen s. Pflanze, S. 245 ff.

2.) Wirken an der Universität

a) Allgemeine Lage der Christian-Albrechts-Universität

Bis zum Jahr 1864 stellte die Christian-Albrechts-Universität eine Hochschule des dänischen Gesamtstaates dar, deren rechtliche Bedingungen von Kopenhagen aus festgelegt wurden.[455] Innerhalb Kiels nahm die Christiana Albertina als Landesuniversität eine besondere Stellung ein und bildete den geistigen Mittelpunkt der Herzogtümer Schleswig und Holstein.[456] Festgelegt durch die Biennium-Regelung von 1767 mussten alle zukünftigen Anwärter auf höhere geistliche oder weltliche Beamtenstellen in den Herzogtümern zwei Jahre an der Kieler Universität studiert haben, um eine Anstellung zu erhalten, so dass in Kiel die akademische Jugend der Herzogtümer zusammen kam.[457] Zwischen 1815 und 1848 lehrten in Kiel herausragende Professoren[458], die sich auch politisch aktiv engagierten und an der Debatte um die Herzogtümer beteiligten.[459] Ein Teil der berufenen Professoren verblieb jedoch nicht lange in Kiel, sondern nutzte die Universität als Durchgangsstation zu anderen großen deutschen Universitäten.[460]

Während der Schleswig-Holsteinischen Erhebung verfolgte die Mehrheit der Kieler Studenten demokratische Reformen und setzte sich für einen deutschen Nationalstaat ein.[461] Auch der Großteil der Kieler Professoren nahm eine prodeutsche Haltung ein. Zudem wirkten sie und durch ihre ausgeprägte publizistische Aktivität bei der politischen Meinungsbildung in den Herzogtümern mit und spielten hierdurch eine führende Rolle während der Erhebung.[462] Der offene Brief von König Christian VIII. wurde von ihnen heftig kritisiert und neun Professoren entschlossen sich, ihre rechtlichen Zweifel in einer Schrift (Professoren-Denkschrift) über das Staats- und Erbrecht des Herzogtums Schleswig darzulegen und zu veröffentlichen.[463] Der König missbilligte dieses

455 Lange, in: Geschichte der Stadt Kiel, S. 266.

456 Lange, in: Geschichte der Stadt Kiel, S. 266.

457 Rackwitz, S. 21.

458 Zu nennen sind hier z.B. Anselm von Feuerbach, Friedrich Christoph Dahlmann, Niels Nikolaus Falck, Johann Gustav Droysen und Georg Waitz.

459 Rackwitz, S. 21.

460 Rackwitz, S. 21.

461 Rackwitz, S. 26. Während des Schleswig-Holsteinischen Krieges waren viele Studenten als Soldaten tätig, so dass die Vorlesungen größtenteils ausfielen, vgl. Döhring, S. 124.

462 Jordan, S. 40; Rackwitz, S. 26 f.

463 Jordan, S. 41; Döhring, S. 121. Die neun Professoren waren Niels Nikolaus Falck, Markus Tönsen, Emil Herrmann, Johannes Christiansen, Karl Otto von Madai, Gustav Droysen, Georg Waitz, Johann Christian Ravit und Lorenz von Stein.

Verhalten und beabsichtigte, die beteiligten Professoren abzusetzen, beließ es jedoch letztlich bei einem Verweis.[464] Außerdem wurde es ihnen verboten zu lehren, was gegen den offenen Brief verstoße.[465]

Der bittere Ausgang der Schleswig-Holsteinischen Erhebung war für die Universität mit herben Verlusten verbunden, zehn Professoren wurden von der dänischen Regierung bei der großen Überprüfung des Lehrpersonals 1852 abberufen oder mussten ihre Ämter aufgeben, zudem wurde die Lehrfreiheit eingeschränkt.[466] Den zu dieser Zeit an der Kieler Alma Mater vorherrschenden bedrückenden Zustand nach der Entlassung der Professoren beschrieb Planck in einem Brief an Karl von Hegel[467] vom 13. Juni 1852 wie folgt:

> „Sie wissen, lieber Hegel, welche Calamität durch den dänischen Gewaltstreich über unsere Universität herein gebrochen ist. Für Manchen von uns lag der Gedanke nahe, durch freiwillige Entfernung dem Meisten zu entgehen: Aber bei näherer Erwägung mußte sich bald die Ansicht feststellen, daß es vielmehr jetzt mehr als je Pflicht sei, festzuhalten, um, soviel der Einzelne vermag, die klar ausgesprochene Absicht, die Universität, dem Herd des deutschen Bewußtseins in den Herzogthümern, zu sprengen, zu vereiteln. Und wenn wir allerdings die Entziehung so bedeutender Kräfte tief beklagen, so dürfen wir doch annehmen, daß der Rest, wenn er zusammenhält, stark genug ist, um den Stamm einer lebensfrischen Universität abzugeben.
>
> Freilich damit dieser Stamm Blüthen treibe, ist uns die Unterstützung unserer Collegen an den übrigen deutschen Universitäten nöthig. [...] Der Schlag, der uns getroffen hat, kommt von außen, von Feindes Hand; die Verhältnisse im Inneren sind so gesund u. lebensfrisch, wie zuvor. [...] Allein meine feste Ueberzeugung ist, daß trotz dieses Schlages die Universität in Lehrern u. Studierenden ihre alte Rührigkeit u. Strebsamkeit u. Frische bewahre, wenn nicht erzogen wird, sofern nicht durch fernere Maßregeln das Bleiben auf derselben unmöglich gemacht wird. Ueber diese nicht wahrscheinliche Eventualität muß die nächste Zukunft Aufschluß geben.“[468]

---

464 Döhring, S. 123.

465 Döhring, S. 123.

466 Jordan, S. 41; Döhring, S. 125. Bei der zehn Professoren handelte es sich um Justus Olshausen, Anton Friedrich Ludwig Pelt, Johann Christian Ravit, Lorenz von Stein, Andreas Ludwig Adolf Meyn, Gregor Wilhelm Nitzsch, Heinrich Ferdinand Scherk, Heinrich Moritz Chalybaeus, Karl Friedrich Samwer und Rochus von Liliencron, wobei die beiden Letztgenannten wohl selbst zurücktraten, vgl. Ratjen, S. 47.

467 Karl von Hegel, 07.06.1813 (Nürnberg) - 05.12.1901 (Erlangen), deutscher Historiker, Sohn des Philosophen Georg Wilhelm Friedrich Hegel, wurde 1852 für die Besetzung der historischen Professur an der Kieler Universität in Betracht gezogen. Der entsprechende Besetzungsvorschlag der Fakultät wurde jedoch stillschweigend von Kopenhagen abgelehnt, indem neue Vorschläge von der Fakultät verlangt wurden, vgl. SHLB Kiel, Briefe Planck an Hegel vom 13.06.1852 und 05.03.1853.

468 SHLB Kiel, Brief Planck an Karl von Hegel, 13.06.1852.

Die weiterhin von dänischer Seite verfolgte Politik der Integration und das gemeinsame Ziel der Wiederbelebung der Universität führten zu dieser Zeit zu starkem Zusammenhalt und großer Einigkeit zwischen den Kieler Professoren. Man versuchte, gemeinsam die Universität zu stärken, die dänischen Maßnahmen zu ertragen, durchzuhalten und positiv in die Zukunft zu blicken. Planck berichtete über die Lage im März 1853 in einem weiteren Brief an Hegel:

> „Im Übrigen aber scheint sich doch für unsere Universität ein neuer Hoffnungsschimmer aufzuthun, indem einige u. zwar lobenswerthe Berufungen ausgegangen sind [...].
>
> Was nun das Land betrifft, so sind ja allerdings viele neue Unbilden zu ertragen, wo immer man gern den Blick abwendet. Aber die zerbrochenen Töpfe giebt es doch auch anderwärts, auch in Preußen u. bei Ihnen. Dagegen ist nun hier auch das Gute, daß in allen Dingen, die nicht unmittelbar die politische Streitfrage berühren, die größte Freiheit gelassen wird, u. daß bei jenen die größte Einigkeit der Meinung u. des Wollens u. Empfindens hervorsieht. Und so ist dem augenblicklich herrschenden System in der That wenig Hoffnung gegeben, auf die Länge hin das deutsche Wesen zu unterdrücken. Darum halten wir so gut es geht den Kopf oben u. trösten uns mit jenem preußischem Landwehrmann bei Ligny: Dat is noch nich ute!“[469]

In diesem Brief brachte Planck deutlich seine Hoffnung zum Ausdruck, dass die derzeitige prekäre Situation nicht mehr lange währen und die dänische Vorherrschaft bald ihr Ende finden werde. Er verglich die Lage mit der Schlacht von Ligny. In dieser Schlacht, die am 16. Juni 1815 und damit zwei Tage vor der Schlacht von Waterloo stattfand, lieferten sich die französischen Truppen unter Napoleon erbitterte Kämpfe mit der preußischen Armee. Die Schlacht war die letzte, in der Napoleon als Sieger hervorging, bevor er bei Waterloo geschlagen wurde. Während der Schlacht von Ligny soll ein preußischer tapferer Landwehrmann drohend die Faust erhoben und den französischen Truppen entgegen gerufen haben: „Ut is dat noch nich!“ (Aus ist das noch nicht).[470] Durch Verwendung dieses Zitates stellte Planck sich mit dem tapferen Landwehrmann auf eine Ebene. Die „Schlacht“ gegen die dänische Vorherrschaft war seiner Ansicht noch nicht beendet, das letzte Wort noch nicht gesprochen. Diese Hoffnung auf eine baldige Beendigung der dänischen Politik spendete Planck und seinen Mitstreitern Trost und motivierte sie, nicht aufzugeben und weiter für die Rechte von Land und Universität einzustehen.

In der Folgezeit gestaltete sich die Lage der Universität äußerst ungünstig, die Nachwirkungen der Ereignisse der vorangegangenen Jahre waren deutlich zu spüren, die Lehrämter wiesen zahlreiche Lücken auf und die Institute litten an

469 SHLB Kiel, Brief Planck an Karl von Hegel, 05.03.1853.

470 Müller-Bohn/Kittel, S. 891.

erheblichen Mängeln.[471] Die nachgehende Phase diente der Wiederherstellung der Universität, wobei vorrangig die Wiederbesetzung der Lehrstühle erstrebt wurde, um ein Absinken des Ansehens der Universität in der Öffentlichkeit zu verhindern.[472] Der Bedarf an Professoren konnte jedoch nur zum Teil gedeckt werden mit der Folge, dass die Anzahl der Studierenden, die in den letzten Jahren bereits stetig abnahm, aufgrund dieser Umstände weiter sank, so dass zeitweise nur noch 120 bis 130 Studenten an der Kieler Universität studierten.[473]

Als 1863 König Friedrich VII. verstarb, sah die Universität, wie auch weite Teile der Bevölkerung, Prinz Friedrich von Augustenburg als rechtmäßigen Herzog an und das akademische Konsistorium stellte unter Planck als Prorektor am 26. Dezember 1863 bei der Hohen Deutschen Bundesversammlung den Antrag, sie möge „Herzog Friedrich VIII. von Schleswig-Holstein anerkennen, sein Recht und des Landes Recht kräftig wahren und schützen".[474] Sehr zum Missfallen Preußens wurde seitens der Professoren kein Hehl aus ihrer augustenburgischen Einstellung gemacht.[475] So wurde unter Plancks Vorsitz der Beschluss gefasst, Behn und Forchhammer am 04. Februar 1864 mit einer Adresse an den König nach Berlin zu deputieren, welche die Bitte um Anerkennung des Herzogs Friedrich enthielt.[476] Nach Ende des Deutsch-Dänisches Krieges und der Umsetzung der Bismarckschen Lösung wurde die Universität von 1864 bis 1866 gemeinsam von Preußen und Österreich verwaltet.[477] Diese Regelung bestand auch nach dem Gasteiner Vertrag von 1865, wonach das Herzogtum Schleswig unter preußische und Holstein unter österreichische Verwaltung gestellt wurde, fort.[478]

Mit Errichtung der preußischen Provinz Schleswig-Holstein durch Patent vom 12. Januar 1867 wurde die Kieler Universität eine preußische Hochschule, die zügig den altpreußischen Universitäten angepasst wurde, womit einhergehend unter anderem die Steuerfreiheit der Professoren und die akademische Gerichtsbarkeit abgeschafft wurden.[479] Auch die Biennium-Regelung wurde aufgehoben und durch die preußische Regelung ersetzt, wonach künftige Staatsbeamte und

471 Lüdemann, Rectoratsbericht, in: Chronik der Universität zu Kiel 1855, S. 7.

472 Lüdemann, Rectoratsbericht, in: Chronik der Universität zu Kiel 1855, S. 7 ff.

473 Jordan, S. 42.

474 Hofmann, in: Allgemeine Entwicklung der Universität, S. 10 f., die Adresse ist zwischen den Seiten 16 und 17 abgedruckt.

475 Hofmann, in: Allgemeine Entwicklung der Universität, S. 13.

476 Boysen, ZSHG 65 (1937), 317 (318 f.).

477 Jordan, S. 43 f.; Hofmann, in: Allgemeine Entwicklung der Universität, S. 21.

478 Jordan, S. 43 f.; Hofmann, in: Allgemeine Entwicklung der Universität, S. 21.

479 Jordan, S. 44; Hofmann, in: Allgemeine Entwicklung der Universität, S. 23 f.

Ärzte drei Semester ihres Studiums an einer preußischen Hochschule studiert haben mussten.[480] Konsequenz dieser Neuregelung war, dass die Studentenzahlen zunächst erheblich sanken, so dass die Christiana Albertina im Jahr 1869 die kleinste preußische Universität war.[481]

b) Die Juristische Fakultät

Planck wurde zusammen mit Wilhelm Eduard Wilda Nachfolger des am 11. Mai 1850 verstorbenen Niels Nikolaus Falck, wobei Wilda jedoch erst am 04. September 1854 für deutsches Privatrecht berufen wurde.[482] Falck war seit 1814 an der Juristischen Fakultät Kiels tätig und hatte diese entscheidend mitgeprägt.[483] Er las deutsches und schleswig-holsteinisches Recht, Strafrecht, Straf- und Zivilprozessrecht, Kirchenrecht, Handelsrecht, Eherecht und Teile des römischen Rechts.[484] Zudem war er politisch sehr aktiv und vertrat seit 1835 nahezu durchgehend die Universität in der Ständeversammlung des Herzogtums Schleswig.[485] Bei den Kieler Studenten besaß Falck aufgrund seiner ausgezeichneten juristischen Fachkenntnisse und seiner Art, diese zu vermitteln, hohes Ansehen und war ein beliebter Professor vieler Generationen.[486] Planck kam durch seine Berufung die bedeutende Aufgabe zu, die große, durch Falcks Tod in der Fakultät entstandene Lücke zu schließen.

aa) Besetzung

Um 1850 war eine weitgehende Neubesetzung der juristischen Fakultät erforderlich, da viele Professoren an andere Universitäten wechselten oder in den Ruhestand traten.[487] Doch trotz der politisch unruhigen Situation konnten zum Teil herausragende Gelehrte berufen werden.[488] Dem Kurator Justus Olshausen, der

---

480 Jordan, S. 44; Hofmann, in: Allgemeine Entwicklung der Universität, S. 23 f.

481 Jordan, S. 44 f.

482 Bechmann, Beilage zur Allgemeinen Zeitung, Jahrgang 1900, Nr. 230, S. 1; Döhring, S. 127. Zu Falck siehe Michelsen, ADB 6 (1877), 539-543.

483 Jordan, S. 37; Döhring, S. 108 f., insbesondere in den dreißiger und vierziger Jahren stärkte er die Fakultät und bewahrte sie vor übereilten Entscheidungen, vgl. hierzu Döhring, S. 109 ff.

484 Döhring, S. 108 ff.; Rackwitz, S. 24.

485 Döhring, S. 108 ff.; Rackwitz, S. 24.

486 Döhring, S. 109.

487 Döhring, S. 126. Emil Herrmann wechselte 1847 nach Göttingen, Paul Paulsen und Karl von Madai verließen Kiel 1848, Markus Tönsen wurde 1850 pensioniert, Niels Nikolaus Falck verstarb 1850, vgl. Volbehr/Weyl, S. 33 f.

488 Michaelis, S. 74; Döhring, S. 126.

seit 1848 alle Berufungen vermittelte, gelang es, für einen weitgehenden Wiederaufbau des Professorenkollegiums zu sorgen, und er initiierte unter anderem auch die Berufung Plancks.[489]

Als dieser 1850 in die Kieler Juristenfakultät eintrat, lehrten neben ihm Markus Tönsen[490] als ordentlicher Professor für Privatrecht und römisches Recht sowie Johannes Christiansen[491] und Rudolf von Jhering, jeweils als ordentliche Professoren für römisches Recht.[492]

Tönsen trat noch im Jahr 1850 in den Ruhestand und Jhering, der erst 1849 an die Christiana Albertina gekommen war, folgte bereits 1851 einem Ruf an die Universität Gießen, womit eine Professur für römisches Recht vorerst unbesetzt war.[493] Zu dem durch diese Abgänge entstandenen Bedarf an Lehrkräften kam erschwerend hinzu, dass bei der großen Überprüfung des Lehrpersonals im Jahr 1852 zu den wegen ihres Verhaltens während der Kriegsjahre entlassenen Professoren auch der außerordentliche Professor für schleswig-holsteinisches Recht Karl Friedrich Lucian Samwer zählte.[494] Die Fakultät wies damit erhebliche Lücken im Kollegium auf, die erst im Jahr 1853 mit den Berufungen von Wilhelm Girtanner, bisher außerordentlicher Professor in Jena, als ordentlicher Professor des römischen Rechts und von Andreas Christian Johannes Schmid, bisher außerordentlicher Professor in Kopenhagen, als ordentlicher Professor des Schleswigschen Partikularrechts und Dänischen Rechts, größtenteils wieder gedeckt werden konnten.[495] Doch auch diese Neuzugänge brachten keine langfristige Stärkung der

---

489 Michaelis, S. 74 f., Olshausen veranlasste auch die Berufung von Jhering.

490 Markus Tönsen, 30.11.1772 (Kius) - 11.07.1861, widmete sich zunächst dem Theologiestudium und war nach dessen Absolvierung als Prediger tätig. Es folgte das Rechtsstudium in Kiel, das er 1801 abschloss. Ab 1816 war er als ordentlicher Professor an der Universität Kiel bis zu seiner Pensionierung 1850 tätig, vgl. Carstens in: ADB 38 (1894), 441 f. und Volbehr/Weyl, S. 32, wo als Geburtsdatum der 20.11.1772 genannt ist.

491 Johannes Christiansen, 31.03.1809 (Schleswig) - 19.03.1854 (auf der Reise von Kiel nach Lübeck) widmete sich in Bonn, Berlin und Kiel dem Rechtsstudium, promovierte 1843 in Kiel und wurde 1844 ebenda zum ordentlichen Professor des römischen Rechts ernannt, vgl. Beseler, ADB 4 (1876), 216-218; Chronik der Universität zu Kiel 1854, S. 3 f.; Wesenberg, NDB 3 (1957), 240.

492 Vgl. Volbehr/Weyl, S. 32 ff. Als außerordentliche Professoren wirkten zu dieser Zeit an der Fakultät Boje Karl Sophus Christiansen, der für Zivil- und Strafrecht zuständig war, und Karl Friedrich Lucian Samwer, der schleswig-holsteinisches Recht las.

493 Vgl. Volbehr/Weyl, S. 32 ff.

494 Döhring, S. 125.

495 Lüdemann, Rectoratsbericht, in: Chronik der Universität zu Kiel 1855, S. 9 f.; zu Girtanner und Schmid vgl. Volbehr/Weyl, S. 35.

Fakultät mit sich, die Lage gestaltete sich vielmehr unter anderem durch Erkrankungen von Christiansen und Girtanner äußerst schwierig. In einem Brief von Chalybaeus vom 17. Februar 1854, in welchem er den Zustand der Juristischen Fakultät beschrieb, kommt die prekäre Situation deutlich zum Ausdruck und es zeigt sich, dass die Fakultät zeitweise nur von Planck zusammengehalten wurde:

> „Am schlechtesten ist die juristische Fakultät (nebst der philosophischen) daran, Christiansen ist hoffnungslos, Girtanner so langweilig und stotternd, daß oft 5 Minuten lautlos vergehen; die Studenten versichern es nicht aushalten zu können, und sind aus dem Colleg ganz weggeblieben; ärgerlich darüber hat Girtanner auch sein Hauptcolleg (die Institutionen) wo er noch 7 hatte, geschlossen und den Zuhörern das Honorar zurückgeschickt. Deshalb haben sie ihm die Fenster eingeworfen etc. etc. etc. Eigentlich besteht die juristische Fakultät nur noch aus Planck, und auch von diesem heißt es einmal über das andere, er werde nächstens fortgehen."[496]

Auch in einem Brief Plancks an Jhering wird die schwierige Lage der Fakultät beschrieben und bestätigt, dass Planck durchaus mit dem Gedanken gespielt hat, Kiel zu verlassen, sich aber letztlich unter anderem zum Wohle der Universität dagegen entschied und seine Aufgabe darin sah, die Fakultät wiederherzustellen und nach seinen Vorstellungen mitzugestalten:

> „Hin und her erwogen habe ich Ihren Vorschlag. Es kommen ja allerdings Zeiten genug, in denen man der hiesigen Wirthschaft von Herzen überdrüssig wird. Zu allem Uebrigen ist jetzt noch die Krankheit Christiansen's hinzugetreten, der weder vorigen Sommer gelesen hat, noch diesen Winter lesen wird […]. Am schlimmsten aber ist die völlige Ungewißheit über seine definitive Wiederherstellung, leider nicht blos der Zeit nach. So sitzen wir denn so ziemlich wieder auf dem Trockenen […].
>
> Und doch will es mir nicht in den Sinn, diesen Ort mit seinem kernigen gesunden Menschenschlag, mit seinem wundervollen Hafen, diesen engen Kreis von Freunden, die sich in den bösen Zeiten um so fester an einander geschlossen haben, zu verlassen. Mag es gleich wenig sein, so kann ich doch auch das Wenige thun zur Aufrechterhaltung der guten Sache dadurch, daß die Universität als eine Pflegeanstalt deutscher Wissenschaft u. deutscher Sitte erhalten wird. Mein Hauptstreben ist natürlich auf Vervollständigung unserer Facultät gerichtet, u. zwar zunächst durch Berufung eines namhaften Germanisten. Mißlingt das freilich, so ist der beste Theil meiner Hoffnung dahin, daß unsere Facultät je zu einem tüchtigen Wirken gelangen wird, u. ich sehe dann nicht, was mich von dieser Seite hier festhalten könnte."[497]

---

496 Brief von Chalybaeus an Herrmann vom 17.02.1854, abgedruckt bei Liepmann (Hrsg.), S. 296 ff.

497 Brief Planck an Jhering vom 15.10.1853, abgedruckt bei Behrends (Hrsg.), Rudolf von Jhering: Beiträge und Zeugnisse, S. 109.

Tatsächlich bestätigten sich die Bedenken Chalybaeus' und Plancks hinsichtlich des Gesundheitszustandes von Christiansen, er erholte sich nicht von seiner Krankheit und verstarb am 19. März 1854, so dass eine weitere Neubesetzung erforderlich wurde.[498] Zur Ergänzung der Fakultät wurden daher 1854 Georg Karl Neuner, bisher außerordentlicher Professor in Gießen, als ordentlicher Professor des römischen Rechts und Wilhelm Eduard Wilda, bisher ordentlicher Professor in Breslau, als ordentlicher Professor des deutschen Privatrechts, des Staats- und Kirchenrechts und des holsteinischen Privatsrechts berufen.[499]

Doch auch in der Folgezeit musste die Fakultät erneut weitere Abgänge hinnehmen, erst kurz zuvor erfolgte Neubesetzungen gestalteten sich nicht als beständig. So wurde Schmid 1855 zum Rat am Schleswig-Holstein-Lauenburgischen Oberappellationsgericht ernannt und er verließ die Fakultät daher schon vorzeitig.[500] Wilda verstarb bereits am 09. August 1856, was für die Juristische Fakultät eine schwere Einbuße bedeutete, denn Planck hatte gehofft, dass mit Wilda die „seit längerer Zeit verwaisten germanistischen Studien" wieder belebt werden würden.[501] In einem Brief an Reyscher vom 02. September 1856 berichtete er:

> „Der Verlust Wilda's für unsere Universität [...] ist in der That ein fast unersetzlicher. Denn selbst abgesehen von dem, was gerade er uns als Gelehrter, Kollege u. Freund war, entsteht der große Zweifel, ob man überhaupt u. bald geneigt sein wird, die Stelle in ausreichender Weise wieder zu besetzen."[502]

Diese Zweifel Plancks bewahrheiteten sich, erst 1858 wurde mit Paul von Roth, bisher ordentlicher Professor in Rostock, als ordentlicher Professor für deutsches Privatrecht, deutsche Staats- und Rechtsgeschichte, Staatsrecht und holsteinisches Partikularrecht ein Nachfolger für Wilda berufen.[503] Am 28. Juli 1861 verstarb schließlich auch Girtanner, der durch ständige Krankheit schon länger gehindert war, seiner akademischen Lehrtätigkeit in Gänze nachzukommen,

---

498 Vgl. Lüdemann, Rectoratsbericht, in: Chronik der Universität zu Kiel 1855, S. 10. In der Chronik der Universität zu Kiel 1854 findet sich auf Seite 3 ein kurzer Abriss über Christiansens Wirken.

499 Lüdemann, Rectoratsbericht, in: Chronik der Universität zu Kiel 1855, S. 9 f. Zu Neuner und Wilda vgl. Volbehr/Weyl, S. 34 f.

500 Chronik der Universität zu Kiel 1855, S. 5.

501 Planck, Rectoratsbericht, in: Chronik der Universität zu Kiel 1857, S. 23. In der Chronik der Universität zu Kiel 1856 findet sich auf S. 3-5 ein von Planck verfasster Nachruf auf Wilda.

502 Stuttgart, WBL, Cod.hist.fol.767 Fasz. I, Brief Planck an Reyscher, 02.09.1856.

503 Chronik der Universität zu Kiel 1857, S. 3; vgl. auch Volbehr/Weyl, S. 36.

und lediglich regelmäßig praktische Übungen über Rechtsfälle anbot.[504] Sein Nachfolger wurde Gustav Dietzel, vorher außerordentlicher Professor in Leipzig, der am 24. März 1862 ernannt wurde.[505] Doch auch von Roth und Dietzel blieben der Fakultät nicht lange erhalten, von Roth folgte 1863 einem Ruf nach München und Dietzel verstarb bereits 1864.[506] Für von Roth wurde am 30. September 1863 Albert Hänel, zuvor ordentlicher Professor in Königsberg, als ordentlicher Professor für deutsches Privatrecht, deutsche Staats- und Rechtsgeschichte, Staatsrecht und holsteinisches Partikularrecht,[507] und als Nachfolger für Dietzel wurde 1864 August von Bechmann, zuvor ordentlicher Professor in Marburg, als ordentlicher Professor für römisches Recht berufen.[508] Zudem wurde 1864 der bisher als Privatdozent in Kiel tätige Ernst Simon Heinrich Friedlieb zum außerordentlichen Professor für Schleswig-Holsteinisches Partikularrecht ernannt,[509] Friedlieb verstarb jedoch bereits am 25. Januar 1866.[510] Die lange unbesetzte fünfte[511] ordentliche Professur konnte am 26. April 1865 durch die Berufung von Richard Dove, zuvor ordentlicher Professor in Tübingen, als ordentlicher Professor für deutsches Privatrecht, Kirchenrecht und deutsche Staats- und Rechtsgeschichte besetzt werden,[512] doch auch Dove verweilte nicht lange in Kiel und verließ die Universität bereits 1867.[513]

Aufgrund der unruhigen politischen Situation, insbesondere während und nach der Zeit der Schleswig-Holsteinischen Erhebung, war das Verhältnis zwischen den Professoren, die zum Teil aufgrund der äußeren Umstände einer starken psychischen Belastung ausgesetzt waren, sehr eng und freundschaftlich, das gesellschaftliche Leben wurde gepflegt.[514] Es fand eine Reihe gemeinschaftlicher Unternehmungen statt, so wurden beispielsweise gemeinsame Lese- und

504 Chronik der Universität zu Kiel 1861, S. 3 f.

505 Chronik der Universität zu Kiel 1861, S. 4.

506 Chronik der Universität zu Kiel 1863, S. 3; hier findet sich ein entsprechender von W. Junghans verfasster Nekrolog.

507 Chronik der Universität zu Kiel 1863, S. 3; vgl. auch Volbehr/Weyl, S. 36.

508 Chronik der Universität zu Kiel 1864, S. 3; Ratjen, S. 52; vgl. auch Volbehr/Weyl, S. 36.

509 Chronik der Universität zu Kiel 1864, S. 3; vgl. auch Volbehr/Weyl, S. 51.

510 Chronik der Universität zu Kiel 1866, S. 4.

511 Vgl. Chronik der Universität zu Kiel 1857, S. 24, 1859, S. 73 und 1860 S. 68.

512 Chronik der Universität zu Kiel 1865, S. 3; Volbehr/Weyl, S. 36 f.

513 Ratjen, S. 53.

514 Döhring, S. 125.

Musikabende abgehalten.[515] Insbesondere zwischen den Familien Jhering und Planck entwickelte sich eine freundschaftliche Verbindung, in Briefen berichtete Jhering von den „genußreichen Abenden", an denen gemeinsam musiziert wurde.[516]

Die Lage der Kieler Juristenfakultät zu Plancks Zeit – von der Schleswig-Holsteinischen Erhebung über den Deutsch-Dänischen Krieg bis hin zur Eingliederung in den preußischen Staat 1867 – war durch große personelle Unstetigkeit und politische Unsicherheit gekennzeichnet und gestaltete sich daher nicht als deren Blütezeit. Die Fakultät musste immer wieder herbe Verluste erleiden, eine Vielzahl von Abgängen und Neuberufungen prägte diese Periode. Planck bildete in dieser Zeit hoher Fluktuation „den ruhenden Pol"[517] der Fakultät und stärkte diese, was unter anderem seinem enormen Pflichtgefühl und seiner Loyalität gegenüber der Universität zuzuschreiben ist.

bb) Haltung der Fakultät in der Schleswig-Holstein-Frage

Bei Beginn der Debatte um die Stellung der Herzogtümer in den 1830er Jahren war die Resonanz in der Juristischen Fakultät zunächst sehr zurückhaltend und die Kieler Rechtsprofessoren hielten sich weitestgehend aus der politischen Kontroverse heraus.[518] Dennoch hatte ihre Auffassung und Einstellung erheblichen Einfluss auf die allgemeine Meinungsbildung, denn von Beginn an bildeten rechtliche Aspekte den Mittelpunkt ihrer Argumentation.[519] Dies erklärt das vehemente Handeln, mit dem, von Kopenhagen aus, gegen kritische Äußerungen der Kieler Rechtsprofessoren vorgegangen wurde.[520]

Doch trotz der Ahndungen war die Kieler Juristenfakultät fast vollständig an der Professoren-Denkschrift beteiligt, in der sie die im offenen Brief enthaltene Argumentation prüften und beanstandeten, was wiederum von Kopenhagen aus missbilligt wurde.[521] Folge der Geschehnisse bildete eine teilweise Einschränkung

---

515 Döhring, S. 125; Michaelis, S. 108 f., es fanden beispielsweise regelmäßige Musikabende bei Prof. Litzmann statt, auf denen Planck Klavier spielte.

516 So gemäß Döhring, S. 126, leider ohne nähere Nachweise.

517 Döhring, S. 128.

518 Döhring, S. 117 f.

519 Döhring, S. 118.

520 Vgl. Döhring, S. 121 ff., so wurde beispielsweise Johann Christiansen das Mandat als Vertreter der Universität in der holsteinischen Ständeversammlung entzogen, als er kritisch zum offenen Brief Stellung nahm.

521 Döhring, S. 121 ff.

der Lehrfreiheit und die Dozenten mussten sich davor hüten, Äußerungen zu tätigen, die das Missfallen der dänischen Regierung erregten.[522]

Als am 19. November 1863 alle Beamte Holsteins aufgefordert wurden, König Christian IX. von Dänemark den Huldigungseid binnen drei Tagen zu schwören, trat erneut die weitgehend augustenburgische Haltung der Fakultät deutlich hervor. In der Consistorischen Sitzung wurde auf Wilhelm Behns Vorschlag hin der mehrheitliche Beschluss gefasst, eine Eingabe an die Regierung zu richten, die die Bitte enthalten sollte, die Beamten der Universität von der Ableistung des Eides zu befreien.[523] Henning Ratjen, der damalige Rektor der Universität, protestierte gegen eine solche Maßnahme, da er der Ansicht war, dass ein solches Vorgehen außerhalb der Kompetenz des Consistoriums liege.[524] Daher übergab er das Präsidium an Planck, der zu diesem Zeitpunkt Prorektor war.[525] Planck und Behn verfassten einen entsprechenden Entwurf, in welchem sie auf das Erbrecht des Erbprinzen Friedrich von Augustenburg hinwiesen und darauf, dass die §§ 1-5 der Verfassung von 1855, die Christian von Schleswig-Holstein-Sonderburg-Glücksburg zum Erbprinzen erklärten, auf Antrag des Bundes für Holstein für ungültig erklärt wurden.[526] Schließlich wurde der „Planck'sche Entwurf" nach geringfügigen Änderungen von der Mehrheit angenommen und man rechnete damit, dass die Universität hierdurch kurzzeitig geschlossen werde,[527] wozu es jedoch nicht kam.

Zu diesem Zeitpunkt entstand auch das vom Fakultätsmitglied Dietzel verfasste „Lied der Schleswig-Holsteiner", in dem Haltung und Lage der Fakultät und damit auch die Plancks deutlich zum Ausdruck gebracht wurden:

„Wie schwuren nicht und schwören nicht,
Noch glauben wir an deutsch Gericht
Und noch lebt Holsten-Treue!
Wir schwören nur auf deutsches Recht,
Wir leben nur als deutsch Geschlecht,
So leben wir auf's Neue.

---

522 Döhring, S. 125.
523 Brief von Wilhelm Seelig Hannsen vom 25.11.1863, abgedruckt bei Liepmann (Hrsg.), S. 319.
524 Brief von Wilhelm Seelig Hannsen vom 25.11.1863, abgedruckt bei Liepmann (Hrsg.), S. 319.
525 Brief von Wilhelm Seelig Hannsen vom 25.11.1863, abgedruckt bei Liepmann (Hrsg.), S. 319.
526 Brief von Wilhelm Seelig Hannsen vom 25.11.1863, abgedruckt bei Liepmann (Hrsg.), S. 319.
527 Brief von Wilhelm Seelig Hannsen vom 25.11.1863, abgedruckt bei Liepmann (Hrsg.), S. 319.

Noch sind wir in dem Fluch gebannt
An Herz und Mund, an Fuß und Hand,
Im Fluche langer Schande.
Doch leuchtet schon das Morgenroth,
Es leuchtet hell: Recht oder Tod
Im deutschen Vaterlande.

Wir kämpfen nicht für Politik,
Uns führt ein besseres Geschick,
Wir kämpfen für alte Rechte.
Wir kämpfen nicht für Hab und Gut,
Wir kämpfen nicht für unser Blut,
Wir kämpfen gegen das Schlechte.

Die Fahne: Recht und Redlichkeit
Ist unser göttliches Geleit,
Das ist die deutsche Fahne.
So ziehn wir aus mit unserem Gott
Und brechen der Dänen Hohn und Spott
Sammt ihrem bösen Wahne.

So schwören wir bei Gott und Recht
Auf deutsches Land und deutsch Geschlecht:
Deutsch oder todt auf Erden.
Wir wanken nicht, es sei im Tod,
Und kennen blos ein höchst Gebot:
Soll keiner dänisch werden.“[528]

Mit der Eingliederung in den preußischen Staat 1867 war es für die augustenburgisch gesinnte Mehrheit der Professoren schwer, die neue Zugehörigkeit zu Preußen zu akzeptieren, doch mit der Zeit schwanden die alten Anschauungen aus den Köpfen und die neue Situation wurde angenommen.[529]

cc) Plancks Einstellung zur Schleswig-Holstein-Frage

Planck, der seiner Persönlichkeit nach nie Volksredner oder Politiker war, sympathisierte mit den liberalen Strömungen der Zeit.[530] Seine Erfahrungen als Student in Göttingen in Hinblick auf die Geschehnisse um die „Göttinger Sieben“ sowie die allgemein vorherrschende Grundstimmung mögen ihn hierbei gelenkt haben. Während der Schleswig-Holsteinischen Erhebung war er politisch

528 Chronik der Universität zu Kiel 1863, S. 6 f.

529 Hofmann, in: Allgemeine Entwicklung der Universität, S. 10, 23.

530 So Bechmann, Beilage zur Allgemeinen Zeitung, Jahrgang 1900, Nr. 230, S. 4.

sehr aktiv, allerdings vorwiegend als Ratgeber und kaum persönlich agierend.[531] Teilweise wird Planck in Bezug auf die Schleswig-Holstein-Frage sogar als einer der führenden Köpfe angesehen.[532]

(1) Augustenburgische Partei

Er gehörte, wie ein Großteil der Professoren der Universität Kiel, der augustenburgischen Partei an, deren politisches Ziel auf ein selbstständiges Schleswig-Holstein unter Herzog Friedrich VIII. von Augustenburg gerichtet war.[533] Innerhalb der augustenburgischen Partei, welche in die strengen Partikularisten (die „Radikalen"), die jedes Zugeständnis an Preußen ablehnten, und die schwächere bürgerliche Mittelpartei (die „Gemäßigten"), die zwar die Selbstständigkeit der Herzogtümer erstrebten, daneben aber auch einen engeren Anschluss an Preußen begehrten, gespalten war,[534] ist Planck dem gemäßigten Teil zuzuordnen.[535] Mit seiner 1865 erschienenen Arbeit „Zur Würdigung der Oldenburger Denkschrift", in welcher er gutachterlich darlegte, dass der von Gottorper Seite erhobene Thronfolgeanspruch unbegründet sei, untermauerte er seine politische Überzeugung und begründete das Erbrecht des Augustenburgers mithilfe rechtlicher Argumente.

Welches Gewicht seine Meinung und sein öffentliches Auftreten hatte, kommt dadurch zum Ausdruck, dass die Nationalen, welche den engsten Anschluss der Herzogtümer an Preußen unabhängig von der Stellung des Augustenburgers erstrebten, ab März 1866 forderten, „den Angriff auf Professor Planck gerichtet zu sehen, der jetzt auch öffentlich immer mehr als intellektueller Führer der Augustenburgischen Partei hervortritt."[536] Doch der Führer der Nationalen und zugleich Mitherausgeber der Flensburger Norddeutschen Zeitung August Römer lehnte dies aus taktischen Erwägungen ab, da er der Ansicht war, dass Planck ein berühmter Mann sei und ein solches Vorgehen auswärts Nachteile bergen könne.[537]

---

531 So Bechmann, Beilage zur Allgemeinen Zeitung, Jahrgang 1900, Nr. 230, S. 4.

532 So Seuffert, ZZP 28 (1901), V (XII).

533 Bechmann, Beilage zur Allgemeinen Zeitung, Jahrgang 1900, Nr. 230, S. 4; Hofmann, in: Allgemeine Entwicklung der Universität, S. 10 und 18. Wilhelm Behn, Albert Hänel, Gustav Karsten und Peter Wilhelm Forchhammer waren auch der Partei zugehörig; vgl. Hofmann, in: Allgemeine Entwicklung der Universität, S. 18.

534 Huber, S. 496.

535 Bechmann, Beilage zur Allgemeinen Zeitung, Jahrgang 1900, Nr. 230, S. 4.

536 Zitiert nach Boysen, ZSHG 65 (1937), 317 (318).

537 Boysen, ZSHG 65 (1937), 317 (318).

Die Einstellung Plancks und seiner Familie dokumentierte sein Sohn Max Planck in einem 1931 geführten Interview:

> „Unsere ganze Familie war eben gut augustenburgisch. Der Herzog, ein stattlicher, vornehmer Mann, besuchte uns in Kiel und später auch in München, und zwar mit seiner Tochter, der späteren Kaiserin Auguste Victoria. Unsere Familie begeisterte sich für seine legitimen Erbansprüche. Ich erinnere mich an den Tag, da die Nachricht von Blinds mißglücktem Attentat auf Bismarck nach Kiel kam. Professor Voigt, ein Schwager meines Vaters, war gerade bei uns und bedauerte, daß die Schüsse ihr Ziel verfehlt hatten! Mein Vater freilich urteilte milder, er hatte die Gabe, die Sachen von beiden Seiten zu sehen."[538]

(2) Deutscher Nationalverein

Planck war des Weiteren Mitglied des Holsteinischen Nationalvereins, dem auch eine Reihe weiterer bekannter Kieler Professoren, wie z.B. Karl Heinrich Bartels, Johannes Esmarch, Carl Conrad Litzmann, Gustav Kasten, Gustav Thaulow, Karl Wilhelm Nitzsch und Peter Wilhelm Forchhammer, angehörten.[539] Der Holsteinische Nationalverein, der kein selbstständiger Verein, sondern vielmehr ein Teil des Deutschen Nationalvereins war, fasste die holsteinischen Mitglieder zusammen und verfolgte eine speziell schleswig-holsteinische Zielsetzung, nämlich die Wiedervereinigung Schleswig und Holsteins und deren Anschluss an Deutschland.[540]

Nach dem Verbot des Vereins im Januar 1861 aufgrund seines immer größer werdenden Einflusses und der damit verbundenen Befürchtung der dänischen Regierung, den Bestand der Monarchie zu gefährden, wurde die Arbeit verdeckt unter anderem Namen beispielsweise in Lokalorganisationen fortgeführt.[541] So war Theodor Lehmann, der an der Spitze des holsteinischen Nationalvereins stand, beispielsweise Vorstandsmitglied der Gesellschaft für vaterländische Geschichte, Mitglied des Kunstvereins und einer der Initiatoren und eines der führenden Mitglieder des Landeskomitees für den Bau eines neuen Universitätsgebäudes.[542] Vor diesem Hintergrund verwundert es nicht, dass auch Planck Mitglied des Kunstvereins war und nach den Tagebuchaufzeichnungen von

538 Lorsy, Interview mit Max Planck, Münchener Illustrierte Presse 1931, Nr. 20, S. 644.
539 Wetzel, S. 129.
540 Wetzel, S. 120 f.
541 Wetzel, S. 143 f.
542 Wetzel, S. 144.

Doris Groth[543] Vorträge im sog. „Historischen Verein" hielt.[544] Auf diesem Wege konnte Planck weiterhin für seine politischen Ansichten eintreten und sich mit seinen Kollegen und Mitstreitern austauschen.

Teilweise wurden neben den Treffen im internen Kreis auch Volksfeste genutzt, um weite Bevölkerungsteile anzusprechen und zu mobilisieren. So wurde unter anderem am 19. Mai 1862 aus Anlass des hundertsten Geburtstages von Johann Gottlieb Fichte eine Fichtefeier durch ehemalige Vereinsmitglieder organisiert, auf der auch Planck eine Rede hielt, in welcher er Schleswig-Holstein pries.[545] In dieser Rede betonte er des Weiteren, dass das ganze Land stets bereit sei, mit vereinter Kraft für die gute Sache zu wirken, was zum Ausdruck kam, als man sich vereint für den Bau eines neuen Universitätsgebäudes engagierte, und dass Kiel nicht vereinzelt stehe, sondern stets das Land hinter sich habe.[546]

Als sich mit der Bismarckschen Lösung der Schleswig-Holstein-Frage seine politischen Vorstellungen nicht verwirklichten, war für Planck jegliche weitere politische Aktivität beendet.[547] Es war ihm auch nicht möglich, sich mit der neuen Lösung abzufinden und anzufreunden, auch wenn damit die dänische Vorherrschaft endete. Der Ausgang bedeutete für Planck eine herbe Enttäuschung und er stand mit seinem ausgeprägten Rechtsempfinden nicht in Einklang, was er auch in einem Brief an seinen ehemaligen Baseler Kollegen Wilhelm Vischer-Bilfinger[548] am 10. Januar 1867 äußerte:

> „Ich wenigstens kann die Freude, nunmal nicht theilen, in der so Viele hier im Norden, wenn auch nicht in Schleswig-Holstein, durch die Ereignisse des verflossenen Jahres versetzt sind, noch kann ich das stechelende Gefühl des erlittenen Unrechts bemeistern u. vertilgen, welches speziell unserem Lande u. seinem Fürsten widerfahren ist.

---

543 Doris (Dorothea) Marie Louise Groth, geb. Finke, 22.05.1830 (Bremen) - 19.01.1878 (Kiel), Ehefrau des Dichters Klaus Groth, Tochter des Bremer Weinhändlers Albert Dietrich Finke (09.03.1803–19.12.1879) und dessen Ehefrau Martha Wilhelmine, geb. Faber (24.07.1809–07.09.1856), vgl. Hartig (Hrsg.), Wohin das Herz uns treibt: Die Tagebücher der Doris Groth, S. 10-17.

544 Hartig (Hrsg.), Wohin das Herz uns treibt: Die Tagebücher der Doris Groth, Tagebucheintrag vom 26.03.1861.

545 Wetzel, S. 151.

546 Wetzel, S. 151.

547 Bechmann, Beilage zur Allgemeinen Zeitung, Jahrgang 1900, Nr. 230, S. 4.

548 Wilhelm Vischer-Bilfinger, 30.05.1808 (Basel) - 05.07.1874 (ebenda), studierte Geschichte und klassische Philologie in Basel, Bonn und Jena, wurde 1835 außerordentlicher und 1836 ordentlicher Professor der griechischen Sprache und Literatur in Basel, in den Jahren 1845, 1846 und 1857 wurde er zum Rektor der Universität gewählt, vgl. Burckhardt-Biedermann, ADB 40 (1896), 67-70.

Ich wünsche von Herzen, daß die künftige Generation Nutzen ziehen möge auch aus dem, was wir jetzt zu erleiden gezwungen werden. Vor der Hand will es mir scheinen, daß noch gewaltige Erschütterungen in Aussicht stehen, ehe an eine Consolidierung der Verhältnisse gedacht werden kann."[549]

dd) Ergebnis

Planck war überzeugter Augustenburger und setzte sich für seine politische Ansicht ein, wobei immer rechtliche Aspekte Grundlage und Mittelpunkt seiner Argumentation bildeten. Er erkannte die weitreichenden Folgen, die mit der Lösung der Schleswig-Holstein-Frage verbunden waren und nutzte die ihm möglichen Mittel, um die seiner Meinung nach begründeten Rechte des Augustenburgers und damit der Herzogtümer Schleswig und Holstein zu wahren und durchzusetzen. Trotz seiner patriotischen Ansichten gehörte er jedoch nicht zu den schleswig-holsteinischen Partikularisten, die den Dänen feindselig gegenüberstanden und sich selbst für einen besonderen Menschenstamm hielten. Auch Einheit und Freiheit waren seine Ziele und das Recht bildete für ihn das Mittel, diese Ziele zu realisieren.

Innerhalb der Universität und insbesondere als Mitglied der Juristischen Fakultät sah er während der politisch unruhigen Zeit seine Aufgabe vor allem in deren Wiederherstellung und Bestärkung. Als die Geschehnisse nicht seiner rechtlichen Überzeugung entsprachen, fiel es ihm als Streiter für die Rechte des Landes und der Universität schwer, einzusehen und zu verstehen, dass nicht das Recht Grundlage der Lösung der Schleswig-Holstein-Frage wurde, sondern die strategisch geschickte Politik Bismarcks, was mit seinem hohen Gerechtigkeitssinn schlichtweg nicht vereinbar war. Doch die Ereignisse der folgenden Jahre stimmten ihn versöhnlich, denn letztlich stand für ihn die Einheit Deutschlands an erster Stelle.[550] Und spätestens als Auguste Victoria, die älteste Tochter des Herzogs Friedrich von Augustenburg, deutsche Kaiserin und Königin von Preußen wurde, waren alle Vorbehalte überwunden.

Zusammenfassend ist festzustellen, dass Planck zwar nicht als einer der Führer der Schleswig-Holsteinischen-Erhebung angesehen werden kann, aber sein Einfluss als anerkannter Rechtswissenschaftler letztlich auch nicht zu unterschätzen ist. Durch sein Handeln und die Tatsache, dass er seine Ansicht immer

549 StABS, Erziehungs-Akten Z 11 Planck, Brief Planck an Vischer, 10.01.1867.

550 Vgl. Bechmann, Beilage zur Allgemeinen Zeitung, Jahrgang 1900, Nr. 230, S. 4; Seuffert, ZZP 28 (1901), V (XII).

rechtlich begründete, hat auch er die öffentliche Meinung in Schleswig und Holstein zusammen mit einer Reihe weiterer Kieler Professoren mitgestaltet.

c) Lehrtätigkeit und überlieferte Kollegmitschriften

Vorwiegend war Planck für das Fach Strafrecht berufen worden, aufgrund des akuten Lehrkräftemangels las er jedoch auch Straf- und Zivilprozessrecht.[551] Seine Vorlesungen zum Straf- und Zivilprozessrecht fanden von 1850 bis 1867 kontinuierlich jeweils im Wintersemester statt, jeweils im Sommersemester lehrte er Strafrecht.[552] Zu Plancks Vorlesungen im Zivil- und Strafprozess existiert jeweils eine überlieferte Mitschrift des Kieler Studenten Henning August Wilhelm Christian Loeck vom Wintersemester 1861/62.[553] Loeck wurde 1867 Richter am Amtsgericht Schönberg.[554] Aus seinen Mitschriften geht hervor, dass Plancks Lehrveranstaltungen sehr strukturiert und lehrbuchartig aufgebaut waren. Er scheint sich nicht an einem fremden Lehrbuch orientiert zu haben, sondern Grundlage der Lehrveranstaltungen bildete ein eigens von ihm erstelltes Skript, das den Studenten vortragen wurde, wie es zu damaliger Zeit üblich war. Inhaltlich kann der Mitschrift zum Zivilprozessrecht folgende Gliederung der Vorlesung entnommen werden:

1. Buch:	Gerichtsverfassung
2. Buch:	Das Verfahren im Allgemeinen
3. Buch:	Ordentlicher Process
4. Buch:	Summarische Processe
5. Buch:	Concursprocess

Die Kollegmitschrift zum Zivilprozessrecht weist strukturell und inhaltlich teilweise Ähnlichkeit zu Plancks 1887 und 1896 erscheinenden Werken „Lehrbuch des deutschen Civilprozessrechts Band 1: Allgemeiner Teil“ und „Lehrbuch des deutschen Civilprozessrechts Band 2: Besonderer Teil“ auf, so dass davon auszugehen ist, dass Planck sein Vorlesungsmanuskript zur Erstellung seines

551 Döhring, S. 127.

552 Vgl. Personal- und Vorlesungsverzeichnis der Christian-Albrechts-Universität zu Kiel der Jahre 1850 bis 1867. Eine Gesamtübersicht seiner Vorlesungstätigkeit findet sich im Anhang.

553 Die handschriftlichen Kollegheftе befinden sich im Magazin des Juristischen Seminars der Christian-Albrechts-Universität zu Kiel. Die Mitschrift zum Zivilprozess umfasst 223 Seiten, die zum Strafprozess 68 Seiten.

554 Schubert, Zur Geschichte der Justizverfassung in Schleswig-Holstein im 19. und 20. Jahrhundert, S. 152.

Lehrbuches herangezogen haben wird. So stimmt beispielsweise die Einleitung zum Umfang des Zivilprozesses fast wörtlich mit der Mitschrift überein.

Die Vorlesungsmitschrift zum Strafprozessrecht lässt folgende Gliederung der Vorlesung erkennen:

1. Buch:	Strafgerichtsverfassung
2. Buch:	Die Parteien
3. Buch:	Das Strafverfahren im Allgemeinen
4. Buch:	Zwangsmittel des Strafverfahrens
5. Buch:	Beweismittel des Strafverfahrens
6. Buch:	Reihenfolge der Processhandlungen im Inquisitionsprocess
7. Buch:	Rechtsmittel
8. Buch:	Vollstreckung

Ab dem Sommersemester 1852 leitete Planck zudem eine Übung im Zivilprozessrecht, die er in den folgenden Jahren jeweils im Sommersemester anbot.[555] In den Übungen sollte den Studenten die Möglichkeit gegeben werden, einen Einblick in die praktische Arbeit eines Juristen zu erhalten und sich auch in diesem Bereich zu bilden.[556] Plancks Übung, die sich großer Beliebtheit erfreute, wurde nahezu vollzählig von allen Studenten besucht.[557]

Bechmann berichtete im Nachruf auf Planck, dass dessen „ausgezeichnete Lehrthätigkeit“ allseitig anerkannt war und charakterisierte Plancks Vorlesungen folgendermaßen:

> „In schlichten einfachen Sätzen trug er seinen Zuhörern klare und bestimmte, wohlgeordnete Gedanken vor und erzielte dadurch nachhaltige Wirkung. In Kiel hatte sein Zivilprozeßpraktikum eine besondere Bedeutung, da es den Zuhörern die nach damaliger Einrichtung mangelnde Vorbereitungspraxis zum Theil ersetzen sollte. Ich habe die Theilnehmer immer nur mit einer wahren Begeisterung von dieser Uebung sprechen hören.“[558]

Dieses Votum Bechmanns wurde auch durch Forchhammer[559] bestätigt, der über Plancks Vorlesungen berichtete:

---

555 Vgl. Personal- und Vorlesungsverzeichnis der Christian-Albrechts-Universität zu Kiel der Jahre 1852 bis 1867.

556 Döhring, S. 147.

557 Vgl. Personal- und Vorlesungsverzeichnis der Christian-Albrechts-Universität zu Kiel der Jahre 1850 bis 1867; Döhring, S. 147.

558 Bechmann, Beilage zur Allgemeinen Zeitung, Jahrgang 1900, Nr. 230, S. 3.

559 Peter Wilhelm Forchhammer, 23.10.1801 (Husum) - 08.01.1894 (Kiel), nach dem Studium in Kiel und Leipzig folgte 1828 seine Promotion und 1829 seine Habilitation. Ab 1836 war er außerordentlicher Professor der Altertumswissenschaft und

„Während sonst die Juristen nicht gerade die [...] fleißigsten sind, sind seine Vorlesungen über Kriminalrecht, Prozeß und praktischen Uebungen immer so zahlreich besucht, als von der Zahl der hiesigen Studierenden überhaupt erwartet werden kann, und es ist nicht nur die liebenswürdige Persönlichkeit, sondern vor allem das Bewußtsein, daß sie bei ihm etwas [unleserlich] lernen, wodurch er bei den Studenten so beliebt ist."[560]

Neben seiner guten fachlichen Qualifikation wird auch Plancks jahrelange praktische Erfahrung, die er als Richter und Mitglied des Spruchkollegiums sammeln konnte, für den Erfolg der Lehrveranstaltungen verantwortlich gewesen sein. So war es ihm möglich, die Studenten der Herzogtümer über viele Generationen auf ihre Prüfungen und das spätere Berufsleben „aufs beste"[561] vorzubereiten und auszubilden. Planck selbst machte die Arbeit mit den Studenten in Kiel große Freude und er charakterisierte diese als fleißig und sittlich, die sich „durch ernstes Streben nach einer nicht bloss oberflächlichen für ein s. g. erstes Examen etwa genügenden, sondern in die Tiefe hinabsteigenden gründlichen wissenschaftlichen Bildung auszeichnen".[562]

d) Ausgeübte Ämter an der Kieler Universität

In Kiel beteiligte Planck sich rege am Universitätsleben und nahm neben seiner Lehrtätigkeit eine Reihe weiterer Aufgaben wahr.

aa) Ordinarius des Kieler Spruchkollegiums

Von 1850 bis 1867 war er Ordinarius des Kieler Spruchkollegiums.[563] Seit 1777 führte den Vorsitz des Spruchkollegiums nicht mehr der jährlich wechselnde Dekan, sondern es wurde eine Person, die aufgrund ihrer Persönlichkeit besonders für dieses Amt geeignet erschien, auf Lebenszeit zum Ordinarius ernannt.[564] Vor Planck wurde das Amt des Ordinarius seit 1826 von Falck bis zu seinem

---

ab 1843 ordentlicher Professor der Philologie an der Universität Kiel. 1867 bis 1870 war er Abgeordneter des preußischen Landtags, 1870 bis 1873 Reichstagsabgeordneter und 1876 bis 1893 Mitglied des preußischen Herrenhauses, vgl. Saß, ADB 48 (1904), 625-630.

560 GStA PK, I. HA Rep. 90 A, Nr. 1766, Bl. 51.

561 So Döhring, S. 147.

562 Planck, Rectoratsbericht, in: Chronik der Universität zu Kiel 1857, S. 25 f.

563 Vgl. Verzeichniss der Behörden, Commissionen, Beamten, Institute, Lehrer und Studirenden der Universität Kiel 1850-1867.

564 Döhring, S. 149.

Tode 1850 ausgeübt.[565] Vor Falck waren eine Reihe weiterer bedeutender Juristen im Spruchkollegium tätig, zu nennen sind hier beispielsweise Adolf Friedrich Trendelenburg, Anton Friedrich Justus Thibaut und Paul Johann Anselm von Feuerbach.[566]

Das Kieler Spruchkollegium beschäftigte sich mit Rechtssachen aus Schleswig-Holstein, aber auch von außerhalb erhielt es zahlreiche Aufträge, z.B. aus Hamburg, Lübeck, Bremen, teilweise sogar aus Brandenburg und Thüringen.[567] Allerdings ging die Anzahl der anzufertigenden Gutachten bzw. Urteile im 19. Jahrhundert stark zurück, ab 1832 wurden durchschnittlich sechs bis sieben Spruchsachen jährlich bearbeitet, bis 1879 die Aktenversendung für Deutschland allgemein durch das Gerichtsverfassungsgesetz aufgehoben wurde.[568] Der Zuverdienst, den die Professoren durch ihre Tätigkeit im Spruchkollegium erzielten, sank durch den Rückgang der Spruchsachen, Georg Burchardi bezifferte den Verdienst 1851 mit 20-30 Reichsthalern.[569]

Den Akten des Spruchkollegiums ist zu entnehmen, mit welchem Scharfsinn Planck seine Gutachtertätigkeit ausübte und durch seine akkurate und profunde Vorgehensweise, Prozesssachen schwierigster Art mit befriedigenden Entscheidungen zu lösen, schützte er die Spruchfakultät durch seine „gewissenhafte und verantwortungsbewusste Mitarbeit“ vor „Oberflächlichkeit und bloßer Routine“.[570]

Mit Plancks Fortgang aus Kiel übernahm Georg Karl Neuner den Vorsitz des Spruchkollegiums.[571]

bb) Rektorate 1856/58 und 1861/62

Während seiner 17-jährigen Tätigkeit an der Christiana Albertina wurde Planck dreimal zum Rektor der Universität gewählt. Mit der Ausübung dieses Amtes war für ihn eine Gehaltszulage verbunden.[572]

---

565 Wohlhaupter, ZRG GA 58 (1938), 752 (778). Wohlhaupter datiert das Sterbejahr Falcks jedoch fälschlicherweise auf 1851.

566 Wohlhaupter, ZRG GA 58 (1938), 752 (778, 779 und 781).

567 Döhring, S. 149.

568 Wohlhaupter, ZRG GA 58 (1938), 752 (783).

569 Brief Burchardi an Reyscher vom 20.09.1851, abgedruckt bei Liepmann (Hrsg.), S. 275.

570 So Döhring, S. 128 und 152.

571 Verzeichniss der Behörden, Commissionen, Beamten, Institute, Lehrer und Studirenden der Universität Kiel, Sommersemester 1867, S. 5.

572 Vgl. Ratjen, S. 57 f.

Die erste Amtsperiode Plancks als Rektor begann am 05. März 1856 und endete, aufgrund erfolgter Wiederwahl im Jahr 1857, erst nach zweijähriger Tätigkeit am 04. März 1858.[573] Seine zweite Amtszeit dauerte vom 05. März 1861 bis zum 04. März 1862.[574]

Planck übte damit das Amt in einer Zeit aus, die vorrangig der Wiederherstellung der Universität, die nach den Ereignissen während und nach der Schleswig-Holsteinischen Erhebung stark geschwächt war, diente. In dem Rektoratsbericht über seine erste Amtszeit schilderte Planck die derzeitige Lage der Universität ausführlich und es tritt deutlich seine Hoffnung hervor, dass die Universität in naher Zukunft wieder ihre alte Stellung als Landesuniversität wiedererlangen werde.[575] Er stellte klar, dass nach seiner Ansicht der Rückgang der Studentenzahlen, der nach seiner eigenen Aussage in seinem Freundeskreis zum Teil als Indiz für den allmählichen Verfall der Universität gedeutet wurde, nicht im Zusammenhang mit der „Lebenskraft und Lehrkraft Universität“ selbst stehe.[576] Er sah die Ursache für den Rückgang vielmehr in einem allgemeinen Wandel, wonach sich immer weniger junge Menschen in den Staatsdienst oder in den Dienst der Kirche begeben wollten oder, was er für wahrscheinlicher hielt, in den politischen Verhältnissen.[577] Insbesondere nannte er in diesem Zusammenhang die Abschaffung der Biennium-Regelung für Schleswig sowie die Änderung des Schuljahres, wodurch den Studenten der Universitätszugang erschwert wurde.[578] Auch an dieser Stelle bestätigte Planck erneut seine Hoffnung, dass „auch in dieser Beziehung die Universität Kiel als für beide Herzogthümer gemeinsame Landesuniversität baldigst wieder zur vollen Wirksamkeit gelangen werde“.[579] Nach zweijähriger Tätigkeit übertrug Planck am 05. März 1858 das Rektorat auf Heinrich Moritz Chalybaeus.[580]

Als Planck am 05. März 1861 erneut für ein Jahr zum Rektor ernannt wurde, versuchte er in dieser Zeit politischer Unruhen die Lage an der Universität zu entspannen und er setzte sich dafür ein, dass die Studenten aus dem derzeitigen politischen Geschehen heraus gehalten wurden. Dieses Verhalten Plancks und

---

573 Planck, Rectoratsbericht, in: Chronik der Universität zu Kiel 1857, S. 23.
574 Planck, Rectoratsbericht, in: Chronik der Universität zu Kiel 1861, S. 8.
575 Planck, Rectoratsbericht, in: Chronik der Universität zu Kiel 1857, S. 23.
576 Planck, Rectoratsbericht, in: Chronik der Universität zu Kiel 1857, S. 24.
577 Planck, Rectoratsbericht, in: Chronik der Universität zu Kiel 1857, S. 25.
578 Planck, Rectoratsbericht, in: Chronik der Universität zu Kiel 1857, S. 25.
579 Planck, Rectoratsbericht, in: Chronik der Universität zu Kiel 1857, S. 25.
580 Planck, Rectoratsbericht, in: Chronik der Universität zu Kiel 1857, S. 23.

seine Autorität bei den Studenten werden durch einen Bericht des Kurators an die Regierung belegt:

> „Bei dieser Gelegenheit will ich schließlich zu berichten nicht unterlassen, daß der Prof. Planck als fungierender Rector die Studierenden wiederholt aufgefordert hat, sich ruhig und von politischen Demonstrationen entfernt zu halten. Da er einen großen Einfluß auf die akademische Jugend ausübt, werden diese Ermahnungen gewiß nicht ohne Erfolg bleiben".[581]

Zudem bemühte er sich um die bestmögliche Neubesetzung der Lehrstühle und holte umfassende Erkundigungen über die Gelehrten ein, die für eine Berufung in Betracht kamen. Hierfür nutzte er seine Beziehungen, die er mit der Zeit zu den Professoren anderer Universitäten aufgebaut hatte. Als beispielsweise Georg Curtius[582], der seit 1854 als Professor der Klassischen Philologie an der Universität Kiel tätig war, im Begriff war, einem Ruf nach Leipzig zu folgen, schrieb Planck am 13. Dezember 1861 an den Baseler Professor Wilhelm Vischer-Bilfinger und bat diesen um Auskünfte über Otto Ribbeck[583] ‚der als möglicher Nachfolger Curtius' in Betracht gezogen wurde.[584] Die Berufung Ribbecks als Professor für Klassische Literatur und Beredsamkeit erfolgte daraufhin am 20. Oktober 1862.[585] Am 05. März 1862 übertrug Planck das Rektorat auf seinen Nachfolger Henning Ratjen.[586]

cc) Kuratorium 1864 - 1866

Mit dem Tod Friedrichs VII. am 15. November 1863 und dem Zusammenbruch der dänischen Herrschaft übertrugen die Bundeskommissare das Amt des Universitätskurators interimistisch auf Planck, so dass dieser ab dem 01. Januar 1864

---

581 LAS Abt. 47.1, Nr. 267.

582 Georg Curtius, 16.04.1820 (Lübeck) - 12.08.1885 (Hermsdorf), studierte Philologie in Bonn und Berlin, wurde 1845 Privatdozent an der Berliner Universität, 1849 außerordentlicher und 1851 ordentlicher Professor in Prag, ging 1854 nach Kiel und 1862 nach Leipzig, vgl. Meister, ADB 47 (1903), 597-602.

583 Johannes Karl Otto Ribbeck, 23.07.1827 (Erfurt) - 18.07.1898 (Leipzig), nach dem Philologiestudium wurde er 1859 ordentlicher Professor in Bern, ging 1861 an die Universität Basel und wurde 1862 ordentlicher Professor der Klassischen Literatur und Beredsamkeit in Kiel, wechselte 1872 an die Heidelberger und 1877 an die Leipziger Universität, vgl. Volbehr/Weyl, S. 143.

584 StABS, PA 511a 611-17-05 305, Brief Planck an Wilhelm Vischer-Bilfinger, 13.12.1861.

585 Volbehr/Weyl, S. 143.

586 Planck, Rectoratsbericht, in: Chronik der Universität zu Kiel 1861, S. 8.

die Geschäfte des Kuratoriums leitete.[587] Er hatte damit die Aufgabe, die Universität durch die schwere Zeit des Deutsch-Dänischen Krieges und die nachfolgende Periode, in der die Universität gemeinsam von Preußen und Österreich verwaltet wurde, zu leiten. Unter anderem kam ihm die Aufgabe zu, Neuberufungen zu vermitteln.[588]

Planck machte auch zu dieser Zeit keinen Hehl aus seiner augustenburgischen Einstellung und setzte sich für ein vereintes und selbstständiges, also von Preußen unabhängiges Schleswig-Holstein ein, sehr zum Missfallen Preußens. Als am 07. Dezember 1864 von allen höheren holsteinischen Beamten die Abgabe einer Anerkennungs- und Gehorsamserklärung gefordert wurde, in welcher es unter anderem zur Begründung hieß: „Um die Aufgabe erfüllen zu können, die obere Leitung der gesamten Verwaltung der Herzogtümer in deren Interesse und so zu führen, daß der Entscheidung über die Zukunft der Herzogtümer in keiner Weise vorgegriffen wird […]", gab die Universität unter Planck als Kurator, getragen von den vielseitig bestehenden Bedenken gegen die gewählte Ausdruckweise, folgende, vielleicht sogar von Planck selbst formulierte Erwiderung ab:

> „Wenn wir Bedenken tragen, diese Zusicherung in der verlangten Fassung abzugeben, so liegt der Grund darin, daß der Ausdruck: „daß der Entscheidung über die Zukunft der Herzogtümer in keiner Weise vorgegriffen werde" ein zu unbestimmter ist. Es könnte darunter möglicher Weise auch das dem Vernehmen nach von einer Partei im Königreich Preussen verfolgte Bestreben, die Herzogthümer jenem Königreiche zu inkorporieren, oder die Anerkennung der vermeintlichen Ansprüche des Grossherzogs von Oldenburg eingeschlossen sein. Bestrebungen, gegenüber denen völlig unthätig zu sein wir uns nicht verpflichten können. Dagegen sind wir bereit, der faktischen Besitzergreifung Oesterreichs und Preussens uns zu dem Zwecke willig unterzuordnen

---

587 Ratjen, S. 50; Bechmann, Beilage zur Allgemeinen Zeitung, Jahrgang 1900, Nr. 230, S. 1; Seuffert, ZZP 28 (1901), V (XI).

588 Vgl. beispielsweise die Berufung des Philologen und Orientalisten Theodor Nöldeke (02.03.1836-25.12.1930): Planck erkundigte sich bei Nöldeke in einen Brief vom 10. März 1864, ob dieser die Nachfolge von Professor Dittmann antreten würde, da dieser einem Ruf nach Gießen folgte. In einem weiteren Brief Plancks an Nöldeke vom 01.04.1864 antwortete Planck auf die Nachfrage Nöldekes, wie es um seine endgültige Berufung stehe: „Daß […] dies. Angelegenheit keinerlei Schwierigkeit machen wird, weiß ich aus sehr guter und zuverlässiger Quelle. Die Sache steht demnach so, daß Sie m. E. ohne Weiteres Ihre Sachen schon jetzt einpacken u. hierher absenden können […]". Beide Briefe: UBT, Sig. Md 782-A 193. Nöldeke wurde schließlich 1864 zum außerordentlichen und 1868 zum ordentlichen Professor der Universität Kiel ernannt, zu Nöldeke vgl. Bobzin, NDB 19 (1999), 311-312.

und dieselbe bereitwillig zu unterstützen, um das von den Gesandten dieser beiden Mächte auf der Konferenz zu London unterm 28. Mai erklärte Ziel: ‚Die Vereinigung der Herzogtümer in einem Staat unter der Souveränität des Erbprinzen von Schleswig-Holstein-Sonderburg-Augustenburg [...]' möglichst bald zu erreichen."[589]

Daraufhin wurde dem Kuratorium am 12. Dezember 1864 mitgeteilt, dass man nicht die Absicht habe, „irgend Jemand, geschweige den Vertretern der Wissenschaft, in ihrer Rechtsüberzeugung beengenden Zwang anlegen zu wollen".[590] Doch in dem Antwortschreiben klang bereits deutlich an, dass der Ton gegen die Universität und damit schließlich auch gegen Planck als deren Kurator und seiner augustenburgischen Politik schärfer wurde:

„Wir sind der Überzeugung, daß die Art und Form, in welcher auch die in dem Rechtsbewußtsein wurzelnden Wünsche bezüglich der Zukunft der Herzogtümer ihren Ausdruck bisher gesucht haben, den wirklichen Interessen des Landes nicht immer förderlich gewesen sind, daß sie vielen ... geeignet sind, die schließliche Entscheidung zu erschweren, also gerade das Gegenteil dessen herbeizuführen, was sie bezwecken. Wir sind ferner der Meinung, daß, je besser und fester begründet Rechtsansprüche sind, sie desto zuversichtlicher der Entscheidung anheimgegeben werden können und dürfen darin wenigstens die Übereinstimmung voraussetzen, daß, wo die Stimme des Landes in Betracht kommen soll, sie ihren Ausdruck nur durch gesetzliche Vertreter des Landes finden kann.

Hiervon ausgehen werden wir, und wir wiederholen es in der Überzeugung, daß dies im Interesse des Landes liegt, die Verwaltung desselben zu führen suchen und haben uns dazu die bereitwillige Unterstützung und Unterordnung aller in öffentlichen Ämtern Stehenden erbeten. Wir würden es lebhaft beklagen, wenn wir uns derselben namentlich an Stellen, deren volle Bedeutung wir wohl zu würdigen wissen, nicht zu erfreuen haben sollten."[591]

Am 06. Juli 1865 beging die Universität, trotz des ergangenen Verbots öffentlicher Umzüge und Kundgebungen, unter dem Kuratorium Plancks festlich den Geburtstag des Herzogs von Augustenburg, was von Bismarck als eine „hochverräterische Handlung" der Universität angesehen wurde und zur Folge hatte, dass dem akademischen Konsistorium am 09. August 1865 ein Verweis erteilt wurde.[592] Zudem wies Bismarck den preußischen Zivilkommissar Zedlitz an, künftig „alle Ausgaben für die Universität einer strengen Kontrolle zu unterziehen" und

---

589 Zitiert nach Friedrich, Sitzungsberichte 1902, S. 91 f.; Kiecksee, S. 38.

590 Zitiert nach Friedrich, Sitzungsberichte 1902, S. 92; Kiecksee, S. 39.

591 Zitiert nach Kiecksee, S. 39.

592 Boysen, ZSHG 65 (1937), 317 (324 ff.).

„jede Begünstigung durch Gewährung von Unterstützung für Universitätsinstitute, Zulagen u. dgl. auf das entschiedenste zu verweigern."[593]

Mit der Annexion Holsteins durch Preußen wurde Planck vom Oberpräsidenten Carl von Scheel-Plessen als interimistischer Kurator im Juni 1866 entlassen.[594] Scheel-Plessen missfielen das Verhalten Plancks und dessen Eintreten für ein von Preußen unabhängiges Schleswig-Holstein und er beanstandete, trotz Würdigung von Plancks wissenschaftlichem Wirken, dass dieser seine Gelehrtenstellung „im Dienst politischer An- und Absichten" missbraucht habe.[595] Am 08. Juli 1868 wurde das Amt des Kurators, das seit der Entlassung Plancks unbesetzt war, schließlich auf Scheel-Plessen übertragen.[596]

dd) Sonstige Ämter

Während seiner Tätigkeiten an der Kieler Universität übte Planck des Weiteren mehrfach das Amt des Revisors der Universitätsrechnungen aus, war in den Jahren 1855, 1858 und 1862 Dekan der Juristischen Fakultät und zudem zwischen 1865 und 1866 in der Administration der Hensler'schen Stiftung, deren Zweck die finanzielle Unterstützung junger begabter Ärzte bildete,[597] tätig.[598]

e) Ehrungen und Auszeichnungen

aa) Ritter des Dannebrog, 1854

Am 06. Oktober 1854 wurde Planck zum Ritter des Dannebrog ernannt.[599] Der Dannebrog-Orden ist ein dänischer Verdienstorden, welcher für ausgezeichnete Dienste im Zivil- oder Militärbereich verliehen wird.[600] Ordenszeichen ist ein goldenes, weiß emailliertes Kreuz mit roten Rändern.[601] Nähere Angaben über die Umstände der Auszeichnung Plancks sind nicht bekannt. In den Akten des

593 Zitiert nach Boysen, ZSHG 65 (1937), 317 (326).
594 Ratjen, S. 50; Hofmann, in: Allgemeine Entwicklung der Universität, S. 18.
595 Döhring, S. 129.
596 Stiehl (Hrsg.), Centralblatt für die gesamte Unterrichtsverwaltung in Preußen 1868, S. 458, 509.
597 Die Hensler'sche Stiftung entstand aufgrund testamentarischer Verfügung des Arztes Philipp Gabriel Hensler (11.12.1733-31.12.1805), zu Hensler vgl. Hirsch, ADB 12 (1880), 8-11.
598 Vgl. Chroniken der Universität zu Kiel 1850 bis 1867.
599 LAS Abt. 47.1, Nr. 169 II; UAM, E-II-501 (Personalakt J. J. W. Planck), Blatt 2.
600 Unbekannter Verfasser, Ritterorden und Ehrenzeichen, S. 49.
601 Unbekannter Verfasser, Ritterorden und Ehrenzeichen, S. 50.

Universitätsarchives befindet sich lediglich ein kurzes Danksagungsschreiben Plancks an den König:

> „Indem ich Eure Majestät meinen allerunterthänigsten Dank abstatte, verspreche ich […] alle meine Kräfte im Dienst der Lehranstalt aufzubieten, zu deren Mitglied Eur. Majestät mich Allergnädigst bestellt haben."[602]

bb) Diskussion um die Ernennung zum Etatsrat, 1862

Des Weiteren erfolgte 1862 eine Diskussion über die Frage, ob Planck zum wirklichen Etatsrat (Rangklasse III) ernannt werden solle.[603] Veranlassung der Debatte um die Ernennung war ein durch Planck abgelehnter Ruf der Universität Halle an die Stelle des verstorbenen Professors Ludwig Wilhelm Anton Pernice (11. Juni 1799 - 16. Juli 1861).[604] Der Kieler Kurator beantragte daraufhin die Verleihung des Titels des wirklichen Etatsrats und hob dabei hervor, dass Planck schon seit Jahren außerordentliches Mitglied des Kieler Oberappellationsgerichts sei, dessen ordentliche Mitglieder den erwähnten Titel führen.[605] Zudem sei Planck einer der „hervorragendsten [….] Rechtslehrer" und nehme „an wissenschaftlicher Bedeutung die erste Stelle an der Kieler Universität ein".[606] Für die Universität Kiel sei es ein besonderes Glück, dass Planck dort tätig sei und den Ruf nach Leipzig abgelehnt habe.[607] Der Antrag des Kurators an das königliche Ministerium für die Herzogtümer Holstein und Lauenburg wurde jedoch letztlich abgelehnt.[608]

f) Ergebnis

In seiner 17-jährigen Wirkungsperiode in Kiel an der Christiana Albertina widmete Planck sich vorwiegend verschiedenen Universitätsgeschäften. Er setzte sich für die Rechte, den Erhalt und die Wiederherstellung der Universität ein und stützte sie in einer Zeit politischer Wirren.

Als Rektor und Kurator der Universität erstrebte er ein geeintes Schleswig-Holstein, in dem die Kieler Universität wieder als Landesuniversität allen Bevölkerungsteilen zur Verfügung stehen sollte. Gleichzeitig war er bemüht, die

---

602 Vgl. LAS Abt. 47.1, Nr. 169 II.
603 LAS Abt. 47.1, Nr. 170 II.
604 LAS Abt. 47.1, Nr. 170 II.
605 LAS Abt. 47.1, Nr. 170 II.
606 LAS Abt. 47.1, Nr. 170 II.
607 LAS Abt. 47.1, Nr. 170 II.
608 LAS Abt. 47.1, Nr. 170 II.

Studenten von dem politischen Geschehen fern zu halten, und versuchte durch geschickte Berufungen, der Universität einerseits Rückhalt zu geben und andererseits neuen Glanz zu verleihen. Wie sich die Kieler Universitätsgeschichte ohne Plancks Engagement und sein Eintreten für die Universität in dieser Periode entwickelte hätte, ist nicht abzusehen, aber ohne seine Bemühungen und gewissenhafte Arbeit hätte sich diese Zeit für die Universität, und vor allem für die Juristenfakultät, deutlich schwieriger gestaltet.

3.) Richterliche Tätigkeit

An verschiedener Stelle ist der Hinweis zu finden, dass Planck während seines Kieler Aufenthalts Mitglied des Oberappellationsgerichts der vier Freien Städte des Deutschen Bundes war, das sich in der Freien und Hansestadt Lübeck befand.[609] Dies lässt sich jedoch anhand der Archivunterlagen des Oberappellationsgerichtes, die sich im Stadtarchiv der Hansestadt Lübeck befinden, nicht nachweisen. Er erhielt zwar einen Ruf an das Gericht, dem er jedoch keine Folge leistete.[610]

Planck war aber neben seiner Professorentätigkeit seit 1853 als außerordentliches Mitglied am Schleswig-Holstein-Lauenburgischen Oberappellationsgericht tätig.[611] Das Schleswig-Holstein-Lauenburgische Oberappellationsgericht wurde am 01. Oktober 1834 als gemeinsames letztinstanzliches Gericht der Herzogtümer Schleswig, Holstein und Lauenburg errichtet und ersetzte damit nach Auflösung des Heiligen Römischen Reiches Deutscher Nation das nach der Reichsgerichtsbarkeit höchste Gericht Holsteins und Lauenburgs, das wahlweise das Reichskammergericht in Wetzlar oder der Reichshofrat in Wien war.[612] Es bestand bis 1867, wobei es zwischen 1850 und 1866 nicht für das Herzogtum Schleswig zuständig war.[613] Sitz des Gerichts war das von Blome'sche Freihaus in der Flämischen Straße 21 in Kiel.[614] Die Zuständigkeit des Gerichts umfasste sowohl Zivil- als auch Strafsachen; längere Zuchthausstrafen, lebenslange

---

609 So z.B. Foljanty/Gelinek in: Greifswald – Spiegel der deutschen Rechtswissenschaft 1815 bis 1945, S. 472; Rückert u.a. (Hrsg.), Niedersächsische Juristen: Ein historisches Lexikon mit einer landesgeschichtlichen Einführung und Bibliographie, S. 399; Behrends (Hrsg.), Rudolf von Jhering, Beiträge und Zeugnisse, S. 109.

610 Vgl. UAG, K 181 Die Juristische Fakultät, Mitteilung des Ministeriums der geistlichen, Unterrichts- und Medizinalangelegenheiten vom 16.05.1850.

611 LAS Abt. 80, Nr. 1161 II.

612 Döhring, SchlHAnz 1959, 229 (229); Schubert, SchlHAnz 2009, 308 (308).

613 Döhring, SchlHAnz 1959, 229 (233); Schubert, SchlHAnz 2009, 308 (308).

614 Döhring, SchlHAnz 1959, 229 (231).

Freiheitsentziehung und Todesstrafen konnten beispielsweise nur vom Oberappellationsgericht verhängt werden.[615] Bis nach 1850 bildeten familien-, erb- und agrarrechtliche Problematiken den Schwerpunkt der gerichtlichen Tätigkeit und es fanden keine Aktenversendungen an die Juristische Fakultät zum Spruch statt, das Gericht entschied selbst.[616]

Gemäß § 21 der Gerichtsordnung konnten „nur Männer von untadelhaftem Lebenswandel, die das 30ste Jahr vollendet und, falls sie nicht während dreier Jahre, als ordentliche Professoren, Mitglieder einer Juristen-Facultät gewesen sind, das durch die Verordnung vom 18ten December 1795 vorgeschriebene Examen bestanden, auch sich überdem zu juristischen Practikern ausgebildet haben" Mitglied des Oberappellationsgerichts werden.

Da Planck „wegen seiner Tüchtigkeit und seiner Gesinnung allgemein geachtet" wurde und nichts gegen seine Ernennung einzuwenden war, wurde er am 10. September 1853 zusammen mit Christiansen zum außerordentlichen Mitglied des Gerichts i.S.v. § 19 der Gerichtsordnung bestellt.[617] Zuvor war auch Plancks Vorgänger Falck außerordentliches Mitglied des Gerichts.[618] Am 14. November 1853 legte Planck seinen richterlichen Eid ab und schwor, sein Amt als außerordentlicher Beisitzer des Oberappellationsgerichts „mit Verschwiegenheit, Treue, Pünktlichkeit und Eifer" zu erfüllen und „einen Jeden ohne Unterschied der Person und der Sache unpatheiische Gerechtigkeit" zu gewähren.[619]

Zu Plancks Amtszeit wurde das Oberappellationsgericht von 1847 bis 1855 von Friedrich Christian Schmidt[620] und von 1855 bis 1867 von Carl Otto

615 Döhring, SchlHAnz 1959, 229 (231); vgl. auch § 68 der provisorischen Gerichtsordnung vom 15. Mai 1834 für das Schleswig-Holstein-Lauenburgische Oberappellationsgericht in Kiel für die Herzogtümer Schleswig und Holstein, abgedruckt bei Schubert, Zur Geschichte der Justizverfassung in Schleswig-Holstein im 19. und 20. Jahrhundert, S. 115 ff.

616 Döhring, SchlHAnz 1959, 229 (233); § 11 der provisorischen Gerichtsordnung vom 15. Mai 1834 für das Schleswig-Holstein-Lauenburgische Oberappellationsgericht in Kiel für die Herzogtümer Schleswig und Holstein, abgedruckt bei Schubert, Zur Geschichte der Justizverfassung in Schleswig-Holstein im 19. und 20. Jahrhundert, S. 115 ff.

617 LAS Abt. 80, Nr. 1161 II.

618 Kähler, S. 18.

619 LAS Abt. 80, Nr. 1161 II.

620 Friedrich Christian Schmidt, 12.07.1776 (Steinbergkirche, Angeln) - 10.12.1862 (Kiel), war nach seinem Rechtsstudium zunächst als Advokat und Notar tätig, 1820 wurde er Rat am Holsteinischen Obergericht in Glücksstadt, ab 1834 war er Rat

Dumreicher[621] geleitet.[622] Durch seine richterliche Tätigkeit hatte Planck die Möglichkeit, sich aktiv am Gerichtsgeschehen zu beteiligen und auf diese Weise den Praxisbezug zu wahren, was ihm seit Beginn seiner Professorenlaufbahn von großer Bedeutung war. Mittels der hierdurch erlangten Einblicke in das aktuelle gerichtliche Geschehen konnte er durch deren Einbindung in seine Lehrtätigkeit seinen Vorlesungen und Übungen einen besonderen Wert verleihen, was wohl auch ein Grund dafür gewesen sein darf, dass seine Lehrveranstaltungen breiten Anklang fanden.

Aufgrund seiner Zugehörigkeit als außerordentliches Mitglied zum Oberappellationsgericht war Plancks Wählbarkeit als Vertreter der Universität in die Ständeversammlung ausgeschlossen, was Bechmann in seinem Nachruf sehr bedauerte, da Planck wohl ein „ausgezeichnetes Mitglied" gewesen wäre.[623] Nach fast vierzehnjähriger Tätigkeit am Gericht bat Planck im Mai 1867 aufgrund seines Fortgangs nach München um Entlassung aus seinem Amt.[624]

---

und ab 1847 Präsident des Schleswig-Holstein-Lauenburgischen Oberappellationsgerichts, 1855 wurde er „in Gnaden" entlassen, vgl. Lorenzen, in: Schleswig-holsteinisches biographisches Lexikon, Bd. 1, S. 238-239.

621 Carl Otto Dumreicher, 15.05.1799 (Schleswig) - 07.01.1875 (Kiel), nach seinem Rechtsstudium in Kiel und Heidelberg trat Dumreicher 1826 in die Schleswig-Holstein-Lauenburgische Kanzlei in Kopenhagen ein, 1849/50 war er Chef des Departements der Verwaltungskommission für Schleswig, 1851 Referent für Kabinettsachen aus Holstein und Lauenburg, ab 1853 Amtmann von Reinbek, Trittau und Tremsbüttel und von 1855 bis 1867 Präsident des Schleswig-Holstein-Lauenburgischen Oberappellationsgerichts, vgl. Lorenzen, in: Schleswig-holsteinisches biographisches Lexikon, Bd. 3, S. 87-88.

622 Schubert, SchlHAnz 2009, 308 (309).

623 Bechmann, Beilage zur Allgemeinen Zeitung, Jahrgang 1900, Nr. 230, S. 4.

624 LAS Abt. 80, Nr. 1161 II.

Abb. 4: Richterlicher Eid am Oberappellationsgericht von Johann Julius Wilhelm Planck vom 14. November 1853

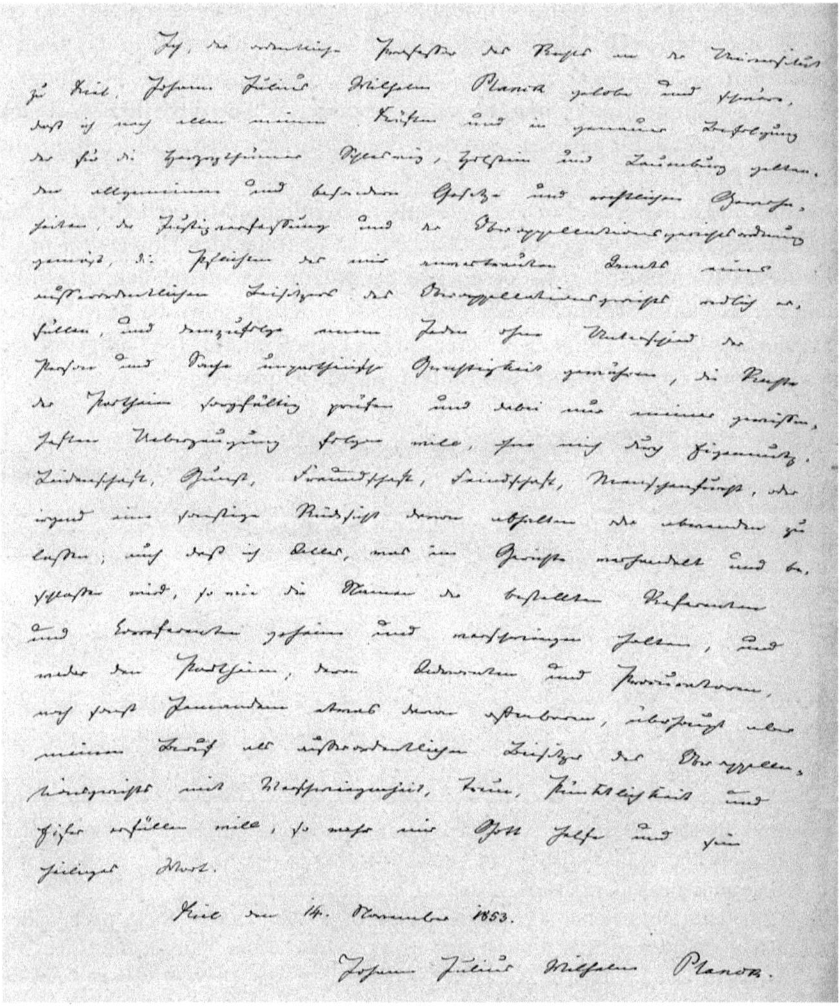

Ich, der ordentliche Professor der Rechte an der Universität zu Kiel, Johann Julius Wilhelm Planck gelobe und schwöre, daß ich nach allen meinen Kräften und in genauer Befolgung der für die Herzogthümer Schleswig, Holstein und Lauenburg geltenden allgemeinen und besonderen Gesetze und rechtlichen Gewohnheiten, der Justizverfassung und der Oberappellationsgerichtsordnung gemäß, die Pflichten der mir anvertrauten Stelle eines außerordentlichen Beisitzers des Oberappellationsgerichts redlich erfüllen, und demzufolge einem Jeden ohne Unterschied der Person und Sache unparteiische Gerechtigkeit gewähren, die Rechtssachen der Parteien sorgfältig prüfen und dabei nur meiner gewissenhaften Ueberzeugung folgen will, ohne mich durch Eigennutz, Leidenschaft, Gunst, Freundschaft, Feindschaft, Menschenfurcht, oder irgend eine sonstige Rücksicht davon abhalten oder abwenden zu lassen; auch daß ich Alles, was im Gerichte verhandelt und beschlossen wird, so wie die Namen der bestellten Referenten und Correferenten geheim und verschwiegen halten, und weder den Parteien, deren Advocaten und Procuratoren, noch sonst Jemandem etwas davon offenbaren, überhaupt aber meinen Beruf als außerordentlicher Beisitzer des Oberappellationsgerichts mit Verschwiegenheit, Treue, Pünktlichkeit und Eifer erfüllen will, so wahr mir Gott helfe und sein heiliges Wort.

Kiel den 14. November 1853.

Johann Julius Wilhelm Planck.

Quelle: LAS Abt. 80, Nr. 1161 II.

4.) Privatleben

a) Familiäres

In Kiel bekamen Planck und seine zweite Ehefrau Emma fünf Kinder, so dass Planck nunmehr Vater von sieben Kindern war. Für eine Akademikerfamilie stellte dies eine normale Familiengröße dar, die mit entsprechendem Personal (Kindermädchen, Haushalthilfe, Köchin) bewältigt wurde.[625]

Zunächst wurde Hermann Gotthilf Theodor Planck am 01. Januar 1851 geboren.[626] Dieser fiel jedoch bereits im Alter von 19 Jahren am 09. Dezember 1870 bei Orléans im Deutsch-Französischen Krieg, was für die Familie einen schweren Schicksalsschlag bedeutete und was Planck nie ganz überwinden konnte.[627]

Am 27. Oktober 1852 kam Plancks dritter Sohn Adalbert Friedrich August Wilhelm Planck zur Welt, der Ingenieur wurde und Johanna Gustava Baur (24. Mai 1857 - 11. September 1937), die Tochter von Franz Adolf Gregor von Baur (1830-1897), dem Professor für Forstwesen der Universität München, heiratete.[628] Adalbert verstarb am 04. Januar 1930 in Traunstein in Oberbayern.[629]

Hildegard Charlotte Elisabeth Planck wurde am 30. Dezember 1854 als fünftes Kind Plancks geboren und heiratete am 18. März 1885 den Juristen Otto Moritz Wilhelm Brandis (07. September 1856 - 20. Juli 1917), den Sohn des Lübecker Oberappellationsgerichtsrats Hermann Brandis.[630] Otto Brandis war nach Beendigung seines Studiums, bei dem er unter anderem auch Vorlesungen seines Schwiegervaters in München hörte, zunächst als Anwalt in Hamburg tätig.[631] 1885 wurde er zum Richter in Hamburg ernannt, ab 1890 war er Vorsitzender der Kammer für Handelssachen, 1893 wurde er Oberlandesgerichtsrat und ab Februar 1912 leitete er als Präsident das Hanseatische Oberlandesgericht.[632] Plancks Tochter Hildegard starb am 30. März 1915.[633]

---

625 Hoffmann, Max Planck – Entstehung der modernen Physik, S. 8 f.

626 Puschmann, Schlesisches Geschlechterbuch, Bd. 4, S. 181.

627 Bechmann, Beilage zur Allgemeinen Zeitung, Jahrgang 1900, Nr. 230, S. 4; Puschmann, Schlesisches Geschlechterbuch, Bd. 4, S. 181; vgl. auch Fischer, S. 16.

628 Puschmann, Schlesisches Geschlechterbuch, Bd. 4, S. 181; Hoffmann, NDB 20 (2001), 497 (497).

629 Puschmann, Schlesisches Geschlechterbuch, Bd. 4, S. 181.

630 Puschmann, Schlesisches Geschlechterbuch, Bd. 4, S. 182; zu Otto Brandis siehe Blumenbach, Hanseatische Rechts- und Gerichts-Zeitschrift A, Spalte 467-472.

631 Blumenbach, Hanseatische Rechts- und Gerichts-Zeitschrift A, Spalte 467 (468 f.).

632 Blumenbach, Hanseatische Rechts- und Gerichts-Zeitschrift A, Spalte 467 (469 f.).

633 Blumenbach, Hanseatische Rechts- und Gerichts-Zeitschrift A, Spalte 467 (469); Puschmann, Schlesisches Geschlechterbuch, Bd. 4, S. 182.

Als sechstes und berühmtestes Kind der Familie wurde am 23. April 1858 Max Ernst Ludwig Carl Planck geboren.[634] Nachdem dieser im Juli 1874 das Abitur am Münchener Maximilians-Gymnasium absolviert hatte, studierte er Physik und Mathematik in München und Berlin.[635] Bei seiner Studienwahl mag ihn unter Umständen auch sein Vater mitbeeinflusst haben, denn er berichtete in einem später geführten Interview:

> „Mein Vater war der erste, der mir von einem Naturgesetz sprach. Er hatte für Naturwissenschaften viel übrig, besonders für Astronomie. Ich sehe ihn vor mir, wie er mir den gestirnten Himmel zeigt und von den Planeten spricht. ‚Sieh diese Sterne', sagte er, ‚sie bewegen sich nach ewigen Gesetzen.' Ich glaube fast, der Vater sprach mit mir neunjährigem Knaben von den Keplerschen Gesetzen. Es machte einen ganz starken Eindruck auf mich."[636]

1879 wurde Max Planck in München promoviert und bereits 1880 folgte dort auch seine Habilitation.[637] Von 1880 bis 1885 war er zunächst als Privatdozent an der Universität München und im Anschluss daran bis 1889 als außerordentlicher Professor für theoretische Physik an der Universität Kiel tätig.[638] Die Berufung nach Kiel war nicht nur seinen wissenschaftlichen Fähigkeiten, sondern, wie er selbst gestand, wohl auch den guten Verbindungen seines Vaters nach Kiel zuzuschreiben:

> „Freilich vermutete ich nicht mit Unrecht, daß ich diesen Glücksfall nicht eigentlich meinen wissenschaftlichen Leistungen zu verdanken hatte, sondern vielmehr dem Umstand, daß der Kieler Professor der Physik Gustav Karsten[639] ein naher Freund meines Vaters war."[640]

---

634 Hoffmann, NDB 20 (2001), 497 (497). Über Werk und Leben von Max Planck existiert eine Vielzahl an Literatur. Hier wird auf eine ausführliche Darstellung verzichtet, es sollen nur einige wichtige Lebensstationen im Überblick dargelegt werden. Zur Literatur über Max Planck siehe Hauke, Petra: Literatur über Max Planck: Bestandsverzeichnis, anlässlich des Jubiläums 100 Jahre Quantentheorie, Berlin 2001 (= Veröffentlichungen aus dem Archiv zur Geschichte der Max-Planck-Gesellschaft, Bd. 14).

635 Hermann, S. 9 ff.; Hoffmann, NDB 20 (2001), 497 (498).

636 Lorsy, Interview mit Max Planck, Münchener Illustrierte Presse 1931, Nr. 20, S. 644.

637 Hermann, S. 14 ff.

638 Hermann, S. 17 ff.; Hoffmann, NDB 20 (2001), 497 (498).

639 Gustav Karsten, 24.11.1820 (Berlin) - 16.03.1900 (Kiel), studierte Mathematik und Naturwissenschaften in Bonn und Berlin, wurde 1843 promoviert und 1845 habilitiert, 1847 erfolgte seine Ernennung zum außerordentlichen und 1851 zum ordentlichen Professor der Physik und der Mineralogie in Kiel, vgl. Volbehr/Weyl, S. 141; Bettelheim (Hrsg.), Biographisches Jahrbuch und Deutscher Nekrolog, V. Bd., S. 76-78.

640 Max Planck, Physikalische Abhandlungen und Vorträge, Bd. 3, S. 380.

Im April 1889 folgte er einem Ruf an die Universität Berlin, an welcher er auch noch nach seiner Emeritierung 1927 weiterhin wirkte.[641] Seine Errungenschaften im Bereich der Thermodynamik und besonders die Begründung der Quantenphysik, durch die die moderne Physik revolutioniert wurde, brachten ihn zu wissenschaftlichem Ruhm und seine Leistungen wurden 1919 mit dem Nobelpreis für Physik für das Jahr 1918 gekrönt.[642]

In erster Ehe war Max Planck mit der Tochter des Münchener Bankiers Heinrich Merck (1822-1907), Marie Eugenie Merck (6. September 1861 - 17. Oktober 1909), verheiratet, die jedoch bereits im Alter von 48 Jahren verstarb.[643] 1911 heiratete er dann Marga Sophie Matilde von Hoeßlin (18. August 1882 - 1. März 1949), die Tochter des Münchener Professors und Malers Georg Hoeßlin und zugleich Nichte seiner verstorbenen Frau.[644] Trotz zahlreicher familiärer Schicksalsschläge führte er bis zu seinem Tod ein Leben für die Wissenschaft.[645] So wurde er u.a. 1945 Präsident der Kaiser-Wilhelm-Gesellschaft, deren 1946 gegründete Nachfolgeorganisation zu seinen Ehren nach ihm in „Max-Planck-Gesellschaft zur Förderung der Wissenschaft“ benannt wurde und mit ihren zahlreichen Instituten auch heute noch Deutschlands bedeutendste Forschungsorganisation darstellt.[646] Max Planck starb am 04. Oktober 1947 in Göttingen, also dort, wo sein Vater geboren wurde. Die Christian-Albrechts-Universität ernannte ihn 1944 zum Ehrensenator und am 16. September 1947 wurde er Ehrenbürger der Stadt Kiel.[647] Zudem wurde ihm am 23. April 1958 zu seinem hundertsten Geburtstag ein Gedenkstein gewidmet, der sich dort befindet, wo die Familie Planck einst im Jahnshof in Kiel lebte und wo Max Planck geboren wurde.[648]

Als letztes Kind wurde Otto Werner Johann Carl Planck am 18. März 1863 geboren.[649] Auch er schlug die Juristenlaufbahn ein, promovierte am 05. März 1889 in München, wurde Senatspräsident am Bayerischen Oberlandesgericht in

---

641 Hermann, S. 23; Hoffmann, NDB 20 (2001), 497 (498).

642 Hoffmann, NDB 20 (2001), 497, (498 f.).

643 Puschmann, Schlesisches Geschlechterbuch, Bd. 4, S. 183; Hoffmann, Max Planck – Entstehung der modernen Physik, S. 22.

644 Puschmann, Schlesisches Geschlechterbuch, Bd. 4, S. 183; Hoffmann, Max Planck – Entstehung der modernen Physik, S. 22 f.

645 Beck, in: Max Planck und die Max-Planck-Gesellschaft, S. 19, 23.

646 Stolz, S. 25. Zur Max-Planck-Gesellschaft vgl. Beck (Hrsg.), Max Planck und die Max-Planck-Gesellschaft, Berlin 2008 sowie die Homepage der Gesellschaft: http://www.mpg.de.

647 Stolz, S. 25.

648 Stolz, S. 21 f.

649 Puschmann, Schlesisches Geschlechterbuch, Bd. 4, S. 185.

München und bayerischer Geheimrat.[650] Verheiratet war er mit Emilie Wilhelmine Frisch (11. Juni 1874 - 10. Dezember 1944), der Tochter des rechtskundigen Bürgermeisters Nikodemus Frisch aus Augsburg.[651] Otto Planck verstarb am 14. April 1933 und wurde beim Grab seiner Eltern in München beigesetzt.[652]

Abb. 5: Die Geschwister Adalbert, Max, Hildegard und Hermann, 1862

Quelle: Archiv der Max-Planck-Gesellschaft, Berlin-Dahlem, Planck, Bild-Nr. IV.2/37.

Das Familienleben der Plancks gestaltete sich sehr harmonisch, die gemeinsame Pflege der Musik nahm hierbei eine bedeutende Rolle ein. Durch die Eheschließungen seiner Kinder entstanden zudem weitere Verflechtungen mit anderen Gelehrtenfamilien. Die Ferien wurden vorwiegend genutzt, um Verwandte in

650 Hoffmann, NDB 20 (2001), 497 (497). Das Thema seiner Dissertation lautete: „Das Budgetrecht der belgischen Verfassung historisch-kritisch untersucht“, s. Resch/Buzas, S. 125.

651 Puschmann, Schlesisches Geschlechterbuch, Bd. 4, S. 185.

652 Puschmann, Schlesisches Geschlechterbuch, Bd. 4, S. 185.

Göttingen, Hannover und Greifswald zu besuchen.[653] Planck unternahm unter anderem auch Reisen in die Schweiz, nach Berlin und Wien.[654] Er liebte es, mit seiner Familie und seinen Freunden für viele Sommerwochen ins nördliche oder südliche Tirol zu reisen und in ausgedehnten Wandertouren die Umgebung zu erkunden.[655] Durch dieses ausgeprägte familiäre Leben schaffte er sich zu seiner akademischen Wirksamkeit den entsprechenden Ausgleich.

b) Freundschaften und Interessen

In Kiel verkehrte die Familie Planck vornehmlich in den Gelehrtenkreisen der Stadt und knüpfte viele gesellschaftliche Kontakte, aus denen sich zum Teil enge Freundschaften entwickelten, die auch nach dem Weggang von Kiel fortbestanden. Zudem war Planck Mitglied des Kieler Kunstvereins.[656]

aa) Julie Michaelis

Im Rahmen der in Kiel entstandenen freundschaftlichen Beziehungen ist zunächst vor allem das enge Verhältnis zu der Familie der Julie Michaelis zu nennen, das sich während der Zeit, in der die Plancks im Jahnshof wohnten, entwickelte und sich auf sämtliche Familienmitglieder erstreckte.

Julie Michaelis (15. Oktober 1806 - 26. November 1892), geborene Jahn, zog, nachdem ihr Mann, der Mediziner Gustav Adolf Michaelis 1848 Selbstmord begangen hatte, mit den gemeinsamen Kindern wieder zurück in ihr Elternhaus, den Jahnshof.[657] Als ab 1853 die Plancks eine Wohnung im Jahnshof bewohnten, entstand durch die räumliche Nähe eine enge Freundschaft zwischen den Familien. „Die planckschen Kinder, namentlich die kleineren, erst allmählich hinzukommend, waren bei uns fast ebenso wie in der eigenen Familie zu Hause", so berichten es die Familienerinnerungen der Julie Michaelis.[658] Verreisten die Eltern Planck, so wurden die Kinder für diese Zeit von Julie Michaelis beaufsichtigt.[659] Zudem verband die Leidenschaft zum Klavierspiel Julie Michaelis

---

653 Vgl. entsprechende Urlaubsgesuche Plancks an das königliche Ministerium für die Herzogtümer Holstein und Lauenburg: LAS Abt. 47.1, Nr. 169 I und II.

654 LAS Abt. 47.1, Nr. 169 I und II.

655 Graßmann, Mitteilungen aus der Max-Planck-Gesellschaft 1973, 91 (91); Hermann, S. 17.

656 Vgl. Verzeichnis der Mitglieder des Kunstvereins, in: Schriften der Universität zu Kiel 1854.

657 vgl. Michaelis, S. 70 ff.

658 Michaelis, S. 95.

659 Michaelis, S. 96.

und Planck, des Öfteren wurde zusammen musiziert und bis spät in die Nacht erklang die Musik im Garten des Jahnshofs.[660] Wie eng die Bindung zum Jahnshof und zur Familie Michaelis war, kommt insbesondere durch die Übernahme der Patenschaft durch Julie Michaelis für Plancks sechstes Kind, Max Planck, zum Ausdruck.[661] Auch in politischer Hinsicht harmonierten die Vorstellungen von Julie Michaelis und Planck, auch sie erstrebte ein selbstständiges Schleswig-Holstein unter der Führung der Augustenburger.[662]

Als Planck Kiel 1867 verließ, stellte dies für Julie Michaelis einen schweren Verlust dar, sie verlor nicht nur einen Musikpartner, sondern auch einen guten Freund.[663] Doch auch in der Folgezeit wurde der Kontakt zwischen den Familien stets gepflegt und die Nachricht des Todes von Plancks Sohn Hermann bei den Kämpfen um Orléans ging auch der Familie Michaelis sehr nahe, da er „fast wie ein Familienmitglied angesehen wurde".[664] Planck besuchte Julie Michaelis auch in späteren Jahren und musizierte gemeinsam mit ihr.[665] Ebenso besuchte Max Planck seine Patentante in Kiel des Öfteren und erfreute sie mit seinem Klavierspiel.[666]

bb) Intellektueller Zusammenschluss: Die „Familie"

Der Jahnshof stellte zudem seinerzeit einen der Mittelpunkte des gesellschaftlichen, kulturellen, politischen und musikalischen Lebens Kiels dar, wo Professoren, Beamte, Künstler und die akademische Jugend zusammen kamen.[667] Hier bildete sich ein Lesekreis, dem sich neben der Familie Michaelis verschiedene Professoren und deren Familien anschlossen, zu nennen sind hier beispielsweise Droysens, Olshausens, Christiansens, Wilhelm Behn, Gustav Karsten, Carl Conrad Theodor Litzmann und auch Planck (Planck und Litzmann kannten sich schon aus ihrer gemeinsamen Zeit in Greifswald).[668] Innerhalb dieses Kreises wurden regelmäßig Leseabende und Musikveranstaltungen abgehalten, man widmete sich der Pflege des gesellschaftlichen Lebens.[669] Planck berichtete an

660 Michaelis, S. 96.
661 Michaelis, S. 153 und Nachwort von Hartwig Beseler, S. XII.
662 Michaelis, S. 128 und Nachwort von Hartwig Beseler, S. XXII.
663 Michaelis, S. 129.
664 Michaelis, S. 138.
665 Michaelis, S. 136.
666 Michaelis, S. 153 und 166.
667 Stoltenberg, S. 68 und 75.
668 Michaelis, S. 75.
669 Michaelis, S. 108.

seinen Freund Miescher-His in Basel, dass dieser kleine gesellige Kreis „äußerst belebt und munter" gewesen sei, dass viel gelesen wurde, auch rollenweise und dass auch „viel Scherz und Lustigkeit" unter den Teilnehmern herrschte.[670] Dieser enge Zusammenschluss der Gelehrten bezeichnete sich selbst als sog. „Familie"[671] und wird als intellektueller Zirkel auch dem politischen Gedankenaustausch gedient haben, der nicht für jedermann zugänglich war. So berichtete Chalybaeus 1854 in einem Brief, dass das gesellige Leben in Kiel ganz entfallen sei und dass die Mediziner Litzmann und Behn zusammen mit Karsten und Planck die sogenannte „große Familie" bilden würden und sich eng abschlössen.[672]

cc) Weitere Bekanntschaften

In Kiel lernte Planck Rudolf von Jhering kennen, der seit 1849 an der Universität Kiel tätig war und es entstand ein freundschaftliches Verhältnis zwischen den beiden Juristen. Man verbrachte Abende zusammen und musizierte gemeinsam.[673] Jhering verließ Kiel jedoch bereits im März 1852 und folgte einem Ruf nach Gießen, was Planck äußerst bedauerte.[674] In einem Brief an Jhering vom 15.10.1853 schrieb er:

> „Ich wollte, u. wie Viele wünsche ich es mir, daß Sie noch hier bei uns wären. Und ich bitte wenigstens das, daß Sie sich an den Gedanken gewöhnen, gelegentlich wieder zu uns zu kommen."[675]

Befreundet war die Familie Planck des Weiteren mit den Eheleuten Klaus Johann Groth (24. April 1819 - 01. Juni 1899) und Dorothea Maria Louise, geborene Finke (22. Mai 1830 - 19. Januar 1878)[676]. Klaus Groth war Schriftsteller und gilt heute als Mitbegründer der neuniederdeutschen Literatur.[677] Die Paare

---

670 UB Basel, NL 102 B: 4623, Brief Planck an Miescher, 09.03.1851.

671 Vgl. Michaelis, S. 108.

672 Brief von Chalybaeus an Herrmann vom 17.02.1854, abgedruckt bei Liepmann (Hrsg.), S. 296.

673 Döhring, S. 126 (leider ohne nähere Quellenangaben).

674 Brief Planck an Jhering 15.10.1853, abgedruckt bei Behrends (Hrsg.), Rudolf von Jhering: Beiträge und Zeugnisse, S. 109.

675 Brief Planck an Jhering 15.10.1853, abgedruckt bei Behrends (Hrsg.), Rudolf von Jhering: Beiträge und Zeugnisse, S. 109.

676 Zu Dorothea (Doris) Groth siehe Einführung in: Hartig (Hrsg.), Wohin das Herz uns treibt: Die Tagebücher der Doris Groth, S. 10-17.

677 Zu Groth vgl. Bartels, ADB 49 (1904), 562-575. Sein bekanntestes Werk ist der 1852 erschienene plattdeutsche Gedichtband „Quickborn".

besuchten sich gegenseitig des Öfteren oder trafen sich bei gemeinsamen Bekannten.[678] Bei diesen Gesellschaften spielte Planck Klavierstücke, unter anderen von Bach, Händel und Beethoven und hinterließ bleibenden Eindruck: „Herr Professor Plan(c)k spielt so einfach, elastisch, schön u(nd) so sicher, so ruhig" vermerkte Doris Groth in ihrem Tagebuch.[679] Planck setzte sich zudem zusammen mit einer Reihe weiterer Professoren für die Ernennung von Klaus Groth zum Professor ein, die schließlich im März 1866 erfolgte.[680]

Durch die gemeinsamen Gesellschaften stand Planck mit vielen weiteren Personen, insbesondere Professoren, in engem Kontakt, zu nennen sind hier unter anderem Karl Wilhelm Nitzsch (22. Dezember 1818 - 20. Juni 1880, Professor der Geschichte), Johannes Friedrich August von Esmarch (09. Januar 1823 - 23. Februar 1908, Professor der Chirurgie und Augenheilkunde) und dem Sohn von Gustav Adolf Michaelis und Julie Michaelis, Adolf Theodor Friedrich Michaelis[681] (22. Juni 1835 - 12. August 1910).[682]

c) *Vormundschaften*

Neben seinen akademischen Verpflichtungen übernahm Planck zudem eine Reihe von Vormundschaften für Kinder anderer verstorbener Professoren, wodurch das enge Verhältnis, das zwischen den Kieler Professorenfamilien bestand, zum Ausdruck kommt. Nach dem Tod seines Fakultätskollegen Wilhelm Eduard Wilda 1856 übernahm Planck die Vormundschaft für dessen Kinder.[683] Des Weiteren übertrug man Planck mit dem Tod des Mediziners Wilhelm Heinrich Valentiner 1856 auch die Vormundschaft für dessen Kinder.[684] Erst

678 Vgl. Hartig (Hrsg.), Wohin das Herz uns treibt: Die Tagebücher der Doris Groth, Tagebucheinträge vom 23.10. und 05.11.1859, 27.-31.07.1860, 24.01. und 27.02.1861.

679 Vgl. Hartig (Hrsg.), Wohin das Herz uns treibt: Die Tagebücher der Doris Groth, Tagebucheintrag vom 05.11.1859.

680 Vgl. Hartig (Hrsg.), Wohin das Herz uns treibt: Die Tagebücher der Doris Groth, Tagebucheintrag vom 04.07.1866.

681 Adolf Theodor Friedrich Michaelis, 22.06.1835 (Kiel) - 12.08.1910 (Straßburg), studierte Klassische Philologie und Archäologie in Leipzig und Berlin, wurde in Kiel 1857 promoviert und 1861 erfolgte seine Habilitation ebenda, ab 1862 war er außerordentlicher Professor in Greifswald, ab 1865 ordentlicher Professor in Tübingen und ab 1872 ordentlicher Professor in Straßburg, vgl. Volbehr/Weyl, S. 209 und Döhl, NDB 17 (1994), 429-430.

682 Vgl. Hartig (Hrsg.), Wohin das Herz uns treibt: Die Tagebücher der Doris Groth, Tagebucheinträge vom 05.11.1859, 24.01. und 27.02.1861.

683 Vgl. LAS Abt. 47, Nr. 827.

684 Vgl. LAS Abt. 47, Nr. 827.

mit dem Wechsel nach München 1867 bat Planck um Entlassung aus diesen Vormundschaften, da er befürchtete, seinen damit verbundenen Pflichten von München aus nicht mehr gerecht werden zu können, und er kümmerte sich um entsprechenden Ersatz.[685]

d) Ergebnis

Die Familie Planck stellte eine typische Gelehrtenfamilie (im Bildungsbürgertum) dar. Die Söhne schlugen (abgesehen von Hermann, der im Krieg fiel) selbst die akademische Laufbahn ein, während die Töchter in andere Gelehrtenfamilien einheirateten und so verwandtschaftliche Verflechtungen zwischen den Familien entstanden und sich damit eine hohe akademische Dichte in der Familie entwickelte. Das Elternhaus und insbesondere die Tätigkeit Plancks, wie seinerseits die akademische Tätigkeit seines Vaters und auch die seines Großvaters, sowie seine Beziehungen und Freundschaften zu anderen Gelehrtenfamilien haben diese Werdegänge gefördert und als Verpflichtung für die Wissenschaft gewirkt.

5.) Abschied von Kiel

Mit dem Tod Karl Friedrich Dollmanns[686] am 09. Januar 1867, dem Professor des Strafrechts und Strafprozessrechts der Universität München, wurde Planck „sofort"[687] als geeigneter Nachfolger von der dortigen juristischen Fakultät in Betracht gezogen und nach Genehmigung durch die königliche Regierung erging ein entsprechender Ruf.[688] Insgeheim wurde Planck, wenn auch die Berufung für das Straf- und Strafprozessrecht erfolgte, als Nachfolger des an der Universität tätigen, berühmten, aber in die Jahre gekommenen Hieronymus von Bayer

685 Vgl. LAS Abt. 47, Nr. 827.

686 Karl Friedrich Dollmann, 20.10.1811 (Ansbach) - 09.01.1867 (München), studierte in Berlin, Heidelberg und München, bestand 1833 das Staatsexamen mit Auszeichnung, im selben Jahr erfolgte seine Promotion, danach war er zunächst in Erlangen als Privatdozent tätig, ab 1835 in München, 1839 ernannte man ihn zum außerordentlichen und 1844 zum ordentlichen Professor. Seine Lehrtätigkeit war weit gefächert, er las Enzyklopädie, römische Rechtsgeschichte, Institutionen, Pandekten, deutsches Privatrecht, bayerisches Landrecht, französisches Zivilrecht, Zivilprozess, vor allem aber Straf- und Strafprozessrecht, vgl. Berchtold, ADB 5 (1877), 318-321.

687 Chronik der Universität München 1901, S. 5.

688 Seuffert, ZZP 28 (1901), V (XII).

angesehen, der seit 1818 an der Universität Landshut, die später nach München verlegt wurde, tätig war und das Zivilprozessrecht vertrat.[689]

Als 1867 der Ruf erfolgte, wurden aufgrund Plancks augustenburgischer Gesinnung keine Anstrengungen unternommen, die ihn dazu hätten bewegen können, in Kiel zu verweilen.[690] Von Scheel-Plessen missfiel Plancks Verhalten und dessen Eintreten für die Erbansprüche des Augustenburgers und er „konnte nicht umhin, die in Aussicht stehende Entfernung des Professor Planck von dem Schauplatz seiner bisherigen politischen Wirksamkeit, welcher sich für die Zukunft gänzlich zu entziehen er hier auch bei dem besten Willen kaum im Stande sein würde, als für ihn selbst und für die von ihm politisch Beeinflußten nicht unglückliches Ereignis betrachten".[691]

Die Professoren und Studenten hingegen bemühten sich eindringlich, Planck daran zu hindern, Kiel zu verlassen. Besonders hervor trat hierbei Forchhammer, welcher der Ansicht war, dass Plancks Fortgang einen enormen Verlust für die Kieler Alma Mater bedeuten würde und er sah die einzige Möglichkeit in einer Intervention Bismarcks. Nur hierdurch könnte Plancks Entschluss, nach Bayern zu gehen, revidiert werden:

> „Alles ist nutzlos, wenn nicht Hr. Bismarck selbst für das Bleiben Plancks interessiert wird, wie ich schon früher Dir mitzutheilen veranlaßte, und selber schrieb. Bismarck aber wird sich interessieren, wenn er nur vollständig au fait gesetzt wird, wie sehr Professoren und Studenten wünschen und hoffen, daß die Regierung Planck hier halten werde, und wie sehr die Universität überzeugt ist, daß die Specialität Plancks, der in Preußen Universitätslehrer und Mitglied eines Apellationsgerichtshofs war, gerade in diesem Augenblick nicht nur für die Herzogthümer sondern auch für Preußen von großem Werth sein würde.- [....] Allein nur durch Bismarck. Doch durch ihn sicher!- Doch möglichst schnell. [...] Es ist ein großer Fehler der schleswigholst. Studenten in Berlin, (meisten Juristen) daß sie sich nicht gleich durch eine Deputation an Bismarck wandten. Jetzt werden sie fort sein.- Daß die hiesigen Studenten sämtlich Planck gestern einen Fackelzug brachten ist sehr schön, fördert aber nichts. Sie sollten mit ihren Fackeln nach Berlin ziehen.-"[692]

Als die offizielle Ernennung Plancks unmittelbar bevor stand, war Forchhammer bewusst, dass Planck sich, wie dieser es in einem Brief ihm gegenüber andeutete,

---

689 Bechmann, Beilage zur Allgemeinen Zeitung, Jahrgang 1900, Nr. 230, S. 1; Chronik der Universität München 1901, S. 5. Zu Hieronymus von Bayer vgl. Heigel, ADB 46 (1902), 278-281. Als v. Bayer 1876 verstarb, trat Planck tatsächlich dessen Nachfolge an.

690 Döhring, S. 128.

691 LAS Abt. 59 Nr. 175, zitiert nach Hofmann, S. 18.

692 GStA PK, I. HA Rep. 90 A, Nr. 1766, Bl. 47 u. 48, Brief Forchhammer an Francke (wahrscheinlich Karl Philipp Francke), 17.03.1867.

gebunden fühlte und eine Ablehnung Bayerns gegenüber als unzulässig betrachtete.[693] Forchhammer berichtete daraufhin am 23. März 1867:

„Es ist aber natürlich für Hr. Bismarck ein Leichtes diese Entbindung von Seiten der bayerischen Regierung zu erwirken für einen dem Preuß. Staat angehörigen Professor vorausgesetzt, daß die Pr. Regierung einen solchen Werth auf Pl's Hierbleiben legt, daß sie eine solche Entbindung veranlassen will. Es fragt sich also worin besteht dieser Werth? Darauf glaube ich (und viele mit mir) antworten zu können: in zwei Dingen, die ich schon neulich erwähnte. Nicht nur ist er als akademischer Lehrer unersetzlich, sondern gerade für die neu zu schaffenden Rechtsverhältnisse eine bedeutende Kraft. [...]

Wie sehr gerade dafür Pl. der Regierung von großem Werth sein würde, das weiß ich aus unzähligen Verhandlungen im akademischen Consistorium, in denen er immer, wie man zu sagen pflegt, den Nagel auf den Kopf traf [...].

Vergeblich sehe ich mich unter den Juristen des Landes nach einem um, der ihm darin gleich käme. Braucht die Regierung für die neuen Verhältnisse Juristen der Herzogthümer, so ist wohl nicht leicht einer, der ihm nicht den Vorrange ließe.- Eine dem entsprechende Stellung würde er neben der Professur ausfüllen können. Wie wichtig aber jene oben erwähnten Fähigkeiten für seine Professur sind, das sehe ich täglich, wenn ich in die Vorlesung gehe. Während sonst die Juristen nicht gerade die treuesten und fleißigsten sind, sind seine Vorlesungen über Kriminalrecht, Prozeß und praktische Uebungen immer so zahlreich besucht, als von der Zahl der hiesigen Studierenden überhaupt erwartet werden kann, und es ist nicht nur die liebenswürdige Persönlichkeit, sondern vor allem das Bewußtsein, daß sie bei ihm etwas [unleserlich] lernen, wodurch er bei den Studenten so beliebt ist. [...]

Ich bin nicht mehr als andere überzeugt, daß wir an Pl. eine ganz außerordentlich geistige Kraft verlieren werden, ich lasse mich nur nicht so leicht als andere durch die Phrase ‚es hilft ja nichts', zur Unthätigkeit verleiten; sondern spreche mit den Preußen."[694]

Letztlich war Forchhammers Einsatz nicht von Erfolg gekrönt. Nach kurzen Gesprächen übernahm Planck „nicht ohne inneren Kampf"[695] und trotz eindringlicher Bitten seiner Freunde und Kollegen am 12. April 1867 die ordentliche Professur für Kriminalrecht und Kriminalprozessrecht an der Universität München[696] und wurde am 20. April 1867 auf sein Begehren hin von den durch ihn ausgeübten Ämtern als ordentlicher Professor der Juristischen Fakultät der

693 GStA PK, I. HA Rep. 90 A, Nr. 1766, Bl. 49, Brief Planck an Forchhammer, 23.03.1867.

694 GStA PK, I. HA Rep. 90 A, Nr. 1766, Bl. 50 u. 51, Brief Forchhammer an Francke (wahrscheinlich Karl Philipp Francke), 23.03.1867.

695 So Bechmann, Beilage zur Allgemeinen Zeitung, Jahrgang 1900, Nr. 230, S. 1.

696 Seuffert, ZZP 28 (1901), V (XII); Bechmann, Beilage zur Allgemeinen Zeitung, Jahrgang 1900, Nr. 230, S. 4.

Universität Kiel, Ordinarius des Spruchkollegiums und außerordentliches Mitglied des Oberappellationsgerichts entlassen.[697]

Schweren Herzens verließ er sein geliebtes Kiel. In seinem Abschiedsbrief vom 09. April 1867 an den Herzog von Augustenburg berichtete er über seine Kieler Zeit, dass sich die Kieler Universität als geistiger Mittelpunkt eines Landes, das um seine heiligsten Rechte kämpfen musste, in einer ganz eigentümlichen Lage befand, was besondere Anforderungen mit sich brachte.[698] Er selbst habe immer nach bester Überzeugung gehandelt und konnte auch jetzt noch nicht die Unrichtigkeit seiner Vorstellung begreifen:

> „Mit diesem Abschied schließt sich für mich ein bedeutender und inhaltsreicher Abschnitt meines Lebens. […]
>
> Möglich, daß auf diesem anderen Weg Ähnliches so Gott will, Gleiches u. Größeres erreicht werden mag. Ich habe nicht Elastizität des Geistes genug, um der neuen Wendung folgen zu können und bin gern bereit fähigen Geistern Platz zu machen, wie ich denn überhaupt glaube, daß neue Aufgaben besser neuen Händen anvertraut werden. […]
>
> Die […] Tage des schmerzlichen Abschieds von Kiel, den Freunden und dem Land sind nun vorüber. Ich fühle es wohl, daß mir dort zuteil geworden ist, was ich nirgends anderswo wiederfinden werde.“[699]

Plancks Abgang wurde von den anderen Professoren der Kieler Alma Mater sehr bedauert, Ribbeck schrieb beispielsweise in einem Brief:

> „Manche Veränderungen stehen bevor. Behn ist um seinen Abschied eingekommen, Planck hat einen Ruf nach München, den er wahrscheinlich auch annehmen wird, auch andere stehen auf dem Sprunge. Die man gern scheiden sehn würde, sind uns nur zu treu und sicher.“[700]

Der damalige Rektor Karsten vermerkte in der Chronik der Universität Kiel 1867, dass Planck „Jahre hindurch zu den anerkanntesten und erfolgreichsten Lehrern gehörte“ und dass ihn die „besten Wünsche“ für seine weitere akademische Laufbahn begleiten sollen.[701] Nachfolger von Planck wurde Karl Wieding,[702]

697 Chronik der Universität zu Kiel 1867, S. 3.

698 Abschiedsbrief Plancks an Herzog Friedrich VIII. vom 09.04.1867, auszugsweise abgedruckt bei Hofmann, in: Allgemeine Entwicklung der Universität, zwischen S. 16 und 17.

699 Abschiedsbrief Plancks an Herzog Friedrich VIII. vom 09.04.1867, auszugsweise abgedruckt bei Hofmann, in: Allgemeine Entwicklung der Universität, zwischen S. 16 und 17.

700 Brief von Ribbeck vom 16.02.1867, abgedruckt bei Liepmann (Hrsg.), S. 373 f.

701 Chronik der Universität zu Kiel 1867, S. 8.

702 Chronik der Universität zu Kiel 1867, S. 8.

der zuvor an der Universität Greifswald tätig war und bereits dort den durch Plancks Fortgang nach Kiel freigewordenen Lehrstuhl übernommen hatte.

Die Beweggründe, die Planck dazu veranlassten, Kiel zu verlassen, sind vielschichtig. Den Familienerinnerungen Julie Michaelis' zufolge befürchtete Planck, durch die Einführung der preußischen juristischen Examina „den liebsten Theil seiner Wirksamkeit, den regen persönlichen Verkehr mit gereiften Studenten" einzubüßen, und entschied sich daher für die Stelle an der Universität München.[703] Auch Max Planck äußerte sich in einem Interview zu der Entscheidung seines Vaters, nach München zu gehen, und berichtete:

> „Mein Vater war nämlich ein strammer Augustenburger-Schleswig-Holsteiner und war gar nicht zufrieden, wie Schleswig-Holstein von Preußen annektiert wurde. Das hat ihn veranlasst, aus Holstein fortzuziehen und nach München zu gehen an die dortige Universität".[704]

Letztlich wird es Planck aufgrund seiner politischen Überzeugung, für die er jahrelang eintrat und gekämpft hatte, nicht möglich gewesen sein, sich mit der neuen Situation abzufinden und „preußisch" zu werden. Zudem wird er aufgrund seiner Aktivitäten in den letzten Jahren und der Entlassung als interimistischer Kurator durch den Oberpräsidenten kaum eine andere Wahl gehabt haben, als sich von seinem bisherigen Wirkungskreis zu entfernen, um zum einen weiteren Sanktionen aufgrund seiner politischen Überzeugung zu entgehen und zum anderen den Ort zu verlassen, an dem er zuletzt so viel Missliches erleiden musste, wie es in einem Brief von Christian Dillmann an Gustav Karsten zum Ausdruck kommt:

> „Daß aber Ihre Befürchtungen wegen Planck sich seither verwirklicht hat, thut mir für Sie wirklich ganz außerordentlich leid, so sehr es mich für Planck freut u. ich es ihm gönne, daß er aus einem Ort, an dem er zuletzt soviel Unangenehmes erfahren mußte, herausgerissen wird."[705]

703 Michaelis, S. 129.

704 Film: Max Planck: Umsturz mit Melancholie. Ein Portait-Essay von Jürgen Miermeister, ausgestrahlt: 3sat, Mittwoch, 09.04.2008, 21:15 Uhr, ZDF, Mittwoch, 23.04.2008, 1:20 Uhr. Vor diesem Hintergrund ist stark zu bezweifeln, dass Planck sich, wie auch Hänel und Wieding, die ebenfalls augustenburgisch gesinnt waren, auf die preußische Lösung der Schleswig-Holstein-Frage hätte umstellen können und zur loyalen Mitarbeit in der Lage gewesen wäre, anders Döhring, S. 129.

705 Brief Dillmann an Karsten vom 14.04.1867, abgedruckt bei Liepmann (Hrsg.), S. 374.

6.) Werke und Publikationen

Als Prozessrechtler befasste Planck sich auch in seiner Kieler Zeit in seinen Publikationen wieder schwerpunktmäßig mit dem Verfahrensrecht. Einzige Ausnahme bildete hierbei seine 1865 erschienene Abhandlung „Zur Würdigung der Oldenburger Denkschrift“, als zeitgenössischer Augustenburger und Rechtsgelehrter kam Planck, wie auch eine Reihe weiterer Augustenburger, nicht umhin, die schleswig-holsteinische Erbfolgefrage eingehend zu untersuchen. Beeinflusst wurde Planck bei seiner publizistischen Tätigkeit durch politische Bestrebungen und aktuelle Gesetzgebungsfragen, ein Großteil seiner Veröffentlichungen weist einen engen Bezug zum damaligen aktuellen Tagesgeschehen auf.

a) „Systematische Darstellung des deutschen Strafverfahrens“, 1857

1857 veröffentlichte Planck zunächst wieder ein größeres Werk unter dem Titel „Systematische Darstellung des deutschen Strafverfahrens auf der Grundlage der neueren Strafprozessordnungen seit 1848“, Göttingen 1857. Anders als in seinen bisherigen Werken, die vornehmlich rechtshistorisch geprägt waren, wird in dieser Arbeit der historische Aspekt zugunsten einer Darstellung der gegenwärtigen Partikulargesetzgebung verdrängt.

aa) Hintergrund

Der politische Umbruch im Jahr 1848 führte zu einer weitgehenden Reform des Strafverfahrens mit der Folge, dass in den deutschen Partikularstaaten zahlreiche Neuerungen Eingang in die Strafverfahrensgesetze fanden.[706] Das Inquisitionsprinzip, das als Bedrohung bürgerlicher Freiheiten begriffen wurde, wurde weitestgehend vom Akkusationsprinzip verdrängt, Öffentlichkeit und Mündlichkeit des Verfahrens als Grundgedanken des reformierten Strafprozesses lösten größtenteils das geheime schriftliche Verfahren ab und nach französischem Vorbild wurden in vielen deutschen Staaten Staatsanwaltschaften und Geschworenengerichte eingeführt.[707] Letztlich entfaltete sich aufgrund der zahlreichen Kodifikationen eine fast unüberschaubare Fülle einzelstaatlicher Verfahrensordnungen.[708] Aufgrund dieser neuen Entwicklung der deutschen Partikulargesetzgebung entstand der Wunsch Plancks, eine systematische Darstellung des neuen

706 Geppert, S. 83 f.; Kroeschell, S. 162.

707 Seuffert, ZZP 28 (1901), V (XI); Kroeschell, S. 162; Gmür/Roth, S. 157 f.

708 Geppert, S. 84.

deutschen Strafverfahrensrechts zu schaffen.[709] Er sah die Aufgabe der Wissenschaft zu dieser Zeit darin,

> „auf dem Feld des Strafprozeßes ordnend einzugreifen, u. dabei zu verhindern, daß nicht durch blinde Nachahmung des französischen Musters manches Gute mit über Land gehe."[710]

Dabei wollte er nicht nur die unterschiedlichen gesetzlichen Regelungen gegenüber stellen, sondern vielmehr aus deren vergleichenden Betrachtung einheitliche Grundgedanken entwickeln:

> „Denn jeder einzelne ist doch nur ein Zweig eines und desselben Stamms; er ist aus gemeinsamer geschichtlicher Grundlage hervorgegangen und unter gleichen Bedingungen und Einwirkungen von außen herangebildet. Sein Wesen wird daher erst vollständig erkannt durch seine Vergleichung mit den übrigen, durch die Feststellung der allen gemeinsamen Gedanken, durch die Ermittlung der Ursachen der Mannichfaltigkeit und Verschiedenheit."[711]

Motivation für eine solche Darstellung war die nach Ansicht Plancks bestehende Verpflichtung der Rechtslehrer, einer Zersplitterung des Rechts entgegenzuwirken und das Bewusstsein der Zusammengehörigkeit auf dem Gebiet des Rechts aufrecht zu erhalten.[712] Daneben sollte das Buch auch praktische Bedürfnisse erfüllen. Es sollte einerseits dem Gesetzgeber eine Übersicht über die bestehenden Rechtslagen in den deutschen Einzelstaaten bieten und das „zu erstrebende Neue" aufzeigen, damit „die Fortentwicklung nicht nur wissenschaftlich, sondern auch möglichst im Sinn einer deutschen Einheit vor sich gehe".[713] Andererseits sollte das Werk auch dem Richter ein Hilfsmittel für die Erklärung und Ergänzung seiner Rechtsprechung sein.[714]

bb) Inhalt

Plancks Werk enthält den „Versuch"[715], ein gemeinsames Strafverfahrensrecht zu konstruieren. Dafür untersucht er die Rechtsentwicklung seit 1848 und erarbeitet gemeinsame Grundgedanken der Partikulargesetzgebung. Grundlage

---

709 Vgl. Planck, Systematische Darstellung des deutschen Strafverfahrens, S. IV.

710 UB Basel, NL 102 B: 4623, Brief Planck an Miescher, 09.03.1851.

711 Planck, Systematische Darstellung des deutschen Strafverfahrens, S. VI.

712 Planck, Systematische Darstellung des deutschen Strafverfahrens, S. V.

713 Planck, Systematische Darstellung des deutschen Strafverfahrens, S. VI f.

714 Planck, Systematische Darstellung des deutschen Strafverfahrens, S. VI.

715 So bezeichnet Planck selbst seine Darstellung, vgl. Systematische Darstellung des deutschen Strafverfahrens, S. IV.

hierfür bilden die neuen Kodifikationen des Strafverfahrens einzelner deutscher Partikularstaaten, wobei als Quellen im Wesentlichen die Kodifikationen aus Hessen-Darmstadt, Hessen-Kassel, Bayern, Preußen, Nassau, Württemberg, Braunschweig, Thüringen, Hannover, Oldenburg, Baden, Österreich, Sachsen-Altenburg und Sachsen dienen.[716] Das Werk gliedert sich in sieben Bücher. Im ersten Buch wird die Strafgerichtsverfassung behandelt, Personal und der Dienst der Gerichte dargestellt. Das zweite Buch erläutert den Gegenstand des Strafverfahrens und das dritte Buch dessen Form, insbesondere werden die Parteien und die Tätigkeit des Gerichts erörtert. Der Gang des Strafverfahrens in erster Instanz ist Gegenstand des vierten Buches und bildet den Schwerpunkt des Werkes. Im fünften Buch werden die einzelnen Rechtsmittel und im sechsten Buch die Vollstreckung behandelt. Den Abschluss bildet sodann eine Aufstellung verschiedener Verbindungsformen.

cc) Reaktionen

Plancks Werk fand breite Anerkennung, was unter anderem wohl darauf zurückzuführen ist, dass erstmals aus den sehr unterschiedlichen Partikulargesetzen einheitliche Grundprinzipien entwickelt wurden und die Materie damit eine wissenschaftliche Bearbeitung erfuhr.[717] Über Plancks Arbeit berichtete Friedrich Schwarze[718] in seiner eingehenden juristischen Rezension, dass das Werk mit „großer Freude begrüßt und mit vieler Erwartung studiert“ wurde und dass diese Erwartung „auch vollständig in Erfüllung gegangen“ sei.[719] Er urteilte weiter, dass das „Werk eine Musterarbeit genannt werden kann, welche wie sie einerseits für den Fleiß, die Sorgfalt und die scharfe Auffassung und Scheidung bei der Sammlung und Verarbeitung des Stoffs ein vollgültiges Zeugnis ablegt, so andererseits sie durch die Klarheit und Präcision der Darstellung jeden Leser für

716 Vgl. Planck, Systematische Darstellung des deutschen Strafverfahrens, S. VIII ff.

717 Vgl. Döhring, S. 128.

718 Ludwig (Louis) Friedrich Oscar Ritter (österreichischer Ritter 1875) von Schwarze, 30.09.1816 (Löbau, Oberlausitz) - 17.01.1886 (Dresden), nach Abschluss seines Rechtsstudiums in Leipzig wurde er 1843 Assessor am Dresdner Appellationsgericht. 1846 ging er als Justizrat des Spruchkollegiums nach Leipzig und wechselte 1848 zum Dresdner Oberappellationsgericht. 1856 wurde er Chef der sächsischen Staatsanwaltschaft. 1848/49 war er Mitglied des sächsischen Landtags, gehörte 1867 dem konstituierenden Reichstag und von 1867 bis 1884 dem Reichstag des Norddeutschen Bundes bzw. des Deutsches Reiches an, vgl. Schubert, NDB 24 (2010), 14-15.

719 Schwarze, Kritische Überschau der deutschen Gesetzgebung und Rechtswissenschaft 6 (1859), 305 (312).

sich gewinnen wird."[720] Auch das Urteil Bechmanns und Mayers über Plancks Werk fiel sehr positiv aus, das Buch besitze „alle Vorzüge der Planck'schen Arbeiten" und stelle ein ausgezeichnetes System der Zusammenfassung der Ergebnisse der neuen Prozessgesetze dar.[721]

Erst später versuchte auch Heinrich Albert Zachariae[722] „im Wetteifer mit Planck" mit seinem „Handbuch des deutschen Strafprocesses" erster und zweiter Band, erschienen 1861 und 1868 in Göttingen, einen neuen „gemeinen Strafprozess" zu konstruieren und Plancks Arbeit zu überbieten, indem er neben den neuen Strafprozessordnungen auch das ältere Prozessrecht und die „rationellen und historischen Grundlagen" miteinbezog. Nach Aussage Landsbergs vermochte das Werk Zachariaes jedoch letztendlich nicht zu überzeugen.[723]

dd) Ergebnis

Rückblickend kann Plancks Werk als Versuch der Begründung einer neuen Strafrechtsdogmatik gesehen werden, indem er die verschiedenen Regelungen der Partikulargesetzgebung auf einheitliche Leitgedanken zurückzuführte und hieraus ein einheitliches System des deutschen Strafverfahrensrecht entwarf.[724] Dabei mag er die Hoffnung gehegt haben, dass, wie es zum Teil auch in seinem Vorwort zu Ausdruck kommt, seine Arbeit Ausgangspunkt eines neuen „gemeinen deutschen Strafprozesses" sein würde.[725] Dies hat sich jedoch trotz der Anerkennung der wissenschaftlichen Leistung Plancks nicht realisiert. Durch Erlass der Strafprozessordnung am 01. Januar 1877 hat das Werk letztlich seine unmittelbare Bedeutung verloren, doch es mag den Weg für deren Etablierung geebnet haben.

---

720 Schwarze, Kritische Überschau der deutschen Gesetzgebung und Rechtswissenschaft 6 (1859), 305 (315).

721 Bechmann, Beilage zur Allgemeinen Zeitung, Jahrgang 1900, Nr. 230, S. 3; Mayer, ZRG GA 22 (1901), XVII (XX).

722 Heinrich Albert Zachariae, 20.11.1806 (Herbsleben) - 29.04.1875 (Cannstatt bei Stuttgart), nach dem Rechtsstudium in Göttingen, wurde er zunächst Privatdozent, 1835 außerordentlicher und 1842 ordentlicher Professor der Universität Göttingen und widmete sich hauptsächlich dem Staats- und Kriminalrecht. Er war Verfasser einer Vielzahl von Gutachten, Aufsätzen und juristischer Arbeiten, vgl. Frensdorff, ADB 44 (1898), 617-632.

723 Vgl. hierzu Stintzing-Landsberg, Abt. 3 Halbband 2, Text, S. 663. Anders Schmidt, S. 293 f.

724 So auch Collin, in: Greifswald – Spiegel der deutschen Rechtswissenschaft 1815 bis 1945, S. 217.

725 Stintzing-Landsberg, Abt. 3 Halbband 2, Text, S. 567.

b) *Gutachten auf dem Zweiten Deutschen Juristentag, 1861*

Durch sein 1861 vorgelegtes Gutachten, zu dessen Abgabe Planck von der Ständigen Deputation des Deutschen Juristentages aufgefordert wurde, beteiligte sich Planck auch an der aktuellen Debatte um eine gesamtdeutsche Kodifikation des Zivilprozessrechts und er setzte sich für die Aufnahme des Beweisurteils in das zu schaffende Gesetzeswerk auf dem Zweiten Deutschen Juristentag in Dresden ein.[726] Planck selbst gehörte dem Deutschen Juristentag, der erstmals 1860 in Berlin stattfand, seit seiner Gründung an.[727] Der Zweck des Deutschen Juristentages bestand gemäß § 1 seiner Satzung darin, eine Vereinigung für den lebendigen Meinungsaustausch und den persönlichen Verkehr unter den Deutschen Juristen zu bilden, auf den Gebieten des Privatrechts, des Prozesses und des Strafrechts den Forderungen nach einheitlicher Entwicklung immer größere Anerkennung zu verschaffen, die Hindernisse, welche dieser Entwicklung entgegenstehen, zu bezeichnen und sich über Vorschläge zu verständigen, welche geeignet sind, die Rechtseinheit zu fördern.[728] Der Deutsche Juristentag existiert auch heute noch und er veranstaltet alle zwei Jahre in einer anderen deutschen Stadt eine Tagung mit 2.500 bis 3.500 Teilnehmern.

aa) Hintergrund

In den einzelnen Partikularstaaten des Deutschen Bundes existierten keine einheitlichen zivilprozessualen Regelungen.[729] Doch mit den ersten rechtsvereinheitlichenden Tendenzen, unter anderem im Bereich des Wechsel- und Handelsrechts, trat in der Spätphase des Deutschen Bundes auch der Wunsch nach einer einheitlichen Prozessordnung, wie sie in § 64 der Paulskirchenverfassung vom 28. März 1849 vorgesehen wurde, zutage.[730] Bereits in der ersten Verhandlung des Deutschen Juristentages 1860 fordert der Berichterstatter Waldeck die Kodifikation eines gesamtdeutschen Zivilprozessgesetzes und legte ein umfassendes Gutachten „Über einige Vorfragen, betreffend die einheitliche

726 Planck, in: Verhandlungen des 2. DJT, Erster Band, S. 88, 89.

727 Vgl. Verzeichnis der Mitglieder des Deutschen Juristentages, in: Verhandlungen des 1. DJT, S. 351 ff.

728 Zum Deutschen Juristentag vgl. Conrad, Hermann/Dilcher, Gerhard/Kurland, Hans-Joachim: Der Deutsche Juristentag: 1860-1994, München 1997; Freuding, Stefan: Der Deutsche Juristentag 1960 bis 2004, München 2006 sowie die Homepage des Vereins: http://www.djt.de.

729 Vgl. Ahrens, S. 560.

730 Ahrens, S. 559.

Civilprozess-Gesetzgebung"[731] vor.[732] In der Folge beschäftigte sich der Deutsche Juristentag umfassend mit zivilprozessualen Themen, in deren Zusammenhang auch Plancks Gutachten entstand.

bb) Inhalt

Zunächst stellt Planck in seinem Gutachten klar, dass seiner Ansicht nach bei der Entwicklung einer allgemeinen deutschen Zivilprozessordnung „von dem in Deutschland geschichtlich Gegebenen und insbesondere von dem gemeinen Deutschen Prozeßrecht, aus welchem als der gemeinsamen Grundlage die einzelnen Deutschen Partikularprozesse als eigenthümliche Entwicklungsformen hervorgegangen sind, auszugehen und zu prüfen" sei, „inwiefern nach den zur Zeit vorhandenen Zuständen und Bedürfnissen der Gegenwart die Aenderung oder Beibehaltung rathsam sei".[733] Wie auch in seinem Werk „Systematische Darstellung des deutschen Strafverfahrens" will Planck im Hinblick auf eine Kodifikation des Zivilprozessrechts aus den unterschiedlichen gesetzlichen Regelungen der Partikularstaaten einheitliche Grundgedanken entwickeln bzw. fortentwickeln.

Sodann folgen Bemerkungen zur Gerichtsverfassung, insbesondere zu den einzelnen Instanzen.[734] Im nächsten Teil wird auf das Verfahren und schwerpunktmäßig auf die Abgrenzung des Beweisverfahrens und die Beweisinterlokute eingegangen.[735] Hierbei werden die Vorzüge des Beweisurteils dargestellt und es wird deren Aufnahme in eine gesamtdeutsche Zivilprozessordnung befürwortet.[736] Denn dadurch würde die erste mündliche Verhandlung „ähnlich wie das Römische Verfahren in jure durch die formula, ihren sicheren Abschluss" erhalten und auf Grund dessen könne „die spätere zweite, deren Grenzen damit abgesteckt sind, ähnlich dem Römischen Verfahren in judicio, geordnet beginnen".[737] „Einfachheit, sichere Erkennbarkeit des vorgesteckten Ziels und die dadurch bedingte Klarheit", die sich aus dem Beweisurteil ergeben, sind nach Planck „die wesentlichen Bedingungen für den günstigen Erfolg jedes

---

731 Waldeck, in: Verhandlungen des 1. DJT, S. 9-36.
732 Ahrens, S. 559; Hartwich, S. 84.
733 Planck, in: Verhandlungen des 2. DJT, Erster Band, S. 66.
734 Planck, in: Verhandlungen des 2. DJT, Erster Band, S. 67-71.
735 Planck, in: Verhandlungen des 2. DJT, Erster Band, S. 71-92.
736 Planck, in: Verhandlungen des 2. DJT, Erster Band, S. 88, 89.
737 Planck, in: Verhandlungen des 2. DJT, Erster Band, S. 89.

mündlichen Verfahrens".[738] Die Übernahme des nicht bindenden Beweisdekrets, wie es das preußische Recht vorsah, lehnte Planck damit ab.

cc) Reaktionen und Ergebnis

Auch der Obergerichtsanwalt André aus Osnabrück setzte sich für die Übernahme des hannoverschen Systems und damit für das Beweisurteil ein,[739] während hingegen der badische Gutachter von Sternenfels die entgegengesetzte Meinung vertrat.[740] Letzten Endes entschied sich die Mehrheit der Mitglieder auf dem dritten Deutschen Juristentag gegen die Übernahme des Beweisurteils und für das nicht bindende Beweisdekret des preußischen Rechts.[741] Dies ist wohl zum Teil nicht nur auf sachliche Erwägungen, sondern auch auf die Tatsache zurückzuführen, dass preußische Juristen den Deutschen Juristentag dominierten, die letztlich versuchten, das eigene Verfahrensrecht durchzusetzen.[742] Auf der anderen Seite darf aber auch nicht übersehen werden, dass letztlich in Hinblick auf die erstrebte Rechtsvereinheitlichung zum einen Kompromisslösungen erforderlich waren und dass sich zum anderen das nicht bindende Beweisdekret im Gegensatz zum Beweisurteil, das erst auf eine zehnjährige Praxis zurückblicken konnte, bereits über einen längeren Zeitraum bewährt hatte.[743]

c) „Bemerkungen über den Entwurf einer Proceßordnung in bürgerlichen Rechtsstreitigkeiten für das Königreich Bayern", 1862

Im vierten Band der Kritischen Vierteljahresschrift für Gesetzgebung und Rechtswissenschaft erschien im Jahr 1862 ein umfangreicher Aufsatz Plancks, in welchem er zu dem Entwurf der Prozessordnung in bürgerlichen Rechtsstreitigkeiten für Bayern von 1861 Stellung bezog.[744]

---

738 Planck, in: Verhandlungen des 2. DJT, Erster Band, S. 89.

739 Vgl. André, in: Verhandlungen des 2. DJT, Erster Band, S. 54 ff.

740 Vgl. von Sternenfels, in: Verhandlungen des 2. DJT, Erster Band, S. 9 ff.

741 Vgl. Verhandlungen des 3. DJT, Zweiter Band, S. 591, siehe hierzu auch Hartwich, S. 101.

742 Hartwich, S. 96 u. 100; in der Anfangszeit des Deutschen Juristentages waren 65 % der Mitglieder preußische Juristen.

743 Hartwich, S. 102.

744 Planck, KritVjschr 4 (1862), 232-291. Als Autor wird hier „J. M. Planck" genannt, hierbei muss es sich um einen Druckfehler handeln, richtigerweise müsste es „J. W. Planck" heißen.

aa) Hintergrund

Nachdem die Kodifikationsbestrebungen im Bereich des Zivilprozessrechts ins Stocken geraten waren, regte im Mai 1859 der bayerische Justizminister Karl Christoph von Mulzer eine Neubearbeitung des Prozessrechts an.[745] Zuvor hatten Franz Xaver von Molitor[746] 1848/49 und Georg Carl von Seuffert[747] 1854/55 entsprechende Entwürfe entwickelt, die sich jedoch letztlich nicht durchsetzen konnten.[748] Grundlage des neuen Entwurfes sollten die Einrichtungen des rheinisch-französischen Verfahrens bilden (z.B. Mündlichkeit der Hauptverhandlung, Beteiligung der Staatsanwaltschaft), so dass die Ausrichtung an den altländischen Prozessformen endete.[749] Mit dem Entwurf wurde zum einen der Abschluss der bayerischen Prozessrechtsvereinheitlichung beabsichtigt.[750] Zugleich bezweckte von Mulzer mit dem Entwurf aber auch, die Verhandlungen der Bundeskommission, die über eine allgemeine Zivilprozessordnung für die deutschen Bundesstaaten beraten sollte, zu beeinflussen, und er hoffte, dass der bayerische Entwurf bei einer gesamtdeutschen Rechtsvereinheitlichung Berücksichtigung finden werde.[751] Im Juni 1861 wurde ein entsprechender Entwurf einschließlich kurzer Motive von August Petersen[752], dem Direktor des Aschaffenburger Appellationsgerichts, der mit der Ausarbeitung beauftragt wurde, vorgelegt, welcher weitestgehend an das französische Recht angelehnt war.[753] Diesem Entwurf widmete Planck in seinem Aufsatz eine ausführliche Würdigung.

---

745 Schubert, Entwurf Bayerische Zivilprozessordnung 1825, S. XXXIII; Ahrens, S. 533, 560.

746 Franz Xaver Ritter von Molitor, 1789 - 1874, war ab 1816 im Justizdienst der Rheinpfalz tätig, vgl. Schubert, Entwurf Bayerische Zivilprozessordnung 1825, S. XLVI.

747 Georg Carl von Seuffert, 15.10.1800 (Würzburg) - 28.12.1870, bayerischer Beamter, wurde 1826 Kreis- und Stadtgerichtsassessor in Schweinfurt und 1830 in gleicher Stellung nach Würzburg versetzt, 1833 beförderte man ihn zum Rat und 1837 zum Direktor des Stadtgerichts in Schweinfurt, ab 1857 war er Direktor des Appellationsgerichts Amberg und ab 1862 erster Präsident des in Nürnberg errichteten Handelsappellationsgerichts, vgl. Heigel, ADB 34 (1892), 53.

748 Vgl. hierzu Schubert, Entwurf Bayerische Zivilprozessordnung 1825, S. XXIX ff.

749 Schubert, Entwurf Bayerische Zivilprozessordnung 1825, S. XXXIII; Ahrens, S. 533.

750 Ahrens, S. 560.

751 Schubert, Entwurf Bayerische Zivilprozessordnung 1825, S. XXXIV; Ahrens, S. 560; Hartig, S. 29 f.

752 August Petersen (Lebensdaten unbekannt), Jurist, vgl. Schubert, Entwurf Bayerische Zivilprozessordnung 1825, S. XLVI.

753 Schubert, Entwurf Bayerische Zivilprozessordnung 1825, S. XXXIII.

bb) Inhalt und Ergebnis

Planck stellt zunächst fest, dass der Entwurf unter anderem aufgrund der territorialen Größe Bayerns und seiner Bedeutung für den Gesamtstaat besondere Beachtung verdiene und verbindet damit die Fragestellung, ob der bayerische Entwurf einer gesamtdeutschen Kodifikation hinderlich oder ob dieser aufgrund seines inneren Wertes und seiner Grundlagen so bedeutend sei, dass er als Vorarbeit für eine allgemeine deutsche Zivilprozessgesetzgebung zu dienen vermöge.[754]

Nach Plancks Ansicht handele es sich bei dem Entwurf um eine weitreichende Rezeption des französischen Rechts.[755] Dies bewertete er als bedenklich, denn „vor allem liegt darin eine Aufopferung der eigenen Volksthümlichkeit, zu der sich jedes Volk schwer entschließen kann und darf."[756] Ein solches Handeln würde seiner Ansicht nach jedoch nur gerechtfertigt sein, wenn die Grundlagen des deutschen Prozessrechts derart ungenügend wären, dass eine Übernahme des fremden Rechts erforderlich erscheine, was Planck aber entschieden ablehnt.[757] Dabei weist er darauf hin, dass man natürlich auch fremdes Recht berücksichtigen solle und „ein bereitwilliges Lernen von den Nachbarn erwünscht und geboten sey", doch aus den Grundlagen des deutschen Gerichtswesens könne seiner Ansicht nach auch ein Verfahren entwickelt werden, das im Vergleich „an Güte mindestens nichts nachgibt", was er sodann anhand einiger Einzelbetrachtungen nachweist.[758] Zudem sei seiner Ansicht nach eine gesunde Rechtswissenschaft nur auf historischer Grundlage möglich, was es bei einer so weitreichenden Rezeption des französischen Rechts erforderlich machen würde, die französische Rechtsgeschichte und deren Quellen eingehend zu studieren und zu berücksichtigen, was letztlich zu einer „bedenklichen Abhängigkeit" führen würde.[759] Auch an dieser Stelle kommt Plancks Zugehörigkeit zur Historischen Rechtsschule und seine Übereinstimmung mit der Volksgeistlehre Savignys deutlich zum Ausdruck:

> „Daß in der That das Recht nicht ein willkürliches Erzeugnis von Erwägungen der Zweckmäßigkeit, sondern eine nothwendige durch den Volksgeist selbst

---

754 Planck, KritVjschr 4 (1862), 232 (232).
755 Planck, KritVjschr 4 (1862), 232 (233).
756 Planck, KritVjschr 4 (1862), 232 (233).
757 Planck, KritVjschr 4 (1862), 232 (236).
758 Planck, KritVjschr 4 (1862), 232 (236 ff.). Im Einzelnen behandelt er hierbei Öffentlichkeit und Mündlichkeit, Beweissystem, Staatsanwaltschaft und Nichtigkeitsbeschwerde.
759 Planck, KritVjschr 4 (1862), 232 (237).

hervorgetriebene Frucht ist und nur von ihm seine eigenthümliche Gestaltung und Färbung empfängt, wird heutzutage kaum jemand in Abrede stellen."[760]

Diesem Bekenntnis und dem damit verbundenen Wunsch, aus den gegebenen deutschen Rechtsgrundlagen ein einheitliches prozessuales Verfahren für alle Partikularstaaten zu entwickeln, entsprach der bayerische Entwurf von 1861 nicht, so dass Planck diesen insgesamt äußerst kritisch bewertete und ihm ablehnend entgegentrat.

cc) Weitere Entwicklung

Der bayerische Entwurf von 1861 erfuhr 1863 einige Modifikationen, die z.B. aufgrund des inzwischen in Kraft getretenen Allgemeinen Deutschen Handelsgesetzbuches erforderlich geworden waren.[761] Am 01. Juli 1869 trat schließlich die Proceßordnung in bürgerlichen Rechtsstreitigkeiten für das Königreich Bayern in Kraft, deren Grundlage die Entwürfe von 1861 und 1863 bildeten.[762] Hierdurch schuf sich Bayern abgesondert von den restlichen deutschen Staaten eine eigene Kodifikation des Zivilprozessrechts, während das preußische Justizministerium eine gesamtdeutsche Kodifikation projektierte.[763] Die bayerische Prozessordnung hatte jedoch nicht lange Bestand, denn mit Schaffung der CPO von 1877 endete schließlich die Partikulargesetzgebung.[764]

d) „Zur Würdigung der Oldenburger Denkschrift", 1865

In seiner nächsten Veröffentlichung „Zur Würdigung der Oldenburger Denkschrift", Kiel 1865, befasste sich Planck mit der schleswig-holsteinischen Erbfolgefrage. Die Abhandlung steht im Kontext zu seinem politischen Engagement als überzeugter Augustenburger. In der Schrift versuchte er, seine politische Ansicht in Bezug auf das Erbrecht von Friedrich VIII. von Schleswig-Holstein rechtlich zu bestätigen. Als Grundlage diente ein durch Planck als Ordinarius des Spruchkollegiums der Universität erstelltes Rechtsgutachten, das die schleswigsche Ständeversammlung in Auftrag gegeben hatte.[765]

---

760 Planck, KritVjschr 4 (1862), 232 (234).
761 Schubert, Entwurf Bayerische Zivilprozessordnung 1825, S. XXXII.
762 Schubert, Entwurf Bayerische Zivilprozessordnung 1825, S. XXXV.
763 Ahrens, S. 555.
764 Hartig, S. 32.
765 Vgl. Friedrich, Sitzungsbericht 1902, S. 88 f.

aa) Hintergrund

Als nach dem Scheitern der Londoner Konferenz die Forderung nach Anerkennung des Erbprinzen Friedrich von Augustenburg im Bund immer lauter wurde und die Mehrheit zu einer Anerkennung des Augustenburgers tendierte, nutzte Bismarck das Vorhandensein von zwei in Betracht kommenden Erbberechtigten, um Zeit zu gewinnen und die Annexion Schleswig-Holsteins durch Preußen voranzutreiben.[766] Er mahnte vor einer voreiligen Anerkennung des Augustenburgers und rief dazu auf, zunächst die Ansprüche des auch als Erbberechtigten in Betracht kommenden Großherzogs Peter von Oldenburg eingehend zu prüfen.[767] Der Bundestag forderte sodann am 07. Juli 1864 den Großherzog Peter von Oldenburg auf, die auf Schleswig und Holstein erhobenen Erbansprüche näher zu begründen, wobei die gleiche Aufforderung auch an den Erbprinzen von Augustenburg erging.[768] Großherzog Peter von Oldenburg kam der Aufforderung am 03. November 1864 nach.[769] In der Folgezeit kam es zu einer Vielzahl an literarischen Erwiderungen auf augustenburgischer Seite, in deren Reihe auch Plancks Arbeit einzuordnen ist.[770]

bb) Inhalt

In seiner Abhandlung widerlegt Planck die von oldenburgischer Seite geltend gemachten Ansprüche. Er zeigt gutachterlich auf, dass der Gottorper Linie nicht der Vorzug gegenüber der Sonderburger Linie gebühre und der von Gottorper Seite erhobene Thronfolgeanspruch folglich unbegründet sei.[771] Wahrer Thronnachfolger sei vielmehr „von Rechts wegen“ Herzog Friedrich VIII.[772]

---

766 Diekmann, Oldenburger Jahrbuch, Bd. 102 (2002), 143 (156 f.).

767 Diekmann, Oldenburger Jahrbuch, Bd. 102 (2002), 143 (156).

768 Huber, S. 483.

769 Huber, S. 483: „Denkschrift über die Erbansprüche des Großherzogs Nikolaus Peter Friedrich von Oldenburg auf Schleswig und Holstein“.

770 Vgl. Diekmann, Oldenburger Jahrbuch, Bd. 102 (2002), 143 (157). Zu nennen sind hier z.B.: Adolf von Warnstedt, Das Recht der Erstgeburt in dem schleswig-holstein'schen Fürstenhause: Eine Kritik mehrerer Gegenschriften, Hannover 1864; Hugo Hälschner, Staatsrechtliche Prüfung der gegen das Thronfolgerecht des Augustenburgischen Hauses erhobenen Einwände: mit besonderer Berücksichtigung des Pernice'schen Gutachtens, in: Preußische Jahrbücher 13 (1864), S. 39-78 und 106-108.

771 Planck, Zur Würdigung der Oldenburger Denkschrift, S. 27.

772 Planck, Zur Würdigung der Oldenburger Denkschrift, S. 28.

cc) Weitere Entwicklung und Ergebnis

Damit spiegelte sich in Plancks Gutachten die auch weitgehend in der Bevölkerung vertretene Auffassung bezüglich des Erbrechts wider. Insgesamt erstatteten des Weiteren auch sechzehn deutsche Juristenfakultäten Gutachten, die, genau wie Planck, das ausschließliche Erbrecht des Augustenburgers bestätigten.[773] Zum Teil wurde das Gutachten Plancks sogar als „unwiderleglich"[774] bezeichnet und geurteilt, dass der von Oldenburger Seite erhobene Anspruch „von einem der hervorragendsten Juristen des neunzehnten Jahrhunderts, Professor Planck, knapp und schlagend wiederlegt wurde"[775]. Doch während Großherzog Peter von Oldenburg seine Erbansprüche am 27. September 1866 an Preußen gegen eine Entschädigung abtrat, wurde die augustenburgische Erbanwartschaft mit der Einverleibung der Herzogtümer Schleswig und Holstein in den preußischen Staat 1867 übergangen und Schleswig-Holstein wurde preußische Provinz.[776]

e) Allgemeine Monatsschrift für Wissenschaft und Literatur

Zusammen mit den Kieler Professoren Johann Gustav Droysen[777], Friedrich Theodor Frerichs[778], Friedrich Harms[779], Gustav Kasten[780], Karl Konrad Theodor

---

773 Schulthess, Europäischer Geschichtskalender 5 (1864), S. 125.

774 So Karl Gustav Homeyer, vgl. Brief von Lorentzen an Samwer vom 05.03.1865, abgedruckt bei Kupke, S. 359 ff.

775 Jansen/Samwer, S. 415.

776 Huber, S. 585 und 593.

777 Johann Gustav Droysen, 06.07.1808 (Treptow an der Rega) - 19.06.1884 (Berlin), ab 1835 außerordentlicher Professor der Geschichte in Berlin, ab 1840 ordentlicher Professor in Kiel, 1848-1849 Abgeordneter der Deutschen Nationalversammlung in Frankfurt a.M., ab 1851 Professor in Jena und ab 1859 erneut Professor in Berlin, vgl. Volbehr/Weyl, S. 139 und Schieder, NDB 4 (1959), 135-137.

778 Friedrich Theodor Frerichs, 24.03.1819 (Aurich) - 14.03.1885 (Berlin), war nach seinem Medizinstudium in Göttingen ab 1848 außerordentlicher Professor ebenda, ab 1850 ordentlicher Professor der Pathologie und Therapie in Kiel, ab 1851 ordentlicher Professor in Breslau und ab 1859 ordentlicher Professor und Vorsteher der Medizinischen Klinik in Berlin sowie führender Arzt an der Charité, vgl. Ewald, ADB 21 (1885), 782-790 und Volbehr/Weyl, S. 78.

779 Friedrich Harms, 24.10.1816 (Kiel) - 05.04.1880 (Berlin), nach dem Studium der Medizin, der Naturwissenschaften und der Philosophie in Kiel, war er ab 1842 Privatdozent in Kiel, ab 1848 außerordentlicher und ab 1858 ordentlicher Professor der Philosophie ebenda und ab 1867 ordentlicher Professor in Berlin, vgl. Volbehr/Weyl, S. 142.

780 Zu Gustav Karsten siehe Fn. 639.

Litzmann[781], Rochus Freiherr von Liliencron[782], Karl Viktor Müllenhoff[783], Gregor Wilhelm Nitzsch[784], Karl Wilhelm Nitzsch[785] und Justus Olshausen[786] gab Planck die ab 1851 erschienene „Allgemeine Monatsschrift für Wissenschaft und Literatur" heraus.[787] Der mit der Zeitschrift verfolgte Zweck wurde durch die Herausgeber wie folgt definiert:

> „Die Aufgabe unsrer Monatsschrift finden wir vorgezeichnet in der Theilnahme, die der denkende Theil der Nation der Bewegung der Wissenschaft, ihren Fortschritten, ihren

---

781 Karl Konrad Theodor Litzmann, 07.10.1815 (Gadebusch) - 24.02.1890 (Berlin), war nach seinem Medizinstudium in Berlin ab 1844 außerordentlicher Professor der Pathologie und Therapie in Greifswald, ab 1846 ordentlicher Professor ebenda und ab 1849 ordentlicher Professor der Mäeutik und Gynäkologie in Kiel, vgl. Kahle, NDB 14 (1985), 713 f. und Volbehr/Weyl, S. 78.

782 Rochus Freiherr von Liliencron, 08.12.1820 (Plön) - 05.03.1912 (Koblenz), war ab 1850 außerordentlicher Professor für Nordische Sprachen und Literatur in Kiel, 1852 versagte ihm die dänische Regierung jedoch die Anerkennung, im selben Jahr folgte er einem Ruf als außerordentlicher Professor nach Jena, ab 1869 war er Herausgeber der ADB und 1876 bis 1908 Probst des St.-Johannis-Klosters vor Schleswig, vgl. Rieckenberg, NDB 14 (1985), 553-556 und Volbehr/Weyl, S. 180.

783 Karl Viktor Müllenhoff, 08.09.1818 (Marne) - 19.02.1884 (Berlin), war ab 1846 außerordentlicher und ab 1854 ordentlicher Professor der Deutschen Sprache, Literatur und Altertumskunde in Kiel und ging 1858 als ordentlicher Professor an die Universität Berlin, vgl. Volbehr/Weyl, 141 f. und Kolk, NDB 18 (1997), 308 f.

784 Gregor Wilhelm Nitzsch, 22.11.1790 (Wittenberg) - 22.07.1861 (Leipzig), war ab 1827 ordentlicher Professor der Philologie und Beredsamkeit in Kiel, daneben 1834 außerordentliches Mitglied der schleswig-holsteinischen Regierung, wurde 1852 entlassen und folgte im selben Jahr einem Ruf als ordentlicher Professor der Philologie nach Leipzig, er war der Vater von Karl Wilhelm Nitzsch, vgl. Volbehr/Weyl, S. 138 und Unte, NDB 19 (1999), 294 f.

785 Karl Wilhelm Nitzsch, 22.12.1818 (Zerbst) - 20.06.1880 (Berlin), war ab 1848 außerordentlicher und ab 1858 ordentlicher Professor der Geschichte in Kiel, ab 1862 ordentlicher Professor in Königsberg und ab 1872 ordentlicher Professor in Berlin, vgl. Jastrow, ADB 23 (1886), 730-742 und Volbehr/Weyl, S. 142.

786 Justus Olshausen, 09.05.1800 (Hohenfelde, Amt Steinburg) - 28.12.1882 (Berlin), war ab 1823 außerordentlicher und ab 1830 ordentlicher Professor der Orientalischen Sprachen in Kiel, fünfmal war er Rektor der Kieler Universität, wurde 1852 entlassen, ging 1853 an die Universität Königsberg und war von 1858 bis 1873 Regierungsrat im Kultusministerium in Berlin, vgl. Carstens, ADB 24 (1887), 328-330 und Volbehr/Weyl, S. 138.

787 Die Zeitschrift ist Nachfolgeschrift der von 1850 bis Anfang 1851 erschienenen „Allgemeinen Zeitschrift für Literatur". Die Mitherausgeber wechselten zum Teil in den Folgejahren.

Ergebnissen zuwendet, und in dem Interesse, das die Wissenschaften selbst haben, diese Theilnahme zu nähren und zu steigern. [...] Von der Ansicht ausgehend, daß es für die Wissenschaft nur offene Fragen giebt, werden wir auch denjenigen gebieten, welche nächste oder empfindliche Interessen berühren, ihr volles Recht angedeihen lassen."[788]

Dabei war die Zeitschrift nicht auf ein spezielles Gebiet beschränkt, sondern umfasste sämtliche Wissenschaften.[789] Planck bemühte sich stets um Beiträge angesehener Gelehrter. So schrieb er beispielsweise am 10. Juni 1851 an Reyscher und bat um dessen Teilnahme.[790] Dabei kam es ihm, wie er es gegenüber Reyscher berichtete, nicht bloß auf ein „der Wissenschaft förderliches Vorhaben" an, sondern es ging ihm vor allem darum zu beweisen, dass „Kiel nicht aufgehört hat u. aufhören wird, eine Pflanzschule deutscher Wissenschaft u. deutschen Seins zu sein."[791] Bereits 1854 wurde die Herausgabe jedoch aus nicht bekannten Gründen eingestellt. Planck selbst publizierte keine eigenen Beiträge in der Zeitschrift. Allerdings befinden sich Aufsätze seines Cousins zweiten Grades, des Philosophen Karl Christian Planck[792], in den Zeitschriften.[793]

f) Ergebnis

In seiner Kieler Zeit war Planck hauptsächlich auf dem Gebiet des Verfahrensrechtes schriftstellerisch aktiv, was dem aktuellen Tagesgeschehen und den damit verbundenen Bestrebungen um die Verwirklichung einer einheitlichen

---

788 Stuttgart, WBL, Cod.hist.fol.767 Fasz. XI, Rundschreiben der Herausgeber vom 23.05.1851.

789 Stuttgart, WBL, Cod.hist.fol.767 Fasz. XI, Rundschreiben der Herausgeber vom 23.05.1851.

790 Stuttgart, WBL, Cod.hist.fol.767 Fasz. XI, Brief Planck an Reyscher, 10.06.1851. Des Weiteren wandte Planck sich auch an Köstlin, vgl. DLA Marbach, A: Köstlin, Zug. nr. 46039/4, Brief Planck an Köstlin, 10.06.1851.

791 Stuttgart, WBL, Cod.hist.fol.767 Fasz. XI, Brief Planck an Reyscher, 10.06.1851. Reyscher sagte Planck die Teilnahme zu, worüber dieser hocherfreut war, vgl. Stuttgart, WBL, Cod.hist.fol.767 Fasz. XI, Brief Planck an Reyscher, 06.08.1851.

792 Karl Christian Planck, 17.01.1819 (Stuttgart) - 07.06.1880 (Winnenden), nach dem Studium der Theologie und Philosophie in Tübingen, war er ab März 1848 als Privatdozent und ab September 1848 als Stiftsbibliothekar ebenda tätig, später widmete er sich dem Studium der Philologie, wurde ab Dezember 1854 Lehrer am Gymnasium zu Ulm und ab August Ephorus am Seminar zu Maulbronn, vgl. Prantl, ADB 26 (1888), 228-231.

793 „Ueber die wahre positive Bedeutung des Rechtsbegriffs", Allgemeine Monatsschrift für Wissenschaft und Literatur 1852, 907-927 und „Ueber die Bedeutung Hesiod's", Allgemeine Monatsschrift für Wissenschaft und Literatur 1854, 590-628.

gesamtdeutschen Kodifikation des Zivil- und Strafprozessrechts geschuldet war. Hinzu trat Plancks Unzufriedenheit mit dem gegenwärtigen Gerichtswesen.[794] Er erhoffte eine Gesetzesreform, die das seiner Meinung nach bestehende „zweispaltige Verhältnis, des in der Gesetzgebung geschriebenen fremden und des im Volke lebenden einheimischen Rechts“[795] beseitigen sollte, wofür er entsprechend in seinen Werken eintrat.

Seine zahlreichen Verpflichtungen in Kiel brachten es mit sich, dass die Zeit für wissenschaftliches Arbeiten sehr begrenzt war. Politik und Universität, der Planck sich stets verpflichtete fühlte, standen für ihn im Vordergrund, was letztlich auch zu der geringen Zahl veröffentlichter Schriften in dieser Zeit geführt hat. Zudem ist zu berücksichtigen, dass zentrale Teile seines bedeutenden Werks „Deutsches Gerichtsverfahren im Mittelalter“, das 1879 in seiner Münchener Zeit erscheinen wird, bereits in Kiel entstanden sind und Planck einen Großteil seiner verfügbaren Zeit zur Erarbeitung dieses monumentalen Werkes verwendete.[796] Wenn auch die Zahl der Werke, die in Kiel entstanden sind, gering ist, so präsentierten sie sich doch als „Koryphäen, die in den fünfziger Jahren der Fakultät Glanz und Fülle zu geben wußten.“[797]

7.) Zusammenfassung

Auch während seines 17-jährigen Aufenthaltes in Kiel verband Planck praktische und theoretische Tätigkeit miteinander. Er war viele Jahre außerordentliches Mitglied des Schleswig-Holstein-Lauenburgischen-Oberappellationsgerichts und bereitete auf der anderen Seite die schleswig-holsteinischen Studenten auf ihre spätere Juristenlaufbahn vor.

Ihm wurden wichtige Aufgaben der universitären Selbstverwaltung übertragen, dreimal wurde er zum Rektor der Universität gewählt und verwaltete über zwei Jahre das Kuratorium. Planck begleitete die Universität durch die schwere Zeit der Schleswig-Holsteinischen Erhebung und des Deutsch-Dänischen Krieges. Er rang um die Rechte von Land und Universität und setzte sich für seine politische Überzeugung ein, wobei Recht und Gesetz stets die Grundlage seines

---

794 Planck, KritVjschr 4 (1862), 232 (235).

795 Planck, KritVjschr 4 (1862), 232 (235).

796 Vgl. Planck selbst, Deutsches Gerichtsverfahren, erster Band, S. 681. Zudem berichtete Planck in einem Brief an Reyscher, dass er seine verfügbare freie Zeit für die Stoffsammlung für die Geschichte des Prozessrechts verwendete, vgl. Stuttgart, WBL, Cod.hist.fol.767 Fasz. VIII, Brief Planck an Reyscher, 27.11.1858.

797 So Döhring, S. 128.

Handelns bildeten. Er bemühte sich, Unruhen zu vermeiden und die Universität vom Kriegsschauplatz fernzuhalten. Aufgrund seiner Angehörigkeit zur Juristischen Fakultät wurde diese entscheidend gestärkt und durch seine Bemühungen im Bereich der Berufungen konnten anerkannte Persönlichkeiten für die Universität gewonnen werden. Die Umsetzung der Bismarckschen Lösung der Schleswig-Holstein-Frage stand nicht im Einklang mit dem, was Planck für Recht erkannt hatte und wurde von ihm als herbe Niederlage angesehen. Aufgrund seiner Einstellung und seines enormen Rechtsbewusstseins war es ihm auch nicht möglich, sich mit der neuen Situation abzufinden und die vergangenen Jahre zusammen mit dem an ihn gerichteten Vorwurf, seine Stellung für politische Zwecke missbraucht zu haben, zu überwinden. Damit verblieb ihm letztlich keine andere Möglichkeit, als Schleswig-Holstein und Preußen zu verlassen. Der Einsatz von Professoren und Studenten, Planck am Fortgang zu hindern, zeugt von dessen Wertschätzung. Die Erfahrungen, die Planck in Kiel in politischer Hinsicht gemacht hat, lassen verständlich erscheinen, weshalb er sich in seinem weiteren Leben jeglicher politischer Aktivität enthielt.

IV. München ab 1867: Planck als Altmeister des Prozessrechts

Am 29. März 1867 teilte Planck dem Rektor und dem Senat der Münchener Universität mit, dass er den an ihn ergangenen Ruf annehme und hoffe, die Professur für das Straf- und Strafprozessrecht bereits zum 01. Mai 1867 antreten zu können.[798] Des Weiteren verband er mit der Zusage noch folgende Bitte:

> „Je höher ich die in Aussicht gestellte Ehre dieser großen Universität anzugehören, und dem Kreise ihrer berühmten Lehrer nahe zu treten, zu schätzen weiß, desto aufrichtiger wird mein ganzes Bestreben dahin gerichtet sein, dem mir geschenkten Vertrauen nach besten Kräften zu entsprechen. Lassen Sie, hochverehrte Herrn, mich hoffen, daß Sie dem neuen Ankömmling mit Wohlwollen entgegenkommen u. ihn mit Nachsicht in seinem Bestreben unterstützen werden. Beides ist mir unentbehrlich, um die Lösung der gestellten Aufgabe versuchen zu können.“[799]

Bereits im April zog Planck mit seiner Frau und seinen sieben Kindern nach München in eine Wohnung in der Briennerstraße 27a unweit der Universität und trat seine Lehrstelle zum 01. Mai 1867 an.[800] Aufgrund des geltenden Indigenats konnte das Dekret über seine Berufung jedoch erst am 12. August 1867

798 UAM, E-II-501 (Personalakt J. J. W. Planck), Blatt 10/11.

799 UAM, E-II-501 (Personalakt J. J. W. Planck), Blatt 10/11.

800 Chronik der Universität München 1900/01, S. 6; Adreßbuch für München 1868, S. 322.

ausgestellt werden.[801] Zunächst erhielt er ein jährliches Gehalt von 4.000 Gulden, dem weitere Zulagen folgten und ab dem 01. Januar 1876 wurde ihm ein Jahresgehalt von 11.400 Mark gewährt.[802]

Ab 1869 bewohnten die Plancks eine Wohnung in der Briennerstraße 33 und ab 1878 in der Barer Straße 48 im zweiten Stock.[803] Diese Wohnung wurde noch von Plancks Frau Emma bis zu ihrem Tod 1914 bewohnt.[804] Günther Graßmann, ein späterer entfernter Verwandter Plancks, berichtete über diese Wohnung, die sich gegenüber der Neuen Pinakothek befand:

> „An der Straßenfront lagen zwei große Zimmer mit hellen, bis zum Boden reichenden Fenstern, Eßzimmer und Salon, in dem ein kleiner Flügel stand, nach rückwärts zum Garten die kleinen Schlafräume und dann noch ein riesiger Raum, der die Bibliothek enthielt. Alles mit schönen, aber im Ganzen schlichten Biedermeiermöbeln ausgestattet, die Schlafzimmer fast spartanisch karg. Die aufwendige Ausstattung der Gründerzeit hat hier niemals Eingang gefunden. Im Geist dieses Hauses war die Grundhaltung vorgeprägt [...]: eine ethisch fundierte Wissenschaftlichkeit, Pflichterfüllung und Ordnung, eine tiefe evangelische Frömmigkeit, Liebe und Pflege der Kunst, besonders der Musik und schließlich Freude am Wandern und Bergsteigen."[805]

1.) Wirken an der Universität

a) Allgemeine Lage der Universität

1826 war die Universität durch König Ludwig I. von Landshut nach München verlegt und der Lehrkörper durch die Berufung neuer Gelehrter erweitert worden, unter anderem durch Mitglieder der Akademie der Wissenschaften, der Ministerien und der Gerichte.[806] Auch in den Folgejahren verzeichnete die Anzahl der Lehrenden und der Studierenden einen deutlichen Zuwachs.[807]

---

801 UAM, E-II-501 (Personalakt J. J. W. Planck), Blatt 2 und 18; Chronik der Universität München 1900/01, S. 6.

802 UAM, E-II-501 (Personalakt J. J. W. Planck), Blatt 60 und 106.

803 Amtliches Verzeichniss des Personals der Lehrer, Beamten und Studirenden an der königlich bayerischen Ludwig-Maximilians-Universität zu München, Sommer-Semester 1869, S. 24 und Sommer-Semester 1878, S. 27.

804 Graßmann, Mitteilungen aus der Max-Planck-Gesellschaft 1973, 91 (91).

805 Graßmann, Mitteilungen aus der Max-Planck-Gesellschaft 1973, 91 (91); Graßmann war mit Plancks Enkelin Emma Luise, der Tochter von Otto Planck und Emilie Wilhelmine geb. Frisch, verheiratet.

806 Haushofer, S. 32.

807 Haushofer, S. 32.

1837 bis 1847 unter dem Ministerium Karl von Abels folgte eine Phase der Repression, die durch ein „scharfes System der Bevormundung“ gekennzeichnet war und eine der schlimmsten Zeiten der Universität München dargestellt haben soll.[808] Die Lernfreiheit erfuhr Einschränkungen und die Berufungspolitik wurde weitgehend vernachlässigt, so dass bedeutende Gelehrte die Universität verließen oder aufgrund ihrer politischen Gesinnung entlassen wurden.[809] Erst mit der Regierungszeit König Maximilians II. (1848-1864), der sich während seiner Amtszeit nachhaltig für die Universität einsetzte, indem er sich unter anderem um die Berufung herausragender Gelehrter bemühte und die Universität finanziell unterstützte, konnte sich der Aufschwung an der Münchener Hochschule fortsetzen.[810] Eine Vielzahl hervorstechender Lehrkräfte konnte rekrutiert werden, zu nennen sind hier beispielsweise die Juristen Bernhard Joseph Windscheid, Johann Bluntschli, der Lyriker Emanuel Geibel sowie der Chemiker Justus von Liebig.[811] Zwar bestanden zunächst Spannungen zwischen den einheimischen und den von auswärts berufenen Professoren, diese konnten jedoch nach kurzer Zeit überwunden werden und hatten den positiven Nebeneffekt, dass durch die bestehende Konkurrenz zwischen den Gelehrten die Motivation zu wissenschaftlichen Leistungen gefördert wurde.[812]

Auch nach dem Tod König Maximilians am 10. März 1864 wurde weiterhin die Förderung der Universität von seinem Nachfolger Ludwig II. forciert und 1872 konnte die Universität ihr 400-jähriges Bestehen festlich begehen.[813] Auch Planck nahm an den Feierlichkeiten teil.[814] In der Folgezeit gestaltete sich die Entwicklung der Universität positiv, was sich vor allem in einem raschen Anstieg der Studentenfrequenz niederschlug.[815]

Die Professoren gehörten in München zu den privilegierten Gesellschaftskreisen, vielen wurde aufgrund ihrer Leistungen der persönliche Adel

808 So Haushofer, S. 35.
809 Haushofer, S. 35 f.
810 Prantl, Erster Band, S. 724; Haushofer, S. 36.
811 Haushofer, S. 36.
812 Haushofer, S. 66.
813 Chronik der Universität München 1867/68, S. 23 f.; Haushofer, S. 38.
814 Siehe Liste der Festteilnehmer im Anhang der Chronik der Universität München 1871/72.
815 1875 waren 1012 Studenten an der Münchener Universität immatrikuliert, 1888 hatte sich die Anzahl fast vervierfacht und lag bei 3809 Studierenden, vgl. Übersicht bei Haushofer, S. 39.

verliehen.[816] Des Weiteren besaßen sie zumeist eine ausgezeichnete finanzielle Stellung: Die Gehälter an der Universität München wurden regelmäßig erhöht, hinzu kamen Zulagen, Einnahmen aus den Collegien sowie Prüfungs- und Promotionsgebühren.[817]

b) Die Juristische Fakultät

aa) Lage und Besetzung

Der positive Aufschwung der Universität durch die weitgehende Förderung durch König Maximilian II. und Ludwig II. spiegelte sich auch in der Juristenfakultät wider, es gelang, ausgezeichnete Kräfte zu gewinnen. Zudem brachte die Verlegung der Universität von Landshut nach München den großen Vorteil, dass durch die nunmehr vorhandene Nähe zu verschiedenen öffentlichen Einrichtungen, wie den Staatsministerien, verschiedenen Gerichten und anderen Ämtern, die Möglichkeit des wissenschaftlichen Austausches zwischen den Professoren und den praktisch tätigen Rechtsgelehrten bestand, wovon die akademische Lehre entscheidend profitierte.[818]

Planck hatte in der Fakultät die Aufgabe, die Lücke zu schließen, die durch den Tod von Karl Friedrich Dollmann entstanden war. Dollmann war seit 1835 Mitglied der Fakultät und vertrat schwerpunktmäßig das Straf- und Strafprozessrecht. Er gehörte zu den beliebtesten Dozenten.[819] Als Planck an die Fakultät kam, waren dort neben ihm als ordentliche Professoren Hieronymus von Bayer für gemeinen und bayerischen Zivilprozess, Franz Xaver Zenger für römisches Recht, Joseph Poezl für bayerisches Staatsrecht, Bernhard Joseph Windscheid für römisches Zivilrecht, Friedrich Kunstmann für Kirchenrecht, Paul von Roth für deutsches Privatrecht, deutsche Reichs- und Rechtsgeschichte, Staatsrecht und bayerisches Landrecht, Konrad Maurer für deutsches Privatrecht, deutsche Reichs- und Rechtsgeschichte und Staatsrecht, Karl Theodor Bolgino für bayerisches Zivilprozessrecht und französisches Zivil- und Prozessrecht, Friedrich Walther für Straf- und Strafprozessrecht und Ernst August Seuffert für römisches Zivilrecht tätig.[820]

Die Anzahl der Jurastudenten während Plancks Zugehörigkeit zur Fakultät bewegte sich in den Jahren von 1867 bis 1880 zunächst zwischen 212 und 553

816 Haushofer, S. 66.
817 Haushofer, S. 66.
818 Haushofer, S. 42.
819 Haushofer, S. 43.
820 Amtliches Verzeichniss des Personals der Lehrer, Beamten und Studirenden an der königlich bayerischen Ludwig-Maximilians-Universität zu München, Sommer-Semester 1867, S. 9.

Studenten und stieg dann in der Folgezeit rasant an. Im Sommersemester 1890 waren 1393 Studenten an der Juristenfakultät immatrikuliert, danach nahm die Frequenz leicht ab, zum Wintersemester 1894/95 verzeichnete man 1112 Studenten.[821]

bb) Stellung der Fakultät zum Antisemitismus

Während Plancks Wirkungsphase an der Münchener Universität trat der auch in Bayern vorherrschende Antisemitismus in vielen Bereichen des öffentlichen Lebens deutlich hervor. Zwar erfolgte mit der Reichsgründung 1871 durch das Gesetz des Norddeutschen Bundes vom 03. Juli 1869 betreffend die Gleichberechtigung der Konfessionen in bürgerlicher und staatsbürgerlicher Beziehung, das fortan im gesamten Gebiet des neuen Reichs galt, die rechtliche Gleichstellung der Juden, doch die gesellschaftliche Gleichberechtigung brachte es nicht mit sich.[822] Trotz hervorragender wirtschaftlicher Leistungen nahmen Juden um die Wende zum 20. Jahrhundert im rasch wachsenden München einen Sonderstatus ein und wurden in vielen Bereichen des öffentlichen Lebens diskriminiert.[823] Entgegen dem unmissverständlichen Wortlaut des Gesetzes[824] begegnete man gerade im Bereich des öffentlichen Dienstes einer antisemitischen Grundhaltung.[825]

Auch an der Juristischen Fakultät der Münchener Universität waren Juden lange Zeit deutlich unterrepräsentiert. Erst 1896 wurden zwei jüdische Honorarprofessoren berufen und 1909 vergab man die erste etatmäßige außerordentliche Professur an einen Juden.[826] Die Münchener Fakultät zeigte sich dennoch

821 Vgl. Amtliches Verzeichniss des Personals der Lehrer, Beamten und Studirenden an der königlich bayerischen Ludwig-Maximilians-Universität zu München der Jahrgänge 1867-1895.

822 Landau, in: Deutsche Juristen jüdischer Herkunft, S. 133 f.

823 Angermair, in: Jüdisches München, S. 110 f.

824 Das Gesetz betreffend die Gleichberechtigung der Konfessionen in bürgerlicher und staatsbürgerlicher Beziehung besteht aus einem einzigen Artikel, der besagt: „Alle noch bestehenden, aus der Verschiedenheit des religiösen Bekenntnisses hergeleiteten Beschränkungen der bürgerlichen und staatsbürgerlichen Rechte werden hierdurch aufgehoben. Insbesondere soll die Befähigung zur Theilnahme an der Gemeinde- und Landesvertretung und zur Bekleidung öffentlicher Ämter vom religiösen Bekenntnis unabhängig sein", Bundesgesetzblatt 1869, S. 292.

825 Angermair, in: Jüdisches München, S. 111.

826 Zu jüdischen Juristen als Universitätsprofessoren in Bayern siehe Breisach, S. 168 ff.

jüdischen begabten Juristen gegenüber aufgeschlossen, was darin seinen Ausdruck fand, dass eine Reihe jüdischer Privatdozenten hier tätig waren.[827]

cc) Plancks Haltung zum Antisemitismus

Zeugnisse darüber, welche Stellung Planck zum Antisemitismus bezog, existieren kaum, öffentlich trat er diesbezüglich nicht hervor. Einen Anhaltspunkt liefert lediglich ein Brief Plancks vom 11. Dezember 1896 an August Ubbelohde[828], Professor der Universität Marburg.[829] In diesem Brief kam Planck der Bitte Ubbelohdes um nähere Auskünfte über den Münchener Landesgerichtsrat Heinrich Harburger nach.[830] Harburger hatte 1879 zu Bayerns ersten jüdischen Amtsrichtern gehört und wurde im Juli 1896 zum ordentlichen Honorarprofessor der Universität München ernannt, wo er Straf-, Staats- und Völkerrecht lehrte.[831] Im März 1912 ernannte man ihn zum Senatspräsidenten des Oberlandesgerichts München und er erlangte damit das höchste juristische Amt, das ein Jude bis dahin im Deutschen Reich erreicht hatte.[832] Planck kannte Harburger aufgrund seiner Tätigkeit an der Universität und schätzte dessen Arbeit. Zwar klingt auch in Plancks Brief einleitend die negative Grundstimmung des bayerischen höheren Beamtentums Juden gegenüber zum Ausgang des 19. Jahrhunderts an:

---

827 Rückert, in: Deutsche Juristen jüdischer Herkunft, S. 334, zu nennen sind hier beispielsweise Philipp Lotmar, Friedrich Hellmann und Theodor Loewenfeld.

828 August Ubbelohde, 18.11.1833 (Hannover) - 30.09.1898 (Marburg), studierte in Göttingen Rechtswissenschaft, 1856 erfolgte seine Promotion und 1857 die Habilitation. 1862 wurde er zum außerordentlichen Professor an die Universität Göttingen berufen, 1865 ernannte man ihn zum ordentlichen Professor des römisches Recht an der Universität Marburg, vgl. Landsberg, ADB 54 (1908), 724-725.

829 UBT, Sig. Md780/162, Brief Planck an Ubbelohde, 11.12.1896.

830 Heinrich Harburger, 02.10.1851 (Bayreuth) - 29.02.1916 (München), studierte in München Rechtswissenschaft, bestand 1876 die erste juristische Staatsprüfung (Note 1), wurde im Oktober 1876 Amtsrichter in München, im Oktober 1885 zweiter Staatsanwalt am Landgericht München und im November 1890 Landgerichtsrat ebenda. Im Juli 1896 folgte seine Ernennung zum ordentlichen Honorarprofessor an der Universität München, im Januar 1898 wurde er Staatsanwalt am Oberlandesgericht in München und im November 1899 Oberlandesgerichtsrat ebenda. Im Januar 1905 ernannte man ihn zum Rat am Obersten Landesgericht in Bayern und im März 1912 zum Senatspräsidenten am Oberlandesgericht München, vgl. L. F., AZJ 1916, 197 (197).

831 L. F., AZJ 1916, 197 (197).

832 L. F., AZJ 1916, 197 (197).

„Gegen Harburger liegt abgesehen von seiner Religion keinerlei Bedenken irgend einer Art vor. Er ist ein durchaus angesehener Landgerichtsrath.“[833]

Im weiteren Verlauf seines Briefes lobte er jedoch Harburgers juristische Fähigkeiten sowie dessen vorzügliche Lehrtätigkeit und schrieb abschließend:

„Es sollte mich freuen, wenn durch diese Bemerkungen sein lang gehegter Wunsch nach einer akademischen Thätigkeit im Amte eines Professors in Erfüllung gehen würde.“[834]

Tatsächlich kam es nicht zu einer Berufung Harburgers an die Universität Marburg.[835] Doch durch sein Schreiben grenzte Planck sich, wenn auch nicht öffentlich, gegenüber seinem Marburger Kollegen von dem vorherrschenden Antisemitismus ab und vertrat die Ansicht, dass auch jüdischen Juristen der Weg der akademischen Laufbahn in Form einer ordentlichen Professur eröffnet sein sollte. Diese Einstellung Plancks fand des Weiteren seinen Ausdruck in seinem guten Verhältnis zu Harburger sowie auch zu den übrigen Privatdozenten jüdischen Glaubens. Diese widmeten ihm als Zeichen ihrer Anerkennung anlässlich seines 50-jährigen Doktorjubiläums Beiträge in der ihm von der Münchener Fakultät überreichten Festschrift.[836]

Auch wenn Planck aus einem eher konservativ, durch seine theologischen Vorfahren streng evangelisch geprägten Haus stammte, kennzeichneten ihn damit eine liberale Grundhaltung sowie ein tiefes Gerechtigkeitsempfinden jedermann gegenüber. Daneben zeigt auch die weitere Entwicklung der Familiengeschichte der Plancks, dass liberale Wertvorstellungen vertreten und an nachfolgende Generationen vermittelt wurden. So wandte sich Plancks Sohn Max beispielsweise immer wieder gegen den Nationalsozialismus, indem er sich für verschiedene Wissenschaftler jüdischer Herkunft einsetzte, die von den Nationalsozialisten aufgrund ihrer Abstammung diskriminiert wurden.[837] Durch

---

833 UBT, Sig. Md780/162, Brief Planck an Ubbelohde, 11.12.1896.

834 UBT, Sig. Md780/162, Brief Planck an Ubbelohde, 11.12.1896.

835 Vgl. Gundlach, Catalogus Professorum Academiae Marburgensis, wo kein Vermerk zu Harburger zu finden ist.

836 Siehe Festgabe Planck München: Lotmar, Ueber Plus est in re, quam in existimatione und Plus est in opinione quam in veritate, S. 57-115; Harburger, Die Theilnahme an dem Verbrechen aus § 159 R.St.GB durch Anstiftung oder Beihilfe, S. 343-361; Hellmann, Ueber Missio in possessionem im römischen und im heutigen Rechte, S. 229-271; Loewenfeld, Inästimabilität und Honorierung der artes liberales nach römischem Recht, S. 363-467.

837 Zu Max Plancks Verhalten während der NS-Zeit siehe Henning, in: Max Planck und die Max Planck Gesellschaft, S. 35-60 und Kohl, Die Präsidenten der Kaiser-Wilhelm-Gesellschaft im Nationalsozialismus: Max Planck, Carl Bosch und Albert

sein Verhalten geriet Max Planck zunehmend in das Visier des NS-Regimes, das Erkundigungen über ihn und seine Familie einholte, um zu ermitteln, ob jüdische Verbindungen existierten. Selbst in der Akte des Universitätsarchivs der Ludwig-Maximilians-Universität München ist eine Anfrage der Reichsstelle für Sippenforschung vom 12. Juli 1937 zu finden, in welcher um Auskünfte über Johann Julius Wilhelm Planck und dessen Ehefrau gebeten wurde.[838]

Auch sein Enkel Erwin Planck[839], viertes Kind von Max Planck, widersetzte sich dem nationalsozialistischem Regime und wurde zum Widerstandskämpfer.[840] Wegen Beteiligung am Hitlerattentat vom 20. Juli 1944 wurde er schließlich verhaftet und vom Volksgerichtshof am 23. Oktober 1944 zum Tode verurteilt.[841] Max Planck, der sich für die Umwandlung der Todesstrafe in eine Freiheitsstrafe einsetzte, schrieb in einem Gnadengesuch an Himmler, dass „Erwin an Charakter und Gaben alles verkörpert, was unsere Familie in Generationen geworden ist".[842] Er bezog sich damit auf die lange Familiengeschichte der Plancks, Urgroßvater, Großvater und Vater waren allesamt fähige, loyale Staatsdiener, die, genau wie Max Planck selbst, ihr Leben der Wissenschaft und Lehre widmeten und ihr Vaterland liebten. Auch Erwin, der im Ersten Weltkrieg für sein Vaterland

---

Vögler zwischen Wissenschaft und Macht, S. 74 ff.; zu nennen ist hier beispielsweise Plancks Einsatz für die Tierpsychologin Mathilde Hertz, den Mathematiker Richard Courant oder den Chemiker Fritz Haber, vgl. Henning, S. 41 ff. und Kohl, S. 89 f.

838 UAM, E-II-501 (Personalakt J. J. W. Planck), Blatt 164. Die Universität beantwortete die Anfrage mit dem Hinweis, dass die Akten keine näheren Angaben enthielten.

839 Erwin Planck, 12.03.1893 (Berlin-Charlottenburg) - 23.01.1945 (hingerichtet, Berlin-Plötzensee), entschied sich nach seinem Abitur 1911 zunächst für die Offiziersausbildung, wurde 1913 Reserveoffizier und begann das Studium der Medizin, welches er aufgrund des Ausbruchs des Ersten Weltkriegs jedoch nicht beendete. Von 1914 bis 1917 befand er sich in französischer Kriegsgefangenschaft, war nach seiner Freilassung ab 1919 im Reichswehrministerium tätig und ab dem 01.01.1924 in der Reichskanzlei. Am 02.06.1932 wurde er Staatssekretär von Kurt von Schleicher. Am 31.01.1933 entließ man ihn auf eigenen Wunsch. Ab Oktober 1936 arbeitete er im Otto-Wolff-Konzern in Köln. Ab 1941 gehörte er zum Widerstandskreis um Carl Friedrich Goerdeler. Verheiratet war Planck mit der Ärztin Cornelie (Nelly) Schoeller, der Tochter des preußischen Geheimen Seehandlungsrats. Zu Erwin Planck vgl. Boberach, NDB 20 (2001), 500-501 und ausführlich von Astrid von Pufendorf: Die Plancks – eine Familie zwischen Patriotismus und Widerstand, Berlin 2006.

840 Vgl. hierzu ausführlich von Pufendorf, S. 388 ff.

841 Boberach, NDB 20 (2001), 500 (500); von Pufendorf, S. 458.

842 Zitiert nach von Pufendorf, S. 451.

kämpfte, später als Referent in der Reichskanzlei und als Staatssekretär tätig war, prägte diese Loyalität dem Vaterland gegenüber, die jedoch nicht dem NS-Regime galt. Trotz der Bemühungen des Vaters erfolgte am 23. Januar 1945 im Gefängnis Berlin-Plötzensee die Vollstreckung des Urteils durch Erhängung.[843]

Die Familiengeschichte der Plancks, die stets getragen war von Tradition, Vaterlandsliebe und dem Streben nach Gerechtigkeit, fand damit ihren tragischen Höhepunkt.

c) Lehrtätigkeit

In München angekommen nahm Planck seine Vorlesungstätigkeit zum Wintersemester 1867/68 auf.[844] Zu diesem Zeitpunkt verzeichnete die Universität 1264 Studenten.[845] Zunächst beschränkten sich seine Lehrveranstaltungen auf gemeines deutsches und bayerisches Strafprozessrecht und Strafrecht. Ab dem Wintersemester 1869/70 erweiterte er seine Vorlesungen auf das Zivilprozessrecht, tatsächlich übertragen wurde ihm das Fach jedoch erst nach dem Versterben von Hieronymus von Bayer am 06. Dezember 1876, der bis dahin das Fach vertrat.[846] Im Sommersemester 1872 las Planck zum letzten Mal Strafrecht, um sich dann bis zum Ende seiner Lehrtätigkeit ausschließlich dem Straf- und Zivilprozessrecht zu widmen.[847] Ab dem Sommersemester 1883 bot er neben den Vorlesungen zudem regelmäßig eine Übung im Zivilprozessrecht an.[848] Am 22. November 1891 wurde Planck auf seinen Antrag hin von seiner Lehrverpflichtung im Bereich des Strafprozessrechts freigestellt.[849] Im Alter von 78 Jahren bat er schließlich um Entbindung von seiner gesamten Lehrverpflichtung zum

843 Boberach, NDB 20 (2001), 500 (500 f.); von Pufendorf, S. 465.

844 Verzeichnis der Vorlesungen an der königlichen Ludwig-Maximilians-Universität zu München im Wintersemester 1867/68. Seuffert berichtete hingegen, das Planck bereits im Sommersemester 1867 in München Vorlesungen hielt, was jedoch in den Vorlesungsverzeichnissen keine Bestätigung findet, vgl. Seuffert, ZZP 28 (1901), V (XII).

845 Chronik der Universität München 1867/68, S. 11.

846 Seuffert, ZZP 28 (1901), V (XII). Im Bestand der Universitätsbibliothek der Ludwig-Maximilians Universität München befindet sich eine Vorlesungsmitschrift des Studenten Maximilian Körte zu Plancks Vorlesung zum Zivilprozess aus dem Wintersemester 1869/70, Signatur 0312/Ms 398.

847 Verzeichnis der Vorlesungen an der königlichen Ludwig-Maximilians-Universität zu München der entsprechenden Jahrgänge.

848 Verzeichnis der Vorlesungen an der königlichen Ludwig-Maximilians-Universität zu München der entsprechenden Jahrgänge.

849 UAM, E-II-501 (Personalakt J. J. W. Planck), Blatt 130.

01. April 1895, was vom Staatsministerium des Inneren mit Schreiben vom 19. Januar 1895 unter großem Bedauern genehmigt wurde:

> „Das k. Staatsministerium des Inneren für Kirchen- und Schulangelegenheiten sieht den großen Lehrer und Gelehrten mit tiefem Bedauern aus dem aktivem Lehramte scheiden, gibt sich aber der Hoffnung hin, daß sein treuer Rat der Universität im Senate und im Verwaltungsausschusse wie bisher auch ferner zur Seite stehen werde."[850]

Planck tat diesen Schritt nicht aus gesundheitlichen Gründen, an vielen Stellen wird seine Rüstigkeit von Körper und Geist auch noch im hohen Alter beschrieben, er sehnte sich jedoch nach mehr Ruhe.[851] Im Wintersemester 1894/95 beendete Planck seine Lehrtätigkeit mit einer Vorlesung über Zivilprozessrecht, der zahlreiche Zuhörer beiwohnten und seine Leistungen im universitären Bereich honorierten.[852] Mit der Einstellung seiner Lehrtätigkeit wurde ihm „in allerhuldvollster Anerkennung seiner langjährigen, mit treuester Hingebung geleisteten ausgezeichneten Dienste" das Großkomturkreuz des Verdienstordens der bayerischen Krone verliehen.[853] Sein Kollege Seuffert berichtete von dem großen Erfolg der Vorlesungen Plancks und lobte diese in seinem Nachruf mit den folgenden Worten:

> „Schlicht, klar und eindringlich floss ihm das Wort vom Munde. Die Mahnung des Dichters:
>
> Sei er kein schellenlauter Thor!
> Es trägt Verstand und rechter Sinn
> Mit wenig Kunst sich selber vor
>
> hat er stets unverbrüchlich befolgt."[854]

Bestätigt wird dieses Urteil durch Bechmann, der schilderte, dass Plancks „ausgezeichnete Lehrthätigkeit" allseits anerkannt war, dass er seine Übung jahrelang „mit bestem Erfolg" geleitet habe und dass er sich darüber hinaus auch als Examinator auszeichnete:

> „Was mir an derselben besonderen Eindruck machte, war nicht nur die Bestimmtheit, Klarheit und Angemessenheit seiner Fragen, sondern vor allem die unerschütterliche Ruhe, die er auch sträflich unwissenden Kandidaten gegenüber bewahrte."[855]

---

850 UAM, E-II-501 (Personalakt J. J. W. Planck), Blatt 135.

851 Seuffert, ZZP 28 (1901), V (XV).

852 Chronik der Universität München 1894/95, S. 2; Seuffert, ZZP 28 (1901), V (XV).

853 UAM, E-II-501 (Personalakt J. J. W. Planck), Blatt 134/135.

854 Seuffert, ZZP 28 (1901), V (XV). Das Zitat stammt von Johann Wolfgang von Goethe aus dem Werk „Faust: Der Tragödie erster Teil", Kapitel 4.

855 Bechmann, Beilage zur Allgemeinen Zeitung, Jahrgang 1900, Nr. 230, S. 3.

Auch in der Chronik der Universität München kommt Plancks überragende Lehrtätigkeit zum Ausdruck, dort heißt es:

> „Planck war ein gefeierter akademischer Lehrer; seine geistvollen, formvollendeten Vorträge, die er stets frei zu halten pflegte, haben seine zahlreichen Zuhörer mit Begeisterung erfüllt und ihm deren dankbare Anhänglichkeit gesichert."[856]

Damit endete Plancks sich fast über ein halbes Jahrhundert erstreckende Lehrtätigkeit, in welcher er mit insgesamt über 170 durchgeführten Lehrveranstaltungen die juristische Jugend auf ihre später berufliche Tätigkeit vorbereitete und einen wesentlichen Beitrag zur Juristenausbildung in Deutschland leistete.

d) Ausgeübte Ämter

aa) Rektorat 1872/73

Bereits nach 5-jähriger Wirkungsperiode an der Münchener Universität wurde Planck zum Wintersemester 1872/73 das Rektorat übertragen, wodurch das Vertrauen und die Anerkennung, die er bei seinen Kollegen genoss, zum Ausdruck kommt. In seiner Antrittsrede, die er am 30. November 1872 hielt, vertrat er die Ansicht, dass die Hauptaufgabe der Universität, die soeben ihr 400-jähriges Bestehen festlich beging, darin bestehe, dass sie eine „d e u t s c h e Universität" bleiben solle.[857] Für eine solche war seiner Ansicht nach charakteristisch:

> „Zunächst ist die deutsche Universität Schule, aber zugleich gelehrte Gesellschaft. Sie will und soll einerseits die Schätze der Wissenschaft der wißbegierigen Jugend überliefern nicht als todten Stoff, sondern als lebendigen der Fortentwicklung im Geiste des Schülers fähigen Gedanken. [...] Sie will und soll andererseits durch eigene angestrengte Arbeit den bisher erarbeiteten Schatz der Wissenschaft selbst fördern und mehren."[858]

In Forschung und Lehre sah er eine unzertrennliche Einheit, welche die zentrale Grundlage der Universität darstelle und deren Freiheit „der Lebensnerv" der Universität sei, für welchen diese einzustehen habe:

> „Dafür zu streben und zu wirken und wenn es sein muß zu kämpfen mit den Waffen des Geistes, ist sie nicht bloß in ihren einzelnen Mitgliedern, sondern als Ganzes, als wohlgeordnete Körperschaft berufen. Wissenschaftliche Forschung und Lehre, das ist das Gebiet innerer Selbstverwaltung, auf dem sie zwingende Vorschriften anderer Mächte, sei es Kirche, sei es der Staat, über Inhalt und Methode nicht anerkennen kann. Wahrheit läßt sich nicht befehlen, Irrthum nicht verbieten."[859]

---

856 Chronik der Universität München 1900/01, S. 7.

857 Planck, Rede zum Antritte des Rectorats, S. 4.

858 Planck, Rede zum Antritte des Rectorats, S. 4.

859 Planck, Rede zum Antritte des Rectorats, S. 12.

Dabei stellte Planck an die Lehrenden sowie an die Studierenden, besondere Anforderungen:

> „Wer geistig erwärmen, wer Andere zur wissenschaftlichen Arbeit entflammen will, der muß selbst vom heiligen Feuer durchglüht sein. [...] Jede sclavische Unterwerfung unter das Wort des Lehrers ist dem wahren deutschen Studenten fern, er prüft selbst, er lernt, als ob er selbst dereinst lehren wolle. [...]
>
> Darum ist die schönste Blüthe d e u t s c h e n Universitätslebens jener Geist der Verbrüderung zwischen Lehrenden und Lernenden, der die letzteren nicht als draußen stehenden Schüler, sondern als zum Ganzen gehörenden, ja unentbehrliche angehende Mitarbeiter auf dem gemeinsamen Felde wissenschaftlicher Arbeit auffaßt."[860]

Im Wetteifer der Universitäten untereinander um die führende Stellung in der deutschen Hochschullandschaft erstrebte Planck für die bayerische Universität eine erstklassige Position und schloss seine Rede wie folgt:

> „Und so dürfen wir getrost sagen, die besondere Aufgabe Münchens als bayerischer Landesuniversität besteht der Hauptsache nach darin, daß sie mit ihren deutschen Schwestern um den Siegespreis ringe, daß durch die Tüchtigkeit und Großartigkeit ihrer Leistungen auf dem Gebiet der Wissenschaft Bayerns Name unter den deutschen Stämmen hell und heller erglänze, daß durch sie der von Bayern dem gemeinsamen deutschen Vaterlande zufließende Strom geistiger Kraft immer mächtiger schwelle und eben dadurch dem reich begabten Land und Stamm der ihm unter den Brüdern gebührende Ehrenplatz gesichert sei. [...]
>
> In diesem Sinne und mit diesem Vorsatz beginnen wir denn heute das erste Arbeitsjahr im fünften Jahrhundert unserer alma mater und hoffen vertrauensvoll, daß an ihr der altbekannte academische Spruch sich erfüllen werde: vivat, crescat, floreat!"[861]

bb) Ordinarius des Münchener Spruchkollegiums

Mit dem Tod von Hieronymus von Bayer übernahm Planck zum Wintersemester 1876/77 als dessen Nachfolger das Amt des Ordinarius des Münchener Spruchkollegiums.[862] Unter den ehemaligen Mitgliedern des Kollegiums sind berühmte Juristen wie Anselm Feuerbach (1804-1806) und Friedrich Carl von Savigny (1808-1810) zu finden.[863] Die Aufgabe des Spruchkollegiums bestand in

860 Planck, Rede zum Antritte des Rectorats, S. 7 f., 13 (Hervorhebung im Original).

861 Planck, Rede zum Antritte des Rectorats, S. 18 f.

862 Amtliches Verzeichniss des Personals der Lehrer, Beamten und Studirenden an der königlich bayerischen Ludwig-Maximilians-Universität zu München, Winter-Semester 1876/77, S. 6.

863 Kempter, S. 27.

der „angelegentlichen Bearbeitung der ankommenden Anfragen und Akten."[864] Durch die zügige und sorgsame Erledigung der eingehenden Akten erwarb das Münchener Spruchkollegium eine angesehene Stellung unter den übrigen Juristenfakultäten.[865] Bis zu seinem Ableben bekleidete Planck das Amt des Ordinarius und trug durch seine langjährige Mitarbeit zum Ansehen der Münchener Juristenfakultät bei.

cc) Sonstige Ämter

Im Verlauf seiner Zugehörigkeit zur Münchener Alma Mater übernahm Planck eine Vielzahl sonstiger akademischer Ämter. Er war 16 Jahre im Verwaltungsausschuss und 21 Jahre im akademischen Senat tätig.[866] Bis zu seinem Tod beteiligte er sich aktiv an den Geschäften der Fakultät.[867] In der Universitätsverwaltung soll er sich stets „als Meister klarer Rede" und „klugen Rathes" bewährt haben.[868] Auch auswärtige Professoren schätzten Plancks Meinung und baten ihn um Auskünfte und Ratschläge bei anstehenden Stellenbesetzungen.[869] 1870/71 und 1878/79 fungierte er als Dekan der Juristischen Fakultät und 1873/74 war er Prorektor.[870]

e) Würdigung seiner Leistungen

Die Anerkennung, die Planck als Wissenschaftler genoss, lassen die zahlreichen Auszeichnungen, die er in München erhielt, sowie die an ihn ergangenen Rufe renommierter Universitäten erkennen. Zudem wurde in München sein fünfzigjähriges Doktorjubiläum festlich begangen.

aa) Auszeichnungen und Berufungen

Am 26. Juni 1870 erhielt Planck einen Ruf an die Universität Tübingen.[871] In den sich daran anschließenden Verhandlungen mit der Universität München erklärte er, dass er gedenke, der Universität erhalten zu bleiben und sich nicht auf Verhandlungen mit der württembergischen Regierung einzulassen.[872] Er nutzte

---

864 Kempter, S. 66.
865 Kempter, S. 195.
866 Chronik der Universität München 1900/01, S. 7.
867 Seuffert, ZZP 28 (1901), V (XV).
868 Festgabe Planck München, Einleitung.
869 Vgl. UBT, Sig. Md780/162, Brief Planck an Ubbelohde, 11.12.1896.
870 Chronik der Universität München 1870/71, S. 4, 1873/74, S. 3, 1878/79, S. 4.
871 UAM, E-II-501 (Personalakt J. J. W. Planck), Blatt 30.
872 UAM, E-II-501 (Personalakt J. J. W. Planck), Blatt 30.

jedoch die Gelegenheit, um gewisse „Wünsche“ zur Sprache zu bringen, wie der Berichterstatter notierte:

„Er [Planck] habe das Vertrauen, daß die Wünsche, welche er in Beziehung auf seine hiesigen Verhältnisse erfüllt sehen möchte, auch ohne das Mittel einer Pression, wie sie bei dieser Gelegenheit möglich gewesen wäre, verwirklicht werden. Solche Wünsche seien insbesondere:

A. daß die Last, welche für die Mitglieder der Juristenfakultät aus der Abhaltung der theoretischen Endprüfung erwächst, nicht ohne zwingende Gründe erhöht, daß dieselbe vielmehr so weit es ohne Schaden für die Sache geschehen könne, erleichtert werden möchte. Dieses könne erzielt werden, wenn man auf die wiederholten Verbesserungs- und Aenderungs-Anträge der Prüfungs-Commission und der Fakultät eingehen wollte;

B. daß ihm bei geeigneter Gelegenheit die Verpflichtung zur Haltung der Vorträge über Strafrecht abgenommen werden möchte, da die Vorlesungen über Civilprozeß seine Zeit und Kraft vollständig in Anspruch nehmen. Zur Zeit wolle er indessen besondere Anträge nicht stellen, solange die Frage ob Kollege Walther[873] seine Vorlesungen über Strafrecht und Prozeß wieder aufnehmen werde, unentschieden sei.“[874]

Planck leistete dem Ruf schließlich keine Folge. Als Zeichen „wohlgefälliger Anerkennung der von ihm bei seiner Berufung nach Tübingen bewährten Anhänglichkeit an die Hochschule München“ wurde ihm daraufhin am 29. Juli 1870 das Ritterkreuz des Verdienstordens der bayerischen Krone verliehen, womit seine Erhebung in den persönlichen Adel verbunden war.[875]

Im Jahr 1871/72 erging an Planck darüber hinaus ein Ruf an die Universität Straßburg, den er wiederum ablehnte.[876] Kultusminister Johann von Lutz berichtete diesbezüglich an den Senat der Universität:

„Seine Majestät der König sind aufrichtig erfreut, daß ein so hoch verdienter Lehrer, wie der ordentliche Professor Dr. Johann Julius Wilhelm von Planck der Münchener Hochschule erhalten bleibt und haben deshalb zu befohlen geruht, daß demselben sofort die

873 Friedrich Walther war seit 1849 an der Juristischen Fakultät als Professor des Straf- und Strafprozessrechts tätig und er wurde am 25.03.1871 aufgrund von Krankheit in den Ruhestand versetzt, vgl. Chronik der Universität München 1870/71, S. 5; Prantl, Zweiter Band, S. 540, Nr. 414.

874 UAM, E-II-501 (Personalakt J. J. W. Planck), Blatt 30/31. Planck hielt noch bis zum Sommersemester 1876 Strafrechtsvorlesungen.

875 UAM, E-II-501 (Personalakt J. J. W. Planck), Blatt 2 und 28.

876 UAM, E-II-501 (Personalakt J. J. W. Planck), Blatt 50; Chronik der Universität München 1871/72, S. 15.

besondere allerhöchste Anerkennung seiner Uneigennützigkeit und Anhänglichkeit zum Ausdruck gebracht werde."[877]

Im Oktober 1872 folgte ein Ruf an die Universität Leipzig.[878] Daraufhin stellte die Juristenfakultät den Antrag beim Senat, Planck eine Gehaltserhöhung von 1.000 Gulden zu gewähren und alles zu unternehmen, damit dieser der Münchener Universität erhalten bleibe.[879] Der Senat entsprach diesem Antrag einstimmig und richtete an den König die Bitte, alles Erforderliche zu veranlassen, „um einen so tief einschneidenden Verlust von der Universität abzuwenden", die Universität habe „gerade unter den jetzt obwaltenden Verhältnissen Männer von Ruf unbedingt vonnöthen."[880] Planck lehnte den Ruf aus Leipzig schließlich ab, auch wenn es sich, wie er selbst berichtete, um ein „in mancher Beziehung lockendes Anerbieten" handelte.[881] Seine Entscheidung teilte er dem Senat und dem Prorektor mit Schreiben vom 03. November 1872 mit:

> „Der Entschluß ist mir erheblich erleichtert worden durch den gnädigen Beweis Allerhöchsten Vertrauens, den ich in der in Abschrift mitgetheilten höchsten Entschließung erblicken zu dürfen glaube, nicht weniger aber durch die ausnehmend freundliche Art und Weise, mit der Eure Magnificenz sowie die übrigen hochverehrten Herrn Collegen an Senat und juristischen Facultät sich für mein Verbleiben verwendet haben. Indem ich dafür meinen tiefgefühlten Dank ausspreche, kann ich nur den lebhaftesten Wunsch hinzufügen, daß es mir gelingen möchte, das bezeigte Vertrauen u. Wohlwollen mir zu verdienen u. zu erhalten."[882]

Im Januar 1875 versuchte die Universität Leipzig erneut, durch einen entsprechenden Ruf Planck für sich zu gewinnen.[883] Der amtierende Dekan der Münchener Juristenfakultät Konrad Maurer, der befürchtete, mit Planck die „Zierde" der Fakultät zu verlieren, schrieb am 23. Januar 1875 in Namen der Fakultät an den akademischen Senat:

> „Welche ausgezeichnete Lehrkraft, welche wohlwollende Gesinnung gegen unsere studierende Jugend, welche ersprießliche Wirksamkeit in den academischen Collegien Herr von Planck stets gleichmäßig entfaltet, ist hohem Senate ebenso wohl bewußt, als die über jede Concurrenz hervorragende Stellung, welche derselbe als Gelehrter auf den von ihm vertretenen Gebieten einnimmt. Ich glaube demnach nur noch darauf

877 UAM, E-II-501 (Personalakt J. J. W. Planck), Blatt 48.
878 Chronik der Universität München 1872/73, S. 5.
879 UAM, E-II-501 (Personalakt J. J. W. Planck), Blatt 70.
880 UAM, E-II-501 (Personalakt J. J. W. Planck), Blatt 70.
881 UAM, E-II-501 (Personalakt J. J. W. Planck), Blatt 78.
882 UAM, E-II-501 (Personalakt J. J. W. Planck), Blatt 78/79.
883 UAM, E-II-501 (Personalakt J. J. W. Planck), Blatt 96/97.

aufmerksam machen zu sollen, daß es uns nicht möglich sein würde, seine Stelle auch nur annähernd wieder zu besetzen, wenn er uns erst entrissen wäre – […].“[884]

Der akademische Senat entschloss sich umgehend, das königliche Staatsministerium zu ersuchen, schnellstmöglich mit Planck in Verhandlungen zu treten.[885] Die Gespräche waren schlussendlich erfolgreich, auch dieser zweite Ruf nach Leipzig wurde von Planck zurückgewiesen.[886] Die ablehnende Entscheidung wurde vom König am 29. Januar 1875 mit der Verleihung der Geheimratswürde sowie einer jährlichen Gehaltszulage von 1.000 Gulden belohnt, so dass Plancks Gehalt nunmehr 6.000 Gulden jährlich betrug.[887]

Wie erfreut König Ludwig II., der Planck bei einer Antrittsaudienz kennen gelernt und Gefallen an dessen „vornehmen und gewinnenden Wesen“ gefunden hatte,[888] über dessen Entscheidung war, kommt in dessen Erwiderung auf den vom Kultusminister von Lutz erstatteten Bericht zum Ausdruck:

„Ich genehmige mit Vergnügen die in Ihrem Bericht vom Gestrigen gestellten Anträge und beauftrage Sie, dem Geheimrath Dr. von Planck Meine aufrichtige Freude über den von ihm gefaßten Entschluß zur Kenntnis zu bringen.“[889]

Auch der akademische Senat gratulierte Planck zu seiner Entscheidung und fügte hinzu:

„Aber auch uns und unsere Hochschule beglückwünschen wir, daß der Univers. München eine so hervorragende Kraft glücklich erhalten geblieben ist. Dabei drängt es uns, Ihnen, Hochverehrter Herr College! für das gebrachte Opfer den tiefgefühlten Dank der Universität geziemendst zum Ausdrucke zu bringen und Ihnen für die wiederholt an den Tag gelegte Anhänglichkeit an die Universität München die aufrichtige Versicherung allseitiger Freude und Anerkennung auszusprechen. Möge der Himmel auch fernerhin diese Zierde unserer Hochschule noch eine lange Reihe an Jahren erhalten, und geben, daß die alma mater Ludovico-Maximilianea fortan immer mehr und mehr blühe und gedeihe. Sie aber, Hochverehrter Herr College, mögen, getragen von dem Bewußtsein allgemeiner Hochschätzung und Verehrung den Lohn Ihrer reichen und ersprießlichen Wirksamkeit in Ihrem und der Ihrigen Glück und Wohlergehen finden.“[890]

---

884 UAM, E-II-501 (Personalakt J. J. W. Planck), Blatt 96/97.
885 UAM, E-II-501 (Personalakt J. J. W. Planck), Blatt 92/93.
886 Chronik der Universität München 1874/75, S. 8.
887 UAM, E-II-501 (Personalakt J. J. W. Planck), Blatt 86.
888 Bechmann, Beilage zur Allgemeinen Zeitung, Jahrgang 1900, Nr. 230, S. 2, dieser berichtete des Weiteren, dass der König Planck seitdem immer wohlwollend gesinnt war.
889 UAM, E-II-501 (Personalakt J. J. W. Planck), Blatt 86.
890 UAM, E-II-501 (Personalakt J. J. W. Planck), Blatt 105.

Planck bedankte sich daraufhin beim Rektor und dem Senat für deren Einsatz in Bezug auf die Verhandlungen:

> „Diese mich zum innigen Dank verpflichtende Botschaft erhält für mich einen ganz besonderen Werth dadurch, daß sie, wie ich zu vernehmen zu dürfen glaube, mit veranlaßt, und jedenfalls begleitet ist von dem mir so überaus wohlthuenden Ausdruck geneigter und freundlicher Gesinnung von Seiten meiner hochverehrten Collegen. Diese auch in Zukunft mir zu verdienen und zu erhalten, das ist mein innigster Wunsch."[891]

Am 27. November 1880 wurde Planck mit dem Maximiliansorden für Wissenschaft und Kunst ausgezeichnet.[892] 1925 erhielt auch Plancks Sohn Max diesen Orden.[893]

Am 23. Dezember 1883 verlieh ihm der König des Weiteren das Komturkreuz des Verdienstordens vom Heiligen Michael II. Klasse mit Stern[894] und am 29. Dezember 1887 wurde er darüber hinaus mit dem Komturkreuz des Verdienstordens der bayerischen Krone geehrt.[895]

Am 03. Juni 1891 ernannte ihn der Prinzregent Luitpold von Bayern zum Mitglied des Kapitels des Maximilians-Ordens für Wissenschaft und Kunst.[896] Das Ordenskapitel bestand aus 12 Mitgliedern, die gemäß Art. VIII der Ordenssatzung von 1886 für die Dauer von fünf Jahren gewählt wurden.[897] Ihre Aufgabe bestand in der Begutachtung neuer in Betracht kommender Ordensträger.[898]

Am 30. Oktober 1893 wurde ihm der Verdienstorden vom Heiligen Michael II. Klasse mit Stern verliehen[899] und am 19. Januar 1895 würdigte man ihn „in allerhuldvollster Anerkennung seiner langjährigen, mit treuster Hingebung geleisteten ausgezeichneten Dienste" mit dem Großkomturkreuz des Verdienstordens der bayerischen Krone.[900]

---

891 UAM, E-II-501 (Personalakt J. J. W. Planck), Blatt 101.

892 UAM, E-II-501 (Personalakt J. J. W. Planck), Blatt 108. Gemäß Art. I der Ordenssatzung von 1853 wurde das Abzeichen für ausgezeichnete Dienste im Bereich von Wissenschaft und Kunst verliehen, vgl. ausführlich zum Maximilianorden: Körner, ZBLG 47 (1984), 299-398. Dort findet sich auch ein Abdruck der Satzung auf S. 353 ff.

893 Körner, ZBLG 47 (1984), 299 (327).

894 UAM, E-II-501 (Personalakt J. J. W. Planck), Blatt 2; Chronik der Universität München 1883/84, S. 9 und 1900/01, S. 5.

895 UAM, E-II-501 (Personalakt J. J. W. Planck), Blatt 2; Chronik der Universität München 1887/88, S. 14.

896 Chronik der Universität München 1891/92, S. 21.

897 Ein Abdruck der Satzung findet sich bei Körner, ZBLG 47 (1984), 355 ff.

898 Vgl. Art. VII und XI der Satzung des königlichen Maximilians-Orden für Wissenschaft und Kunst von 1886.

899 Chronik der Universität München 1893/94, S. 7.

900 Chronik der Universität München 1894/95, S. 2.

bb) Fünfzigjähriges Doktorjubiläum

Zu seinem fünfzigjährigen Doktorjubiläum am 19. August 1887 erhielt Planck von allen deutschen Juristenfakultäten Glückwünsche.[901] Da das Jubiläum in die gesetzliche Ferienzeit fiel, verlegte man die Festlichkeiten auf den 26. November 1887.[902] Die Feier wurde jedoch durch den Tod von Alois Brinz[903], der als Dekan selbst die Vorbereitungen für das Fest getroffen hatte und ein guter Freund und Kollege Plancks war, getrübt.[904] Auf Plancks Wunsch hin wurde daher das Festprogramm wesentlich beschränkt.[905] Von den gesamten Mitgliedern der akademischen Korporation erhielt er ein Album[906] und die Juristische Fakultät widmete ihm eine Festschrift mit folgenden einleitenden Worten:[907]

> „Was auf den folgenden Blättern von einigen aus unserer Mitte geboten wird, bitten wir entgegenzunehmen als ein Zeichen der Liebe und Verehrung, welche uns alle beseelt. [...]
>
> Empfangen Sie mit dem Ausdruck des Dankes für das, was Sie uns geworden sind, den Ausdruck des herzlichen Wunsches, dass Sie uns noch lange bleiben mögen, was Sie für uns waren und sind, ein Meister auf dem Lehrstuhl, eine Leuchte der Wissenschaft!“[908]

---

901 Seuffert, ZZP 28 (1901), V (XIV). Im Archiv der Max-Planck-Gesellschaft in Berlin-Dahlem werden drei Urkunden verwahrt, welche Planck anlässlich seines 50-jährigen Doktorjubiläums von der Stadt München, sowie von den Juristischen Fakultäten der Friedrich-Wilhelms-Universität zu Berlin und der Universität Wien verliehen wurden.

902 Chronik der Universität München 1887/88, S. 13.

903 Alois Brinz, 25.02.1820 (Weiler) - 13.09.1887 (München), widmete sich nach erfolgreichem Abschluss des Studiums der Philologie dem juristischen Studium in München und Berlin. Nach dessen Beendigung war er zunächst als Privatdozent an der Universität München tätig. 1849 erfolgte seine Promotion und 1846 habilitierte er sich. 1851 wurde er zum außerordentlichen Professor der Universität Erlangen berufen und 1854 ernannte man ihn zum ordentlichen Professor. 1857 ging er an die Universität Prag, 1866 nach Tübingen und 1871 nach München, wo er bis zu seinem Tod als Professor für römisches Zivilrecht wirkte, vgl. Chronik der Universität München 1887/88, S. 6-9; Lotmar, ADB 47 (1903), 241-259 und Wesenberg, NDB 2 (1955), 617.

904 Bechmann, Beilage zur Allgemeinen Zeitung, Jahrgang 1900, Nr. 230, S. 2; Seuffert, ZZP 28 (1901), V (XIV f.).

905 Bechmann, Beilage zur Allgemeinen Zeitung, Jahrgang 1900, Nr. 230, S. 2.

906 Chronik der Universität München 1887/88, S. 14.

907 Festgabe zum Doctor-Jubiläum des Herrn Geheimen Raths und Professors Dr. Joh. Jul. Wilh. v. Planck der Juristen-Facultät zu München, München 1887 (Neudruck: Aalen 1982).

908 Festgabe Planck München, Einleitung.

Die Feierlichkeit endete mit einem großen Festmahl im Bayerischen Hof, bei der die Vertreter aller Fakultäten, Freunde und Verehrer Plancks zusammen kamen.[909] Anlässlich seines Jubiläums wurden ihm neben der Festgabe der Münchener Juristenfakultät noch vier weitere Festschriften gewidmet:

Festschrift zum fünfzigjährigen Doctor-Jubiläum von Julius Wilhelm von Planck überreicht von der Juristenfacultät zu Freiburg: Die actio utilis des Cessionars von Fridolin Eisele, Freiburg 1887

Die Bulle Unam Sanctam: ihre wahre Bedeutung und Tragweite für Staat und Kirche; eine Festgabe zum Doctor-Jubiläum des Dr. Joh. Jul. Wilh. v. Planck von Joseph Berchtold, München 1887

Festgabe zum Doctor-Jubiläum des Herrn Geheimen Rates Professors Dr. Joh. Jul. Wilhelm von Planck in München überreicht von der Rechts- und Staatswissenschaftlichen Fakultät zu Strassburg, Strassburg 1887

Ueber executorische Urkunden: Festgabe zum 50-jährigen Doctor-Jubiläum von Geheimerath Professor Dr. Julius Wilhelm von Planck an der Universität München, im Auftrage der Rechts- und Staatswissenschaftlichen Facultät der Universität Würzburg von Josef Kohler, Würzburg 1887

2.) Außeruniversitäres Engagement

Aber auch außerhalb des universitären Bereichs spielte die Wissenschaft in Plancks Leben eine bedeutende Rolle und füllte einen Großteil seines Privatlebens aus.

a) Königlich Bayerische Akademie der Wissenschaften

Am 23. Juni 1881 wurde er auf Vorschlag von Ludwig Rockinger[910] zum ordentlichen Mitglied der historischen Klasse der Königlich Bayerischen Akademie der Wissenschaften gewählt.[911] Des Weiteren ernannte man ihn im Juni 1898 zum ordentlichen Mitglied der Historischen Kommission bei der Bayerischen

---

909 Chronik der Universität München 1887/88, S. 14.

910 Ludwig von Rockinger, 29.10.1824 (Würzburg) - 24.12.1914 (München), studierte in München Geschichte, germanische Philologie und Rechtswissenschaft, 1855 erfolgte seine Habilitation, 1856 wurde er außerordentliches und 1868 ordentliches Mitglied der historischen Klasse der Bayerischen Akademie der Wissenschaften, vgl. Germanistische Chronik, ZRG GA 37 (1916), 728-729.

911 Chronik der Universität München 1881/82, S. 5; Archiv der Bayerischen Akademie der Wissenschaften, Wahlakte vom 23.06.1881, online: http://badwlrzswfaust.ads.mwn.de/rech.FAU?sid=7E60E1BF18&dm=1&auft=0.

Akademie der Wissenschaften.[912] Diese war 1858 als Teil der Akademie der Wissenschaften gegründet worden und widmete sich der „Auffindung und Herausgabe wertvollen Quellenmaterials für die deutsche Geschichte in deren ganzem Umfang."[913]

Im Rahmen seiner Zugehörigkeit zur Akademie hielt Planck drei Vorträge auf deren Sitzungen. In seinem ersten Vortrag am 09. Februar 1884 behandelte er das Waffenverbot und die Reichsacht im Sachsenspiegel.[914] Knapp zwei Jahre später referierte er am 01. Mai 1886 über den Bericht Widukinds über das Kampfurteil auf dem Reichstag von Steele.[915] Bei seinem letzten Vortrag handelt es sich um eine Festrede, die er am 27. Dezember 1888 über die historische Methode auf dem Gebiet des deutschen Zivilprozessrechts hielt.[916] Dabei stellte er sorgfältig den Entwicklungsgang der wissenschaftlichen Bearbeitung des Zivilprozessrechts dar und erläuterte insbesondere, wann und in welcher Weise die historische Methode ihren Eingang hielt. Auffallend ist hierbei, dass er es unterließ, seine eigenen Leistungen zu erwähnen. Doch entsteht bei der Lektüre gerade der Eindruck, Planck beschreibe die Entwicklung seiner eigenen Anschauung in Bezug auf die Historische Rechtsschule und begründe seinen eigenen Übertritt von den Romanisten zu den Germanisten. Dieser historische Abriss Plancks über die Entwicklung der historischen Methode ist in dem Werk „Geschichte der Deutschen Rechtswissenschaft" von Stintzing-Landberg vielfach aufgegriffen und verwertet worden.[917]

---

912 Neuhaus, S. 43.

913 Schnabel, S. 7.

914 Planck, Waffenverbot und Reichsacht im Sachsenspiegel, Sitzungsberichte der philosophischen-philologischen und historischen Klasse der Königlich Bayerischen Akademie der Wissenschaften zu München 1884, S. 102-178.

915 Planck, Bericht Widukinds über das Kampfurteil auf dem Reichstag von Steele, Sitzungsberichte der philosophischen-philologischen und historischen Klasse der Königlich Bayerischen Akademie der Wissenschaften zu München 1886, S. 155-180. Mayer bezeichnete diesen Vortrag als „Schmuckstück", das zeige, dass sich das Betätigungsfeld Plancks keineswegs auf die sächsischen Verhältnisse beschränkte, Mayer, ZRG GA 22 (1901), XVII (XX).

916 Planck, Über die historische Methode auf dem Gebiet des deutschen Civilprozessrechts, Festrede gehalten in der Königlich Bayerischen Akademie der Wissenschaften zu München am 27. Dezember 1888, veröffentlicht 1889.

917 So Stintzing-Landsberg, Abt. 3 Halbband 2, Noten, S. 247.

b) Savigny-Stiftung

Außerdem gehörte er seit 1881 der Kommission der 1863 gegründeten Savigny-Stiftung als Vorsitzender an, die satzungsmäßig mit der Bayerischen Akademie der Wissenschaft verbunden war.[918] Die Stiftung verfolgte gemäß § 1 ihrer Statuten den Zweck „1.) wissenschaftliche Arbeiten auf dem Gebiete des Rechts der verschiedenen Nationen zu fördern, namentlich solche, welche das römische Recht und die verschiedenen germanischen Rechte sowohl für sich, als auch im Verhältnis zueinander behandeln, ferner solche, welche die von Savigny begonnenen Untersuchungen in seinem Sinne weiterführen; 2.) besonders befähigte Rechtsgelehrte in den Stand zu setzen, die Rechtsinstitutionen fremder Länder durch eigene Anschauung kennenzulernen und darüber Berichte oder weitere Ausführungen zu liefern."[919] Als Vorsitzender hatte Planck gemäß § 9 der Statuten die Aufgabe, die Stiftung in allen außergerichtlichen Angelegenheiten zu repräsentieren.

In seiner Funktion regte Planck dazu an, die Magdeburger Schöffensprüche herauszugeben.[920] Der Magdeburger Schöffenstuhl gehörte zu einem der bedeutendsten Rechtsfindungsorgane des deutschen, mittel- und osteuropäischen Mittelalters, da das Magdeburger Stadtrecht sich aufgrund der territorial günstigen Lage Magdeburgs an einem Elbübergang mit den Kaufleuten rasch ausgebreitet und damit europäische Relevanz erlangt hatte.[921]

Am 14. Juli 1888 beschloss die Königlich Bayerische Akademie der Wissenschaften, Plancks Wunsch zu entsprechen und „die aus der Rente der Savigny-Stiftung für das Jahr 1888 noch verfügbaren 4.000 Mark als Reisestipendium mit der Massgabe zu verleihen, dass der Percipient zum Zwecke der Vorbereitung einer späteren Herausgabe der Magdeburger Schöffensprüche archivalische Nachforschungen" durchführen sollte.[922] Stipendiant wurde Erich Liesegang[923], der daraufhin im Jahr 1889 in sämtlichen Teilen Deutschlands, in denen das

918 Bechmann, Beilage zur Allgemeinen Zeitung, Jahrgang 1900, Nr. 230, S. 2.

919 Die Statuten sind abgedruckt bei Bruns, ZRG GA 1 (1880), VIII-XIV.

920 Friese/Liesegang, S. VII (Vorwort).

921 Ebel, JuS 1881, 330 (330).

922 Friese/Liesegang, S. VII (Vorwort).

923 Erich Liesegang, 26.05.1860 (Duisburg) - 26.03.1931, studierte nach seinem Abitur im Oktober 1879 Geschichte in Marburg, Bonn und Berlin, promovierte 1885 in Göttingen, wurde 1884 Assistent bei der Berliner Königlichen Bibliothek, 1890 erfolgte seine Habilitation an der Berliner Universität für Geschichte, wo er bis 1889 lehrte, 1899 bis 1929 war er Leiter der Nassauischen Landesbibliothek zu Wiesbaden, vgl. Leppla, in: Nassauische Lebensbilder Band 4, S. 253-263.

Magdeburger Recht Anwendung fand, Ermittlungen durchführte und als Vorarbeit für eine spätere Herausgabe ein Verzeichnis über die weit verstreuten Magdeburger Schöffensprüche erstellte.[924] Die Königlich Bayerische Akademie der Wissenschaften unterstützte das Projekt 1895 mit weiteren 4.000 Mark aus Mitteln der Savigny-Stiftung und beauftragte Liesegang zusammen mit einem durch diesen zu wählenden Rechtshistoriker einen Plan für die Herausgabe der Schöffensprüche zu erstellen und einen ersten Band zu veröffentlichen.[925] Planck selbst interessierte sich stets für den aktuellen Stand des Projektes, setzte sich „mit voller Energie"[926] für dessen Fortgang ein und hoffte, dass diese „rechtsgeschichtliche Forschung werthvolle Früchte" für die Wissenschaft tragen werde.[927] Hiervon zeugt ein sich zwischen ihm und Liesegang über mehrere Jahre erstreckender Briefwechsel, in welchem Planck sich immer wieder über Liesegangs Fortschritte erkundigte und diesen durch verschiedene Ratschläge unterstützte.[928] Die Edition besaß für den in die Jahre gekommenen Planck eine ganz besondere Bedeutung und er schrieb in seinen Briefen an Liesegang:

> „Möge denn das Unternehmen zu einem glücklichen Ende führen. Damit wäre ein Herzenswunsch erfüllt."[929]

1901 wurden schließlich in Berlin „Die Magdeburger Schöffensprüche für Gross-Salze, Zerbst und Anhalt, Naumburg und aus dem Codex Harzgerodanus" von Liesegang und Victor Friese veröffentlicht. Planck war es leider nicht vergönnt, die Herausgabe miterleben zu dürfen. Liesegang und Friese widmeten ihm jedoch das Werk.[930] Hierüber hatten sie diesen noch zu Lebzeiten in Kenntnis setzen können, worauf dieser in seiner stets bescheidenen Art in einem Brief an Liesegang erwiderte:

> „So wird denn endlich der erste Band der Magdeburger Schöffensprüche erscheinen, und spreche ich Ihnen sowie Herrn Dr. Friese darüber meine besondere Freude aus. Ihre Bitte, das Buch mir zu widmen, glaube ich mich nicht entziehen zu dürfen, obgleich

---

924 Liesegangs Forschungsbericht ist zu finden in der ZRG GA 16 (1895), 281-300.

925 Friese/Liesegang, S. VII (Vorwort).

926 Friese/Liesegang, S. X (Vorwort).

927 HLB RheinMain, Hs 330, Brief Planck an Liesegang, 07.05.1891.

928 Die Briefe Plancks an Liesegang befinden sich im Besitz der HLB RheinMain und sind dort unter der Signatur Hs 330 zu finden. Es handelt sich um 15 Briefe, die sich über die Jahre 1891 bis 1900 erstrecken.

929 HLB RheinMain, Hs 330, Brief Planck an Liesegang, 02.02.1895.

930 Siehe Friese/Liesegang, S. V.

ich es lieber gesehen hätte, wenn es nicht geschehn wäre, da meine Theilnahme an dem Werke doch nur eine sehr geringe war."[931]

c) Mitglied des Kuratoriums des Königlichen Maximilianeums

Zudem war Planck auf Vorschlag der Juristischen Fakultät Mitglied des Kuratoriums der Stiftung des Königlichen Maximilianeums.[932] Diese von König Maximilian II. gegründete Stiftung verfolgte den Zweck, begabte bayerische Studenten zu fördern und „die Erreichung jener Stufe wissenschaftlicher und geistiger Ausbildung zu erleichtern, welche zur Lösung der höheren Aufgaben des Staatsdienstes erforderlich" war.[933]

d) Bayerischer literarischer Sachverständigenverein

Daneben engagierte Planck sich im bayerischen literarischen Sachverständigenverein. Ordentliches Mitglied und stellvertretender Vorsitzender war er seit 1872 und am 24. August 1880 übernahm er den Vorsitz.[934] Derartige Vereine wurden gemäß § 31 des Gesetzes, betreffend das Urheberrecht an Schriftwerken, Abbildungen, musikalischen Kompositionen und dramatischen Werken[935] zunächst in allen Staaten des Norddeutschen Bundes aus Gelehrten, Schriftstellern, Buchhändlern und anderen geeigneten sachverständigen Personen gebildet, die die Aufgabe hatten, auf Verlangen der Richter, Gutachten über an sie gerichtete Fragen bezüglich des Urheberrechtes zu erstellen. Durch § 11 des Gesetzes, betreffend die Einführung Norddeutscher Bundesgesetze in Bayern vom 22. April 1871[936] wurde das norddeutsche Gesetz zum 01. Januar 1872 auch für Bayern übernommen und es wurden auch dort entsprechende Vereine gegründet. Das Amt bot Planck die Möglichkeit, auch wenn über den tatsächlichen Umfang dieser Tätigkeit nichts Näheres bekannt ist, sich außerhalb seiner Vorlesungstätigkeit mit aktuellen Rechtsfragen im Bereich des Urheberrechts zu beschäftigen. Sein starker Drang nach der juristischen Praxis sowie die Anerkennung und

---

931 HLB RheinMain, Hs 330, Brief Planck an Liesegang, 05.05.1900.

932 Bechmann, Beilage zur Allgemeinen Zeitung, Jahrgang 1900, Nr. 230, S. 2; Chronik der Universität München 1900/01, S. 7.

933 Vgl. § 2 der Grundbestimmungen für das Königliche Maximilianeum, abgedruckt in: Bayerische Rechtssammlung IV, S. 469.

934 Chronik der Universität München 1900/01, S. 7; Irmen/Wanger, S. 128.

935 Fassung vom 11. Juni 1870, abgedruckt im Bundesgesetzblatt des Norddeutschen Bundes, Band 1870, Nr. 19, S. 339-353.

936 Abgedruckt bei Kotulla, S. 1295-1298.

Wertschätzung seiner juristischen Urteilsfähigkeit finden damit auch an dieser Stelle ihren Ausdruck.

e) *Zwanglose Gesellschaft*

Von 1863 bis 1895 war Planck zudem Mitglied der 1837 gegründeten Zwanglosen Gesellschaft München.[937] Die Mitglieder dieses Vereins, der auch heute noch besteht, trafen und treffen sich regelmäßig zum geselligen Beisammensein und zum Austausch literarischer, wissenschaftlicher und anderer Vorträge.[938] Religiöse und politische Themen wurden und werden hingegen nicht diskutiert. Der Verein entwickelte sich schnell zum geistigen Zentrum Münchens und zählte zahlreiche Gelehrte zu seinen Mitgliedern.[939] Im Rahmen seiner Zugehörigkeit hielt Planck sieben Vorträge auf den Versammlungen der Gesellschaft:[940]

1868/69	„Der gerichtliche Zweikampf"
1870/71	„Über das gerichtliche Bekenntnis im schwurgerichtlichen Verfahren"
1872/73	„Über holsteinisches Thing und Recht"
1874/75	„Ein Gesetz des Sachsenspiegels"
1878/79	„Acht- und Fest-Erklärungen"
1880/81	„Über Femgerichte in Westfalen"
1888/89	„Der Magdeburger Schöppenstuhl"

Daneben existiert aus dieser Zeit ein von Planck künstlerisch gestalteter Auszug aus der Vorrede des Sachsenspiegels, die er 1880 dem Maler und Kunsthistoriker Ernst Förster, einem der Gründer der Zwanglosen Gesellschaft, zu dessen 80. Geburtstag überreichte.[941]

---

937 Gem. Auskunft des derzeitigen Geschäftsführers der Zwanglosen Gesellschaft Herrn Jürke Grau, E-Mail vom 25.09.2013.

938 Haushofer, S. 65; von Borries, in: Handbuch literarisch-kultureller Vereine, Gruppen und Bünde, S. 503.

939 Haushofer, S. 65. Zu den Mitgliedern gehörten beispielsweise Bernhard Windscheid und die Dichter Emanuel Geibel und Paul Heyse.

940 Gemäß Auskunft des derzeitigen Geschäftsführers der Zwanglosen Gesellschaft Herrn Jürke Grau, Brief von vom 09.11.2013.

941 Diese befindet sich im Besitz der Bayerischen Staatsbibliothek, Signatur Cgm 8025 S. 28, Planck an Förster, 04/1880.

3.) Privatleben und Lebensabend

In München führten die Plancks ein recht geselliges Leben. Auch hier widmete Planck sich bis ins hohe Alter seiner Leidenschaft zur Musik. Und so verwundert es nicht, dass sich das Plancksche Haus zum „Mittelpunkt schönster Geselligkeit" entwickelte, in welchem die „edelste Musik" gepflegt wurde und das weit über die Universität hinaus Bekanntheit erlangte.[942] Ein besonderes freundschaftliches Verhältnis scheint zwischen Planck und Alois Brinz[943] bestanden zu haben, nähere Einzelheiten sind hierüber jedoch nicht nachweisbar.[944] Brinz war seit 1871 ordentlicher Professor des römischen Zivilrechts in München und schriftstellerisch sehr aktiv, sein Hauptwerk stellt das „Lehrbuch der Pandekten" in vier Bänden (7 Teilbände, 2. Auflage, Erlangen 1873-1895) dar. Seine letzte Arbeit „Ueber den Einlassungszwang im römischen Recht" war für das Doktorjubiläum Plancks bestimmt und wurde Teil der von der Münchener Juristenfakultät Planck gewidmeten Festschrift.[945]

In seinen Sommerurlauben reiste Planck gerne mit Freunden und der Familie für längere Aufenthalte nach Tirol, um dort ausgiebige Wandertouren zu unternehmen und die Landschaft zu erkunden.[946] Hierdurch schaffte er sich zu seiner wissenschaftlichen Tätigkeit den entsprechenden Ausgleich in der Natur.

Im Juli 1886 stellten sich bei Planck erste gesundheitliche Probleme ein, wodurch er bereits ab dem 01. August 1886 bis zum Beginn der Herbstferien beurlaubt werden musste.[947] Laut des Attestes seines Hausarztes litt er an „nervösem Kopfschmerz, Schlaflosigkeit und Erscheinungen nervöser Dyspepsie", so dass der Arzt einen längeren Landaufenthalt zur Erholung empfahl.[948] Danach setzte er seine Lehrtätigkeit ungetrübt fort.

Am 14. Oktober 1899 feierte das Ehepaar Planck im Kreise der Familie seine goldene Hochzeit, unter den Gästen befanden sich unter anderem auch Plancks Cousin Gottlieb Planck und dessen Frau aus Göttingen.[949]

---

942 Mayer, ZRG GA 22 (1901), XVII (XXI).

943 Zu Brinz siehe Fn. 903.

944 Mayer, ZRG GA 22 (1901), XVII (XXI); Seuffert, ZZP 28 (1901), V (XV); Bechmann, Beilage zur Allgemeinen Zeitung, Jahrgang 1900, Nr. 230, S. 2.

945 Brinz, Festgabe Planck München, S. 153-173.

946 Graßmann, Mitteilungen aus der Max-Planck-Gesellschaft 1973, 91 (91).

947 UAM, E-II-501 (Personalakt J. J. W. Planck), Blatt 120.

948 UAM, E-II-501 (Personalakt J. J. W. Planck), Blatt 124.

949 Bechmann, Beilage zur Allgemeinen Zeitung, Jahrgang 1900, Nr. 230, S. 2.

Auch im Sommer 1900 reiste Planck mit seiner Frau wieder nach Tirol.[950] Dort machten sich bei Planck Schwächezustände bemerkbar, die jedoch schnell abklangen, so dass er gemeinsam mit seiner Frau am 31. August zurück nach München reisen konnte.[951] Dort verbrachte er noch ein paar Tage ohne Beschwerden, doch am 05. September erlitt er im Kreise der Familie einen Herzanfall, aufgrund dessen er nach kurzem Krankenlager am 14. September 1900 im Alter von 83 Jahren verstarb.[952] Seine Frau Emma berichtete, dass Planck die letzten Tage seines Lebens ohne Schmerzen verbrachte und auch nicht an ein mögliches Ende dachte.[953] Nach dem Tod ihres Mannes schrieb sie in einem Brief:

> „Ich stehe jetzt allein, aber ich will nicht klagen, sondern danken dass mein geliebter Mann, nach langem Leben von allen Erdenmühen erlöst ist, die auch nicht mehr lange auf mir lasten werden, bis dahin will ich aber, meinen Kindern zu Liebe ganz den Weisungen Gottes hinieden folgen."[954]

Am 16. September wurde Planck um 17 Uhr auf dem Nordfriedhof von München unter großer Anteilnahme bestattet. Von den Universitätsprofessoren und Dozenten nahmen unter anderem teil: Karl von Amira, Josef Bach, August von Bechmann, Karl Brinkmeyer, Leo Grätz, Paul Heinrich Groth, Erwin Grueber, Robert Hartig, Karl Hofmann, Fritz Hommel, Wilhelm Königs, Konrad Maurer, Fritz Moritz, Johannes Rückert, Hugo Seeliger und Lothar Seuffert.[955]

Auch heute noch existiert die Grabanlage Plancks auf dem Münchener Nordfriedhof in der Ungererstraße 130 und befindet sich seit jeher in Familienbesitz.[956]

---

950 Seuffert, ZZP 28 (1901), V (XV).

951 Seuffert, ZZP 28 (1901), V (XV); Lemmerich, S. 211; ABBAW, Nachlass Karl Weinhold, Nr. 1051, Emma von Planck an Weinhold, o.D., o.O., Karte.

952 Seuffert, ZZP 28 (1901), V (XV); Lemmerich, S. 211; ABBAW, Nachlass Karl Weinhold, Nr. 1051, Emma von Planck an Weinhold, o.D., o.O., Karte.

953 Lemmerich, S. 211; ABBAW, Nachlass Karl Weinhold, Nr. 1051, Emma von Planck an Weinhold, o.D., o.O., Karte.

954 ABBAW, Nachlass Karl Weinhold, Nr. 1051, Emma von Planck an Weinhold, o.D., o.O., Karte, zitiert nach Lemmerich, S. 211.

955 UAM, E-II-501 (Personalakt J. J. W. Planck), Blatt 146, 148, 152. Plancks Witwe wandte sich am 03.10.1900 an den akademischen Senat und sprach diesem ihren „tief gefühlten Dank" aus für diese letzte Ehrung ihres „theuren Gatten", UAM E-II-501 (Personalakt J. J. W. Planck), Blatt 158.

956 Gem. Auskunft des Münchener Grabmalbüros vom 16.08.2013.

4.) Werke und Publikationen

In München befand Planck sich auf dem Höhepunkt seines literarischen Wirkens, hier veröffentlichte er seine größten Werke.

a) Gutachten auf dem Siebten Deutschen Juristentag, 1868

Im April 1868 legte Planck zu der Frage „Soll einem prozeßordnungsgemäß erlassenen strafgerichtlichen Urtheile, wodurch eine Frage entschieden ist, welche der Entscheidung einer Civilsache präjudiziert, für diese letztere die Kraft eines vollen Beweises eingeräumt werden?" ein Gutachten dem Siebten Deutschen Juristentag vor und beteiligte sich damit an aktuellen Gesetzgebungsfragen.

aa) Hintergrund

Die Frage nach der Bindungswirkung des strafgerichtlichen Urteils für den Zivilrichter wurde lange Zeit kontrovers diskutiert und die einzelnen landesrechtlichen Regelungen des 19. Jahrhunderts sahen, soweit sie überhaupt eine entsprechende Vorschrift enthielten, unterschiedliche Ausgestaltungen vor.[957] Im Hinblick auf die Kodifikation eines gesamtdeutschen Zivilprozesses stellte sich nunmehr die Frage, welche Rechtswirkung dem Strafurteil für den Zivilprozess beigemessen werden sollte. Neben Planck erstellte auch der Wiener Oberlandesgerichtsrat Eduard von Liszt ein Gutachten.[958]

bb) Inhalt

Planck beginnt sein Gutachten mit einer Begrenzung der Fragestellung und schließt Fälle, in denen die strafgerichtliche Entscheidung „als solche", also als Tatbestandsmerkmal, auf den nachfolgenden Zivilprozess von Einfluss ist, aus. In diesen Fällen bestehe die Aufgabe des Zivilrichters lediglich darin zu prüfen, ob das strafgerichtliche Urteil tatsächlich mit dem entsprechenden Inhalt ergangen sei.[959] Es folgt, ganz nach Planckscher Manier, ein historischer Abriss über die Entwicklung der Bindungswirkung vom römischen Recht über die mittelalterliche Jurisprudenz bis in die Gegenwart.[960] Sodann widmet sich Planck einer umfassenden Erörterung der Folgen, die eine Bejahung der zu begutachtenden Frage mit sich brächte. Dabei sieht er in der Bindungswirkung eine Erstreckung der Rechtskraft strafgerichtlicher Entscheidungen, wenn man dieser die Kraft

---

957 Seuffert, in: Verhandlungen des 7. DJT, Zweiter Band, S. 171; Völzmann, S. 7 f.

958 Von Liszt, in: Verhandlungen des 7. DJT, Erster Band, S. 45-53.

959 Planck, in: Verhandlungen des 7. DJT, Erster Band, S. 4.

960 Planck, in: Verhandlungen des 7. DJT, Erster Band, S. 5 ff.

eines vollen Beweises zuweisen würde und die Möglichkeit des Gegenbeweises ausschließe.[961] Eine derartige gesetzliche Fiktion stehe nach Ansicht Plancks nicht mit der aktuellen Rechtsentwicklung in Deutschland in Einklang.[962] Das sich aus der Rechtskrafterstreckung ergebende formelle Recht sei nur ein „Notbehelf an Stelle des menschlicher Kraft und Einsicht häufig unerreichbaren wirklichen Rechts" und eine Bindungswirkung wäre nur erträglich, wenn sie sich, wie bereits im römischen Recht (res judicata facit jus inter partes), nur auf die Parteien des abgeurteilten Prozesses beziehe.[963] Eine Erstreckung auf Dritte verstoße nicht nur gegen die Gründlichkeit der Untersuchung, sondern darüber hinaus gegen den fundamentalen Grundsatz einer jeden Prozessordnung, wonach nicht über ein Recht oder eine Verpflichtung eines Dritten entschieden werden dürfe, ehe ihm nicht Gelegenheit gegeben wurde, seine Angriffs- und Verteidigungsmittel vorzubringen.[964] Es drohe durch eine derartige Fiktion materielles Unrecht. Zudem verstoße eine Bindungswirkung gegen den Grundsatz der freien richterlichen Beweiswürdigung.[965] Außerdem würde die Bindungswirkung der klaren Trennung von Straf- und Zivilprozess zuwider laufen und bedeute damit einen gesetzgeberischen Rückschritt.[966]

Auch dem zumeist angeführten Vorteil der Bindungswirkung, der in der Vermeidung einer abweichenden Entscheidung durch den Zivilrichter über die vom Strafrichter bereits entschiedenen Fragen gesehen wird, tritt er kritisch entgegen. Zum einen sei die Wahrscheinlichkeit eher als gering zu bewerten, dass der Zivilrichter zu einer vom strafgerichtlichen Urteil abweichenden Entscheidung komme. Sollte dies doch einmal der Fall sein, so ist nicht einzusehen, den Zivilrichter an die Entscheidung des Strafrichters zu binden, denn dies würde letztlich eine Vergrößerung des durch den Strafrichter entschiedenen Unrechts bedeuten.[967]

Aufgrund der aufgezeigten Nachteile kommt Planck zu dem Ergebnis, dass der strafrichterlichen Entscheidung kein „absoluter Beweiswerth" beigelegt werden dürfe, sondern dass es vielmehr dem zivilrichterlichen Ermessen überlassen sein sollte, welcher Wert dem strafgerichtlichen Urteil zuzusprechen sei.[968] Er

961 Planck, in: Verhandlungen des 7. DJT, Erster Band, S. 13.
962 Planck, in: Verhandlungen des 7. DJT, Erster Band, S. 17.
963 Planck, in: Verhandlungen des 7. DJT, Erster Band, S. 17 f.
964 Planck, in: Verhandlungen des 7. DJT, Erster Band, S. 18 f.
965 Planck, in: Verhandlungen des 7. DJT, Erster Band, S. 21 ff.
966 Planck, in: Verhandlungen des 7. DJT, Erster Band, S. 23 ff.
967 Planck, in: Verhandlungen des 7. DJT, Erster Band, S. 30 f.
968 Planck, in: Verhandlungen des 7. DJT, Erster Band, S. 38 f.

spricht sich damit abschließend gegen die Bindungswirkung des Strafurteils im Zivilprozess:

> „Nach diesem Allen können wir die Bejahung der zur Begutachtung vorgelegten Frage nicht empfehlen, sind vielmehr der Ansicht, daß einem prozeßordnungsgemäß erlassenen strafrichterlichen Urtheil, wodurch eine Frage entschieden ist, welche der Entscheidung einer Civilsache präjudiziert, für diese letztere unter Umständen die Kraft eines genügenden Beweises zuzugestehen ist, daß die Beurtheilung dieser Beweiskraft in jedem einzelnen Falle der freien Würdigung des Civilrichters überlassen bleiben muß, daß es endlich zur Herbeiführung dieses Resultates eines Einschreitens der Gesetzgebung nicht bedarf."[969]

cc) Berücksichtigung in der CPO von 1877

Von Liszt vertrat im Gegensatz zu Planck in seinem Gutachten die Ansicht, dass ein ordnungsgemäß erlassenes Strafurteil über alle als erwiesen angesehenen Tatsachen, welche die Entscheidung einer Zivilsache präjudizieren, vollen Beweis erbringe.[970] Auf Grundlage der von Liszt und Planck erstellten Gutachten sprach sich der Berichterstatter Seuffert, der sich der Ansicht Plancks anschloss, in der ersten Sitzung der vierten Abteilung am 27. August 1868 für folgenden Beschluss des Juristentages aus:

> „Der deutsche Juristentag erachtet die Erlassung einer gesetzlichen Bestimmung über die Beweiswirkung der Strafurtheile in den bürgerlichen Rechtsstreiten nicht für entsprechend."[971]

Nach anschließender Diskussion wurde schließlich der Antrag Seufferts mit großer Mehrheit vom Deutschen Juristentag angenommen, der sich damit gegen eine Bindungswirkung des strafgerichtlichen Urteils für den Zivilprozess aussprach.[972] Doch mit diesem Beschluss fand die Debatte über die Bindungswirkung von Strafurteilen kein Ende. Die verschiedenen Entwürfe allgemeiner Zivilprozessordnungen sahen unterschiedliche Lösungsansätze vor.[973] Auch in den Beratungen der Kommission für eine allgemeine Zivilprozessordnung für

---

969 Planck, in: Verhandlungen des 7. DJT, Erster Band, S. 44.

970 Von Liszt, in: Verhandlungen des 7. DJT, Erster Band, S. 53.

971 Seuffert, in: Verhandlungen des 7. DJT, Zweiter Band, S. 178.

972 Vgl. Seuffert, in: Verhandlungen des 7. DJT, Zweiter Band, S. 183.

973 Der Preußische Entwurf von 1864 ging beispielsweise im Falle einer strafrechtlichen Verurteilung von einer Bindungswirkung des Strafurteils aus, während es nach dem Hannoverschen Entwurf von 1866 der Landesgesetzgebung vorbehalten war, eine Entscheidung über die Bindungswirkung zu treffen, vgl. Völzmann, S. 21.

die deutschen Bundesstaaten bestand lange Zeit Uneinigkeit.[974] Mit Einführung der CPO vom 30. Januar 1877 hat sich der Gesetzgeber mit der Aufnahme des § 14 Abs. 2 Nr. 1 EGZPO[975] gegen die Bindungswirkung entschieden und die Aufhebung aller landesrechtlichen Vorschriften angeordnet, die eine solche vorsahen.[976] Dabei waren gemäß der Materialien zu den Reichsjustizgesetzen insbesondere die Gründe, welche Planck in seinem Gutachten anführte, für die Entscheidung gegen die Bindungswirkung ausschlaggebend.[977]

dd) Weitere Entwicklung und Ergebnis

Auch in der juristischen Gegenwart wird immer wieder die Frage aufgeworfen, ob eine Regelung, welche die Bindungswirkung von Strafurteilen im Zivilprozess festschreibt, wünschenswert wäre. Im Rahmen des Gesetzgebungsverfahrens zum ersten Gesetz zur Modernisierung der Justiz vom 01. September 2004 wurde eine entsprechende Regelung angedacht, aber letztendlich aufgrund weitreichender Kritik verworfen.[978] Bis heute existiert in Deutschland keine gesetzliche Regelung, die eine Bindung des Zivilrichters an strafgerichtliche Urteile vorschreibt. Der Richter hat grundsätzlich nach eigener Überzeugung eine Entscheidung zu treffen und ist dabei regelmäßig auch nicht an die im Strafurteil gemachten Feststellungen gebunden.[979] Das Strafurteil kann jedoch von einer Partei als Urkundenbeweis in den Prozess eingebracht werden, so dass die getroffenen Feststellungen im Rahmen der Beweiswürdigung durch den Richter zu überprüfen sind, §§ 415, 417, 286 ZPO.[980]

Damit stellt auch heute noch die fehlende Bindungswirkung des Strafurteils für den Zivilrichter ein wichtiges Element des deutschen Zivilprozessrechtes dar, für das Planck sich seinerzeit konsequent einsetzte und das erst aufgrund seiner fundierten wissenschaftlichen Argumentation Bestandteil der ZPO wurde.

---

974 Vgl. hierzu ausführlich Völzmann, S. 21 ff.

975 § 14 Abs. 2 Nr. 1 EGZPO, der heute aufgrund fehlender abweichender landesgesetzlicher Regelungen gegenstandslos ist, lautete: „Außer Kraft treten insbesondere: 1. die Vorschriften über die bindende Kraft des strafgerichtlichen Urteils für den Zivilrichter".

976 Vgl. hierzu Völzmann, S. 25.

977 Hahn, S. 280.

978 Vgl. hierzu Völzmann, S. 26 ff.

979 MK-ZPO/Gruber, § 14 EGZPO, Rn. 4; Baumbach/Lauterbach/Albers/Hartmann, § 14 EGZPO, Rn. 2.

980 MK-ZPO/Gruber, § 14 EGZPO, Rn. 4; Baumbach/Lauterbach/Albers/Hartmann, § 14 EGZPO, Rn. 2.

b) *„Das deutsche Gerichtsverfahren im Mittelalter", 1879*

In seiner Münchener Zeit veröffentlichte Planck sein größtes und umfangreichstes rechtshistorisches Werk mit dem Titel „Das deutsche Gerichtsverfahren im Mittelalter. Nach dem Sachsenspiegel und den verwandten Rechtsquellen" in zwei Bänden, Braunschweig 1879. Der Herausgabe gingen etwa drei Jahrzehnte entsprechende Untersuchungen voraus.[981] Planck verfolgte mit dem Werk die Absicht, „ein möglichst getreues, eng an die Quellen sich anschliessendes Bild deutschen Gerichtsverfahrens zu liefern, wie es sich bereits über die Anfänge hinaus zu voller Kraft, aber noch unbeirrt durch den Einfluss des später recipirten fremden Rechts auf nationaler Grundlage entwickelt hat."[982]

aa) Hintergrund

Nachdem Eichhorn 1854 verstarb, ohne eine Neuauflage seines zuletzt 1844 erschienenen Werkes „Deutsche Staats- und Rechtsgeschichte" zu hinterlassen, schmiedete Beseler den Plan, gemeinsam mit einer Reihe deutscher Rechtsgelehrter mit „Namen vom besten Klange" eine Neuauflage zu erarbeiten.[983] Das Werk sollte sich in die sechs Bände Rechtsquellen, Staatsrecht, Privatrecht, Prozessrecht (bürgerliches und Strafprozess), Strafrecht und Kirchenrecht gliedern.[984] Planck erklärte sich bereit, den vierten Band und damit das Zivil- und Strafprozessrecht zu übernehmen.[985] Das deutsche Prozessrecht war bis dahin von den Rechtshistorikern weitestgehend vernachlässigt und nur teilweise bearbeitet worden.[986] Die Realisierung geriet jedoch infolge verschiedener Gründe ins Stocken.[987] Aus der Reihe wurde letztlich lediglich die Arbeit Otto Stobbes über die „Geschichte der deutschen Rechtsquellen" veröffentlicht, die in zwei Abteilungen 1860 und 1864 erschien.

---

981 Stintzing-Landsberg, Abt. 3 Halbband 2, Text, S. 567.

982 Planck, Das Deutsche Gerichtsverfahren im Mittelalter, Bd. 1, S. IV.

983 Beseler, Erlebtes, S. 109 f.

984 Beseler, Erlebtes, S. 109 f.

985 Beseler, Erlebtes, S. 110. Paul Johannes Merkel und Otto Stobbe übernahmen die Rechtsquellen, Wilda das Strafrecht, Ämilius Ludwig Richter das Kirchenrecht und Beseler selbst die Geschichte des Staatsrechts. Darüber hinaus behielt Beseler sich eine weitere Disposition über das Privatrecht vor.

986 Laband, KrVJSchr 22 (1880), 119 (119).

987 Beseler, Erlebtes, S. 110 f.; Beseler war es aus zeitlichen Gründen nicht möglich, seinen Teil abschließend zu bearbeiten, Wilda, Merkel und Richter verstarben und es gestaltete sich problematisch, einen entsprechenden Ersatz zu finden.

Plancks Werk „Das Deutsche Gerichtsverfahren im Mittelalter" wurde erst 1879 publiziert. Direkte Anhaltspunkte, die für eine Zugehörigkeit der Publikation zu der durch Beseler initiierten Reihe sprechen, sind nicht auszumachen. Beseler berichtete jedoch, dass Plancks Arbeit als „eine Frucht" dieses Unternehmens entstanden sei.[988] Dafür spricht, dass Planck bereits während seiner Kieler Zeit 1858 in einem Brief an Reyscher schilderte, er nutze die freie Zeit für die Stoffsammlung für die Besler'sche Rechtsgeschichte.[989] Zudem scheinen viele Teile der Arbeit bereits 1863 entstanden zu sein,[990] so dass davon auszugehen ist, dass sie tatsächlich durch Beseler veranlasst wurde.

bb) Inhalt

Das Werk enthält eine historische Darstellung der Gerichtverfassung des Zivil- und Strafprozesses des späten Mittelalters in den Ländern des sächsischen Rechts. Grundlage der Veröffentlichung bilden der Sachsenspiegel und die sich daran anschließenden Arbeiten sowie die verwandten Stadtrechte des dreizehnten und vierzehnten Jahrhunderts, insbesondere von Magdeburg, Goslar, Lübeck, Hamburg und Bremen. Gegliedert ist die Publikation in drei Bücher.

Im ersten Buch widmet Planck sich dem Gericht und geht auf die Gerichtsgewalt, die Gerichtspersonen und den Gerichtsdienst ein.

Im nächsten Buch beschreibt er die Form des Verfahrens, insbesondere die vor Gericht handelnden Personen und gerichtliche Handlungen. Im letzten und umfangreichsten Buch schildert er den Gang des Rechtsstreites. Dabei gliedert er das Verfahren in drei Abschnitte. Den ersten Abschnitt bildet das dem Beweis vorangehende Verfahren. Hier wird auf die verschiedenen Klageformen und Einreden eingegangen. Das Beweisverfahren stellt den zweiten Abschnitt dar, wo die einzelnen Beweismittel und der Gang des Beweisverfahrens erläutert werden. Im letzten Abschnitt geht er auf das Zwangsverfahren ein und unterscheidet zwischen dem Zwang gegen den Verurteilten oder Geständigen und dem Zwang gegen den Ungehorsamen. Des Weiteren erläutert er den nach älterem Sächsischen Recht gestatteten vorsorglichen Zwang. Zuletzt erörtert er vereinfachte Formen des Verfahrens, die ausnahmsweise an die Stelle des ausführlichen Rechtsganges treten können.

---

988 Beseler, Erlebtes, S. 111.

989 Stuttgart, WBL, Cod.hist.fol.767 Fasz. VIII, Brief Planck an Reyscher, 27.11.1858.

990 So Planck selbst, Das Deutsche Gerichtsverfahren im Mittelalter, Bd. 1, S. 681; vgl. auch Döhring, S. 128.

cc) Bewertungen und Ergebnis

Zu dem Werk erschienen nach dessen Veröffentlichung eine ganze Reihe von Rezensionen.[991] Mehrheitlich erfuhr die Arbeit eine positive Beurteilung. Hervorgehoben wurden insbesondere das eingehende Quellenstudium, die detaillierte Darstellungsweise sowie die wortgetreue Zitierung der Fundstellen.[992] Dahn, der die Darstellung als „Meister-Werk" ansah, berichtete über die Arbeit:

> „Ueberall spürt man der Arbeit an, daß sie nicht nur Jahre, daß sie Jahrzehnte lang Nachdenken und säuberlichste Feilung des Verf.s beschäftigt hat."[993]

Auch Mayer schloss sich in seinem Nekrolog dem positiven Urteil an und zählte das Werk zu denjenigen, „wie sie alle Jahrhunderte nur ein paarmal geschrieben werden."[994] Kritisiert wurde jedoch teilweise an der Arbeit die Beschränkung auf den Sachenspiegel als Quelle sowie die fehlende rechtsgeschichtliche Einordnung. Insbesondere Laband vertrat die Ansicht, die Beschränkung sei als „schwer wiegender Mangel" zu beurteilen.[995] Auch Stintzing-Landsberg bezeichnete das Werk zwar als eine „Musterleistung treuer Geschichtsforschung", die „zeitlos in eine spätere Epoche" hineinrage, hielt die Beschränkung jedoch auch für „eigenartig".[996] Diese Kritik wurde durch verschiedene Gelehrte entschieden zurückgewiesen. Friedrich bemerkte hierzu:

> „[…] der Vorwurf, dass es [das Werk] durch die Beschränkung auf die sächsischen Rechtsquellen nicht vollständig sei, bedeutet meines Erachtens nur den Wunsch, dass Planck auch die noch übrigen, mit wohl überlegter Absicht aus seinem Werk ausgeschlossenen Aufgaben in gleich mustergültiger Weise hätte lösen mögen."[997]

---

991 Zu nennen sind hier beispielhaft Laband, KrVJSchr 22 (1880), 119-130; Dahn, Literarisches Centralblatt 1880, Sp. 351-352; Hartmann, Zeitschrift für Gesetzgebung und Praxis auf dem Gebiete des deutschen öffentlichen Rechtes 6 (1880), 173.

992 Vgl. Hartmann, Zeitschrift für Gesetzgebung und Praxis auf dem Gebiete des deutschen öffentlichen Rechtes 6 (1880), 173 (173) und Dahn, Literarisches Centralblatt 1880, Sp. 351 (351 f.). Seuffert urteilte: „Die Darstellung ist ein Muster von Fleiss, Genauigkeit und Scharfsinn. Was aus den bezeichneten Quellen herauszuholen ist, hat der Verfasser herausgeholt und zu einem anschaulichen Bilde vereinigt", Seuffert, ZZP 28 (1901), V (XIII).

993 Dahn, Literarisches Centralblatt 1880, Sp. 351 (352).

994 Mayer, ZRG GA 22 (1901), XVII (XX).

995 Laband, KrVJSchr 22 (1880), 119 (124).

996 Stintzing-Landsberg, Abt. 3 Halbband 2, Text, S. 567 f. Daneben kritisierte auch Bechmann die Beschränkung, lobte jedoch im Gegenzug die „Gründlichkeit der Forschung" sowie „die Sicherheit und Feinheit des Urteils", Bechmann, Beilage zur Allgemeinen Zeitung, Jahrgang 1900, Nr. 230, S. 5.

997 Friedrich, Sitzungsberichte 1902, 81 (93).

Auch Seuffert hält die gewählte Darstellung durchaus für sinnvoll und verweist auf Goethe: „In der Beschränkung zeigt sich erst der Meister."[998] Planck selbst sah das Problem der Beschränkung der Quellen bereits bei Erstellung seines Werkes, entschied sich aber bewusst gegen deren Ausweitung. Er berichtete im Vorwort, dass er fürchtete, durch eine Berücksichtigung weiterer, insbesondere süddeutscher Quellen „der Darstellung die nöthige Schärfe und Klarheit zu benehmen."[999] Aus demselben Grund verzichtete er auch auf eine Darstellung des geschichtlichen Zusammenhangs.[1000] Vor diesem Hintergrund erscheint es durchaus verständlich, dass Planck sich auf den Sachsenspiegel konzentrierte.

Das Werk hat hauptsächlich den Anstoß für die Aufnahme Plancks in die Bayerische Akademie der Wissenschaften 1881 geliefert.[1001] Gleichzeitig stellt es Plancks letztes großes rechtshistorisches Werk dar und bildete seinerzeit einen Höhepunkt der Forschung zum altdeutschen Prozess.[1002]

c) „Lehrbuch des deutschen Civilprozessrechts", 1887, 1891 und 1896

Nach Inkrafttreten der CPO am 01. Oktober 1879 als Teil der Reichsjustizgesetze sah Planck seine Aufgabe als Prozessrechtslehrer in der Erstellung eines umfassenden Lehrbuches über das neue Gesetzgebungswerk. Der erste Teil seiner Arbeit erschien 1887 unter dem Titel „Lehrbuch des deutschen Civilprozessrechts. Erster Band. Allgemeiner Teil."[1003] 1891 folgten die erste Abteilung des zweiten Bandes und 1896 schließlich die zweite Abteilung, wodurch das Werk komplettiert wurde.

aa) Hintergrund

Auf Anregung der Beck'schen Buchhandlung schlossen sich die Professoren Max von Seydel, Karl von Amira, Hermann von Sicherer, Emanuel von Ullmann und Planck zusammen, um gemeinsam für das Gesamtgebiet des deutschen Rechts eine Lehrbuchreihe herauszugeben, welche eine Zusammenfassung des aktuellen Standes der juristischen Wissenschaft enthalten sollte.[1004] Die Sammlung

---

998 Seuffert, ZZP 28 (1901), V (XIII).

999 Planck, Das Deutsche Gerichtsverfahren im Mittelalter, Bd. 1, Vorwort.

1000 Planck, Das Deutsche Gerichtsverfahren im Mittelalter, Bd. 1, Vorwort.

1001 Friedrich, Sitzungsberichte 1902, 81 (93).

1002 So Haferkamp, in: Zwischen Formstrenge und Billigkeit: Forschungen zum vormodernen Zivilprozeß, S. 304.

1003 Auch unter dem Titel: Lehrbücher des Deutschen Rechts. In Verbindung mit mehreren Gelehrten herausgegeben von Max Seydel, Band I.

1004 Rassow, Beiträge zur Erläuterung des deutschen Rechts, 1. Jg. (1887), 124 (124).

richtete sich vornehmlich an Studenten, war darüber hinaus aber auch für Praktiker, insbesondere für Justiz- und Verwaltungsbeamte bestimmt.[1005] Das erste aus dieser Reihe erschienene Werk war der Beitrag Plancks. Als zweiter Band wurde 1893 der Teil Ullmanns, „Lehrbuch des Deutschen Strafprocessrechts", veröffentlicht.

Plancks Arbeit ist, wie er selbst im Vorwort berichtet, aus seinen Vorlesungen heraus entstanden und sollte als Ergänzung derselben dienen.[1006] Es kam ihm bei der Erstellung vor allem darauf an, die Zusammenhänge zwischen dem neuen Gesetz und dem alten, insbesondere dem gemeinen Zivilprozessrecht aufzuzeigen, um auf diese Weise einen Beitrag zum wissenschaftlichen Verständnis der neuen Prozessordnung zu leisten.[1007] Dabei wurden einschlägige Gerichtsentscheidungen zitiert, auf eine Darstellung abweichender Ansichten in der Literatur verzichtete er jedoch, um dem Zweck eines Lehrbuches entsprechen zu können und den Studenten zunächst einen Überblick über den Stoff zu präsentieren.[1008]

bb) Inhalt

Der erste Band, der zunächst einen kurzen Überblick über die geschichtlichen Grundlagen, die Reichszivilprozessordnung, den Umfang und die rechtliche Natur des Zivilprozessrechts enthält, beginnt mit einer Darstellung der Lehre von der Gerichtsverfassung, in welcher die Gerichtsgewalt, die Personen der Zivilrechtspflege sowie der Gerichtsdienst der Zivilgerichte erläutert werden. Sodann widmet sich Planck der Form des Verfahrens und geht auf die Parteien und deren rechtliche Stellung zum Gericht sowie die verschiedenen Prozesshandlungen ein. Zuletzt wird der Gang des Verfahrens dargestellt und insbesondere auf dessen Gliederung, zeitlichen Bestimmungen und auf Unterbrechung, Aussetzung und das Ruhen des Prozesses eingegangen.

Das regelmäßige Verfahren erster Instanz ist Gegenstand der ersten Abteilung des zweiten Bandes. Planck geht dabei vom einfachsten Fall aus, in welchem sich nur ein Kläger und ein Beklagter gegenüber stehen und auch nur ein Anspruch den Streitgegenstand bildet. Die Darstellung gliedert sich in zwei Abschnitte. Zunächst erfolgt eine Erörterung des ersten Verfahrens, wobei Planck auf den Inhalt der Parteivorträge und der prozessleitenden Richterhandlungen, auf Form und Reihenfolge der Prozessschritte, auf die Wirkungen des Prozessbeginns und

1005 Rassow, Beiträge zur Erläuterung des deutschen Rechts, 1. Jg. (1887), 124 (125).
1006 Planck, Civilprozess I, S. III.
1007 Planck, Civilprozess I, S. III.
1008 Planck, Civilprozess I, S. V.

zuletzt auf die richterliche Entscheidung eingeht. Im zweiten Abschnitt wird das Beweisverfahren dargestellt, insbesondere werden die einzelnen Beweismittel und zuletzt die Entscheidung über das Verfahren erläutert.

Der besondere Teil des zweiten Bandes schließt das Gesamtwerk Plancks ab und stellt das Verfahren erster Instanz in seinem abweichenden Gang, das Rechtsmittelverfahren sowie das Verfahren in der Zwangsvollstreckung dar. Es wird begleitet von einem umfangreichen Register über das Gesamtwerk, welches von Plancks Schwiegersohn Otto Brandis erstellt wurde.

cc) Bedeutung und Ergebnis

Das Besondere an dem Lehrbuch Plancks besteht in der konsequenten Bearbeitung nach der historischen Methode. Alle einzelnen Elemente der neuen Prozessordnung werden in ihrer historischen Entwicklung betrachtet und dargestellt. Plancks langjährige Beschäftigung mit der Geschichte des Zivilprozessrechts ermöglichte es ihm, ein derartiges Werk zu erstellen und damit einen wesentlichen Beitrag zum Verständnis und zur Etablierung des neuen Rechts zu leisten.

Dieses Vorgehen erfuhr zum Teil Kritik, insbesondere Bechmann war der Ansicht, dass das Werk nicht den Bedürfnissen der täglichen Praxis gerecht werde, in welcher es auf eine rasche Auffindung von Resultaten ankomme ohne längere Recherche.[1009] Zudem hielt er die Quellenangaben für zu dürftig, erkannte aber auch im Gegenzug an, dass das Werk in allen seinen Teilen „auf der Höhe der Wissenschaft“ stehe.[1010]

Seuffert hingegen, der sich umfassend mit dem Lehrbuch Plancks auseinander setzte und zwei Rezensionen verfasste,[1011] lobte das Vorgehen nach der historischen Methode und hob würdigend hervor:

> „Freilich, leicht ist es nicht, nach dieser Methode zu arbeiten. Sie erheischt genaue Kenntniss des historischen Materials, also des altgermanischen, des romanischen und des früheren gemeinen deutschen Prozesses sammt den Partikularrechten, neben der Herrschaft über das Recht der Gegenwart; sie erheitscht aber auch den Scharfblick des geübten Forschers, denn oft liegen die Fäden des historischen Zusammenhangs nicht auf der Oberfläche, sondern müssen erst aus dem Grunde des Gewebes hervorgezogen werden. Alle diese Voraussetzungen treffen bei dem Verfasser dieses Lehrbuches zusammen. Planck beherrscht das historische Material, wie wenige unter den Lebenden [...].“[1012]

1009 Bechmann, Beilage zur Allgemeinen Zeitung, Jahrgang 1900, Nr. 230, S. 3.
1010 Bechmann, Beilage zur Allgemeinen Zeitung, Jahrgang 1900, Nr. 230, S. 3.
1011 Seuffert, ZZP 11 (1887), 189-207 und ZZP 19 (1894), 171-178.
1012 Seuffert, ZZP 11 (1887), 189 (189).

Auch der Reichsgerichtsrat Friedrich Rassow rühmte in seiner Rezension „die eingehende geschichtliche Entwicklung, sowie die Ruhe, Klarheit und Sicherheit der Darstellung“ des Lehrbuchs, wodurch der Stoff den Studenten besonders verständlich vermittelt werde.[1013] Es verwundert daher auch nicht, dass Plancks Lehrbuch zu den führenden in der ersten Phase der CPO zu zählen ist.[1014] Auch Seuffert berichtete im Nachruf auf Planck 1901, dass man dessen Werk noch immer unter allen systematischen Bearbeitungen zur neuen Zivilprozessordnung „an die erste Stelle setzen“ dürfe.[1015]

Planck versuchte durch Lehrbuch das Recht in seiner Gesamtheit zu vermitteln, was seiner Ansicht nach nur mit Hilfe einer eingehenden historischen Betrachtung der einzelnen Rechtsinstitute möglich sei. Er schärfte damit das Bewusstsein seiner Leser für die Bedeutung der historischen Methode und hob sich und seine Arbeit damit von anderen Werken entscheidend ab. Die Vollendung des letzten Teils dieses umfangreichen Werkes bildet das Ende des schriftstellerischen Wirkens Plancks, der in seinem Vorwort zum letzten Band abschließend bemerkt:

> „So bin ich in dem Jahre, in welchem ich meine akademische Lehrthätigkeit eingestellt habe, auch zum Abschluss dieses Lehrbuchs gelangt, und gebe mich der Hoffnung hin, dass dessen Inhalt meinen Schülern ein bleibendes Vermächtniss sein werde.“[1016]

d) Ergebnis

In München befand Planck sich auf dem Höhepunkt seines schriftstellerischen Schaffens, hier veröffentlichte er seine größten und bekanntesten Werke und erlangte als „Altmeister des Prozessrechts“[1017] allgemeine Anerkennung. Zugleich bildet diese Phase aber auch den Endpunkt seines Werkes. „Das deutsche Gerichtsverfahren im Mittelalter“ stellt seine letzte rechtsgeschichtliche Arbeit dar, wobei er sich auch nach ihrer Veröffentlichung nicht ganz der historischen

---

1013 Rassow, Beiträge zur Erläuterung des deutschen Rechts, 1. Jg. (1887), 124 (125).

1014 Neben Plancks Lehrbüchern werden als weitere bedeutende Werke genannt: Ludwig von Bar: Das deutsche Civilprozessrecht mit Rücksicht auf die Justizgesetze des deutschen Reichs, Leipzig 1880; Friedrich Hellmann: Lehrbuch des deutschen Civilprozessrechts, München 1886; Adolf Wach: Handbuch des deutschen Civilprozeßrechts, Leipzig 1885; vgl. Wieczorek, S. 33.

1015 Seuffert, ZZP 28 (1901), V (XIII f.).

1016 Planck, Civilprozess II, 2. Abt., S. V f.

1017 So Rassow, Beiträge zur Erläuterung des deutschen Rechts, 1. Jg. (1887), 124 (125); Vierhaus, ZZP 14 (1890), 290 (290); Seuffert, ZZP 28 (1901), V (V); Stintzing-Landsberg, Abt. 3 Halbband 2, Text, S. 565.

Forschung entzog und sich, seiner Neigung entsprechend, zeitweise der Rechtsgeschichte widmete, indem er rechtshistorische Vorträge auf den Sitzungen der Königlich Bayerischen Akademie der Wissenschaften sowie im Rahmen seiner Zugehörigkeit zur Zwanglosen Gesellschaft hielt. Mit Einführung der CPO stellte er sich seiner letzten großen Herausforderung und schuf sich mit seinem „Lehrbuch des deutschen Civilprozessrechts" ein bleibendes Andenken in der Juristenwelt. Im Alter von fast 80 Jahren beendete mit Abschluss der Arbeiten seine schriftstellerische Tätigkeit endgültig.

5.) Zusammenfassung

In den 28 Jahren, die Planck an der Münchener Universität als Professor fungierte, entwickelte er sich zu einem der angesehensten Lehrer und Vertreter des Zivilprozessrechts an den deutschen Universitäten. Obwohl seine Berufung zunächst für den Bereich des Straf- und Strafprozessrechts erfolgte, wurde er, wie es bereits bei seiner Anstellung vorgesehen zu sein schien, Nachfolger von Hieronymus von Bayer, der zuvor fast 50 Jahre das Zivilprozessrecht an der bayerischen Universität vertrat. Diese große Aufgabe meisterte Planck mit Bravur und er wurde ein geschätzter Professor, der sich vor allem durch seine Lehrtätigkeit auszeichnete und damit einen wertvollen Beitrag zur Juristenausbildung leistete. Bis ins hohe Alter von 78 Jahren bot er regelmäßig Lehrveranstaltungen an. Zudem hat er durch sein vielseitiges Engagement im Bereich der Universitätsverwaltung über viele Jahre aktiv am akademischen Leben teilgenommen und dieses nach seinen Vorstellungen mitgestaltet. Vom Ansehen, das er sich bei den Mitgliedern der Juristenfakultät erwarb, zeugen insbesondere deren Einsatz im Rahmen der Bleibeverhandlungen mit Planck sowie die feierliche Begehung seines fünfzigsten Doktorjubiläums. Aber auch außerhalb der Münchener Fakultät wurde Plancks Arbeit geschätzt, was die an ihn ergangenen Rufe sowie die zahlreichen ihm verliehenen Auszeichnungen beweisen.

Auch in München widmete sich Planck mit Hingabe der Rechtsgeschichte und leistete durch sein Engagement einen wesentlichen Beitrag zur juristischen Forschung. Er veröffentlichte sein großes rechtshistorisches Werk „Das deutsche Gerichtsverfahren im Mittelalter" und hielt außerhalb der Universität rechtshistorische Vorträge auf den Sitzungen der Akademie der Wissenschaften und der Zwanglosen Gesellschaft. Zudem fokussierte und begleitete er im Rahmen seiner Funktion als Vorsitzender der Savigny-Stiftung die Edition der Magdeburger Schöffensprüche.

Sein Interesse galt aber auch aktuellen Gesetzgebungsfragen im Bereich des Prozessrechts. Durch sein Gutachten auf dem Siebten Deutschen Juristentag wirkte er bei der Gestaltung des neuen Zivilprozessrechts mit, indem er sich vehement gegen die Bindungswirkung des Strafurteils im Zivilprozess aussprach. Und mit Inkrafttreten der CPO trug Planck mit seinem letzten großen Werk „Lehrbuch des deutschen Civilprozessrechts“ zum Verständnis des neuen Prozessrechts bei.

E. Gesamtwürdigung

Trotz der zum Teil unbefriedigenden Aktenlage erlauben es die gesichteten Materialien, Leben und Werk des Juristen Johann Julius Wilhelm von Planck wiederzugeben und einen Eindruck von dessen Persönlichkeit zu gewinnen.

Planck wuchs in einem stark kirchlich geprägten Hause auf und entschied sich, wahrscheinlich nicht ohne inneren Gewissenskonflikt, gegen die theologische Berufslaufbahn, die bereits von seinem Vater und seinem Großvater erfolgreich bestritten wurde und für den jungen Planck vorgezeichnet schien. Er bevorzugte stattdessen die rechtswissenschaftliche Karriere, die er von Beginn an zielstrebig verfolgte. Nach seiner Dissertation und Habilitation gelang ihm schnell der berufliche Einstieg und er erhielt einen Ruf als ordentlicher Professor zunächst in Basel, anschließend in Greifswald, später in Kiel und zuletzt in München.

Sein wissenschaftliches Wirken widmete er hauptsächlich der Rechtsgeschichte und er erfuhr in dieser Beziehung schon in frühen Jahren große Anerkennung. Seine Leidenschaft zur historischen Arbeit ist dabei wahrscheinlich auf seinen Großvater Gottlieb Jakob Planck zurückzuführen, der sich zwar nicht als Jurist, aber als Theologe bereits auf dem historischen Gebiet betätigte. Planck war jedoch kein reiner Rechtshistoriker, denn er verschloss sich bei seinen historischen Forschungen nicht vor der aktuellen Rechtsentwicklung, die er stets mit großem Interesse verfolgte. Ganz im Sinne Savignys und der Historischen Rechtsschule wollte er vielmehr die historischen Quellen durchdringen und für die gegenwärtige Gesetzgebungsdiskussion brauchbar machen. Sein Hauptaugenmerk galt dabei schon von Beginn an dem Prozessrecht, vorrangig dem Zivilprozess. Bereits durch sein 1844 erschienenes erstes großes Werk „Die Mehrheit der Rechtsstreitigkeiten im Prozeß" gelang es ihm auf diesem Gebiet rechtsgestaltend einzuwirken, indem er die im älteren gemeinen Recht bestehende Unterscheidung zwischen subjektiver Klagehäufung und Streitgenossenschaft beseitigte und die Figur der einheitlichen Prozesspartei verwarf, was Berücksichtigung bei der Kodifikation der CPO von 1877 fand und auch noch heute Geltung für sich im deutschen Zivilprozessrecht beansprucht. Im Rahmen der Historischen Rechtsschule war er zunächst den Romanisten zuzuordnen, zählte aber ab 1846 zu der jüngeren Generation der Germanisten und stand dabei dem Kreis um Georg Beseler, Wilhelm Eduard Wilda, August Ludwig Reyscher und Otto Stobbe nahe. Auf dem Gebiet des materiellen Rechts, welches durchaus auch bis in die Tiefe von ihm beherrscht wurde, trat er hingegen nicht hervor.

Planck kann daher nicht als Mitbegründer des BGB angesehen werden, für eine Beteiligung lassen sich keinerlei Hinweise finden.

Er gehörte nicht zu den aktivsten juristischen Schriftstellern, sondern konzentrierte sich auf einzelne Projekte und äußerte sich zumeist ausschließlich nur dann literarisch, wenn aus seiner Sicht Anlass hierfür bestand. Durch seine rechtsgeschichtlichen Werke leistete er einen wesentlichen Beitrag zur Aufbereitung der deutschen Rechtsgeschichte, insbesondere durch sein Werk „Das deutsche Gerichtsverfahren im Mittelalter" und er gehörte für die damaligen Juristen aufgrund seiner rechtshistorischen Arbeiten, aber auch aufgrund seiner Leistungen im Bereich des Zivilprozessrechts, insbesondere durch seine Lehrbücher zur CPO, zu den führenden juristischen Köpfen, was unter anderem durch die Bezeichnung „Altmeister des Prozessrechts", unter der er allgemein bekannt wurde, zum Ausdruck kommt. Auch die zahlreichen Rufe und Auszeichnungen zeugen für die Autorität Plancks. Dass er schnell in Vergessenheit geriet und nicht zu den in Erinnerung gebliebenen Rechtsgelehrten zählt, mag neben der Tatsache, dass er aufgrund der bahnbrechenden Errungenschaften seines Sohns Max Planck schnell in dessen Schatten geriet, auch daran gelegen haben, dass das wissenschaftliche Wirken Plancks sehr vielschichtig war und er sich neben seinem schriftstellerischen Wirken noch weiteren wesentlichen Bereichen widmete, namentlich seiner praktischen Tätigkeit als Richter, seiner Professorenlaufbahn sowie zeitweise der Politik im Rahmen der Schleswig-Holstein-Frage. Als Richter fungierte er über viele Jahre in den Spruchkollegien der Universitäten und an den Oberappellationsgerichten in Greifswald und Kiel und hatte auf diese Weise die Möglichkeit, immer mit der juristischen Praxis in Verbindung zu bleiben. Den wesentlichen Schwerpunkt seines Schaffens bildete jedoch seine ausgedehnte, sich fast über ein halbes Jahrhundert erstreckende Lehrtätigkeit. Mit seinen Lehrveranstaltungen, die immer zahlreich besucht wurden, bereitete Planck Generationen junger Juristen auf ihre juristische Zukunft vor. Dabei schärfte er den Blick für die historische Arbeit und deren Bedeutung für die Jurisprudenz. Der große Erfolg, den er bei den Studenten erzielte, war vor allem seiner Leidenschaft für die Lehre und seiner großen Freunde an der Arbeit mit den Studenten geschuldet. Zutreffend sagte er einmal selbst über die Professorentätigkeit: „Wer geistig erwärmen, wer Andere zur wissenschaftlichen Arbeit entflammen will, der muß selbst vom heiligen Feuer durchglüht sein."[1018] Das war er! Zudem brachte er sich durch die Übernahme zahlreicher akademischer Ämter über viele Jahrzehnte in die Universitätsverwaltung ein und gestaltete

---

1018 Planck, Rede zum Antritte des Rectorats, S. 7.

damit auch einen Teil des universitären Alltags in Deutschland mit. Es ist daher sicherlich nicht verfehlt, Planck zu den führenden Professoren an der Kieler, aber auch an der Münchener Juristenfakultät seiner Zeit zu zählen.

Mag aus heutiger rechtshistorischer Sicht seine Bedeutung, abgesehen von einzelnen Errungenschaften, eher gering ausfallen, so war er doch für viele Juristen des 19. Jahrhunderts ein herausragender Lehrer und Rechtswissenschaftler und die eingangs dargestellten Aussprüche verschiedener Gelehrter beschreiben Plancks Wirken und seine Persönlichkeit daher sehr zutreffend. Besonders zeichneten ihn „sein hoher Gerechtigkeits- und Billigkeitssinn, seine Selbstlosigkeit, die die Person immer hinter der Sache zurück treten ließ“ sowie sein unerschütterlicher Optimismus aus.[1019] Er war ein besonders friedvoller Mensch,[1020] „milde, massvoll und gerecht gegenüber jedermann“[1021] und die Beschreibungen in den Nachrufen auf ihn zeugen von der für ihn empfundenen Sympathie und Achtung seiner Kollegen.

1019 Bechmann, Beilage zur Allgemeinen Zeitung, Jahrgang 1900, Nr. 230, S. 4.
1020 Bechmann, Beilage zur Allgemeinen Zeitung, Jahrgang 1900, Nr. 230, S. 5.
1021 Seuffert, ZZP 28 (1901), V (XV).

F. Anhang

I. Lebensdaten mit Stammbaum

22.04.1817	Geburt in Göttingen
1829	Eintritt in die Sekunda des Gymnasiums zu Göttingen
Ostern 1834	Maturitätszeugnis
1834-1837	Studium in Jena und Göttingen
19.08.1837	Promotion
14.07.1839	Anmeldung Habilitation
1839-1842	Privatdozent in Göttingen
1840-1842	Assessor des Spruchkollegiums der Göttinger Juristenfakultät
23.02.1842	Ernennung zum ordentlichen Professor der Universität Basel
25.03.1843	Heirat mit Mathilde Voigt
08.05.1844	Geburt von Tochter Emma Susanne Johanna Charlotte Friederike
12.02.1845	Ernennung zum ordentlichen Professor der Universität Greifswald
29.09.1846	Geburt von Sohn Hugo Sigismund Wilhelm Allwill
01.04.1848	Ernennung zum Rat am Oberappellationsgericht Greifswald im Nebenamt
14.10.1849	Heirat mit Emma Caroline Patzig
Frühjahr 1850	Ruf an das Oberappellationsgericht der vier Freien Städte mit Sitz in Lübeck
05.07.1850	Ernennung zum ordentlichen Professor der Universität Kiel
1850-1867	Ordinarius des Kieler Spruchkollegiums
01.01.1851	Geburt von Sohn Hermann Gotthilf Theodor
27.10.1852	Geburt von Sohn Adalbert Friedrich August Wilhelm
10.09.1853	Ernennung zum außerordentlichen Mitglied des Schleswig-Holstein-Lauenburgischen Oberappellationsgerichts
30.12.1854	Geburt von Tochter Hildegard Charlotte Elisabeth
1856-1858	Rektor der Universität Kiel
23.04.1858	Geburt von Sohn Max Ernst Ludwig Carl
1861/62	Rektor der Universität Kiel
18.03.1863	Geburt von Sohn Otto Werner Johann Carl
1863-1895	Mitglied der Zwanglosen Gesellschaft München
1864-1866	Kurator der Universität Kiel
Ab 1867	Ordentlicher Professor der Universität München

1872/73	Rektor der Universität München
23.06.1881	Ernennung zum ordentlichen Mitglied der historischen Klasse der Königlich Bayerischen Akademie der Wissenschaften
19.08.1887	Fünfzigjähriges Doktorjubiläum
01.04.1895	Einstellung der Lehrtätigkeit
14.10.1899	Goldene Hochzeit
14.09.1900	Planck verstirbt im Alter von 83 Jahren in München

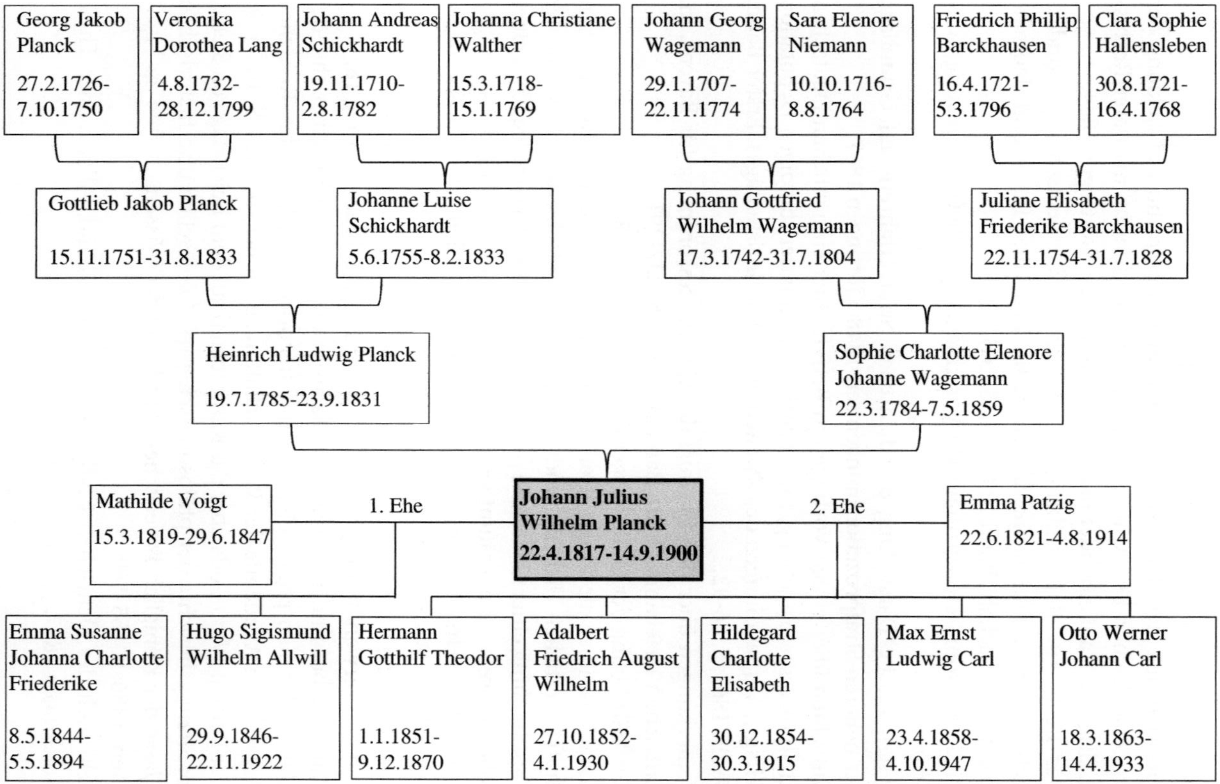

Vereinfachte Darstellung des Stammbaums Plancks. Die Daten folgen den Angaben bei Euler, Mercksche Familien-Zeitschrift 10 (1960), 91 (97 ff.) und bei Puschmann, Schlesisches Geschlechterbuch, 4. Band, S. 180 ff.

II. Werkverzeichnis

1. De legitimatione ad causam, Göttingen 1837.
2. Die Mehrheit der Rechtsstreitigkeiten im Prozessrecht: Entwicklung der processualischen Erscheinungen, die durch den Einfluß mehrerer Rechtsstreitigkeiten auf einander hervorgerufen werden, Göttingen 1844.
3. Das Recht zur Beweisführung nach dem älteren deutschen, besonders sächsischen Verfahren, in: Zeitschrift für deutsches Recht und deutsche Rechtswissenschaft, Band 10 (1846), S. 205-324.
4. Die Lehre vom Beweisurtheil: Mit Vorschlägen für die Gesetzgebung, Göttingen 1848.
5. Systematische Darstellung des deutschen Strafverfahrens auf Grundlage der neueren Strafprozeßordnungen seit 1848, Göttingen 1857.
6. Gutachten über einige Vorfragen in Betreff einer einheitlichen Deutschen Civilprozessgesetzgebung, in: Schriftführer-Amt der ständigen Deputation (Hrsg.), Verhandlungen des Zweiten deutschen Juristentages, Erster Band, Berlin 1861, S. 66-92.
7. Bemerkungen über den Entwurf des Civilprozessordnung für Bayern, in: Kritische Vierteljahrsschrift, Band IV(1862), S. 232-291.
8. Zur Würdigung der Oldenburger Denkschrift, Kiel 1865.
9. Gutachten über die Frage: „Soll einem prozeßordnungsgemäß erlassenen strafrichterlichen Urtheile, wodurch eine Frage entschieden ist, welche der Entscheidung einer Civilsache präjudiziert, für diese letztere die Kraft eines vollen Beweises eingeräumt werden?", in: Schriftführer-Amt der ständigen Deputation (Hrsg.), Verhandlungen des Siebenten deutschen Juristentages, Erster Band, Berlin 1868, S. 3-44.
10. Das Deutsche Gerichtsverfahren im Mittelalter. Nach dem Sachsenspiegel und den verwandten Rechtsquellen, Band 1 und 2, Braunschweig 1879.
11. Waffenverbot und Reichsacht im Sachsenspiegel, in: Sitzungsberichte der philosophischen-philologischen und historischen Klasse der Königlich Bayerischen Akademie der Wissenschaften zu München, 1884, S. 102-178.
12. Der Bericht Widukinds über das Kampfurteil auf dem Reichstag von Steele, in: Sitzungsberichte der philosophischen-philologischen und historischen Klasse der Königlich Bayerischen Akademie der Wissenschaften zu München, 1886, S. 155-180.
13. Lehrbuch des Deutschen Civilprozessrechts, 1. Band, Allgemeiner Theil, Nördlingen 1887.

14. Ueber die historische Methode auf dem Gebiet des deutschen Civilprozessrechts, Festrede gehalten in der Königlich Bayerischen Akademie der Wissenschaften zu München am 27. Dezember 1888, veröffentlicht 1889.
15. Lehrbuch des Deutschen Civilprozessrechts, 2. Band, Erste Abtheilung, München 1891.
16. Lehrbuch des Deutschen Civilprozessrechts, 2. Band, Besonderer Theil, München 1896.

III. Übersicht über gehaltene Vorlesungen

1. Universität Göttingen[1022]

Wintersemester 1839/40

- Theorie des bürgerlichen Prozesses nach Martin, 12. Auflage
- Generalexaminatoria über alle Rechtsteile, sowie auch Special-Examinatoria und Repetitoria in deutscher und lateinischer Sprache (zusammen mit weiteren Privatlehrern)

Sommersemester 1840

- Civilrechtpracticum, als prac. Pandekten-Repetitorium
- Criminalprozeß, nach Martins Lehrbuch (Heidelberg 1836) in Verbindung mit prac. Übungen
- Privatissimis, General- sowohl als Special-Examinatoria über die verschiedenen Rechtsteile, in deutscher und lateinischer Sprache, sowie auch zu Repetitorien und Disputatorien (zusammen mit weiteren Privatlehrern)

Wintersemester 1840/41

- Theorie des bürgerlichen Processes nach Martin (Heidelberg 1838)
- Generalexaminatoria über alle Rechtsteile, sowie auch Special-Examinatoria und Repetitoria in deutscher und lateinischer Sprache (zusammen mit weiteren Privatlehrern)

Sommersemester 1841

- Civilrechtpracticum, als prac. Pandekten-Repetitorium
- Privatissimum über das Civilrecht
- Criminalprozeß, nach Martins Lehrbuch (Heidelberg 1838) in Verbindung mit prac. Übungen

1022 Die Angaben basieren auf den Vorlesungsverzeichnissen der Georg-August-Universität Göttingen der jeweiligen Jahrgänge.

Wintersemester 1841/42

- Repetitorium über das römische Recht
- Theorie des bürgerlichen Processes nach Martin (Heidelberg 1838)

2. Universität Basel[1023]

Sommersemester 1842

- Institutionen des römischen Rechts
- Civilprozeß

Wintersemester 1842/43

Pandekten mit praktischen Arbeiten

Sommersemester 1843

- Institutionen des römischen Rechts
- Civilprozeß
- Repetitorium über Pandekten

Wintersemester 1843/44

Pandekten nach Puchta's Lehrbuch der Pandekten (Leipzig 1838)

Sommersemester 1844

- Institutionen des römischen Rechts
- Civilprozeß, nach Martin, Theorie des Civilprozesses, zwölfte Ausgabe

Wintersemester 1844/45

Pandekten mit Beziehung auf Puchta's Lehrbuch der Pandekten, 2. Auflage, und verbunden mit schriftlichen Übungen

3. Universität Greifswald[1024]

Sommersemester 1845

- Civilpraktikum
- Criminalrecht

1023 Die Angaben basieren auf den Vorlesungsverzeichnissen der Universität Basel der jeweiligen Jahre, vgl. StABS, Universitätsarchiv AA 2.

1024 Die Angaben basieren auf den von Planck eigens erstellten Unterlagen über seine gehaltenen Vorlesungen, vgl. UAG, Altes Rektorat Hbg 38/16, Hbg 39/2, Hbg 38/17, Hbg 38/19, Hbg 38/18, Hbg 38/20, Hbg 38/21, Hbg 38/22, Hbg 39/3, R 27, Hbg 39/4, Labores Planck.

Wintersemester 1845/46
- Theorie des summarischen Prozesses
- Civilprozeß
- Criminalprozeß

Sommersemester 1846
- Civilpraktikum
- Criminalrecht
- Civilprozeßpraktikum

Wintersemester 1846/47
- Criminalprozeß
- Civilprozeß

Sommersemester 1847
- Civilpraktikum
- Criminalrecht
- Civilprozeßpraktikum

Wintersemester 1847/48

Civilprozeß

Sommersemester 1848
- Criminalprozeß
- Criminalprozeßpraktikum

Wintersemester 1848/49

Civilprozeß

Sommersemester 1849
- Criminalprozeß
- Civilprozeßpraktikum

Wintersemester 1849/50

keine Unterlagen vorhanden

Sommersemester 1850
- Criminalprozeß
- Civilprozeßpraktikum

4. Universität Kiel[1025]

Wintersemester 1850/51
- Civilrecht
- Criminalprozeß[1026]

Sommersemester 1851
- Criminalrecht
- Criminalprozeß

Wintersemester 1851/52
- Civilrecht
- Criminalprozeß

Sommersemester 1852
- Criminalrecht
- Civilprozeßpraktikum

Wintersemester 1852/53
- Civilrecht
- Criminalprozeß

Sommersemester 1853
- Criminalrecht
- Civilprozeßpraktikum

Wintersemester 1853/54
- Civilrecht
- Criminalprozeß

Sommersemester 1854
- Criminalrecht
- Civilprozeßpraktikum

Wintersemester 1854/55
- Civilrecht
- Criminalprozeß

1025 Die Angaben basieren auf den Personal- und Vorlesungsverzeichnissen der Christian-Albrechts-Universität zu Kiel der jeweiligen Jahre.

1026 Planck berichtete in einem Brief, dass diese Vorlesung nicht stattfand und er die Zeit stattdessen für literarisches Arbeiten nutzte, vgl. UB Basel, NL 102 B: 4623, Brief Planck an Miescher, 09.03.1851.

Sommersemester 1855
- Criminalrecht
- Civilprozeßpraktikum

Wintersemester 1855/56
- Civilrecht
- Criminalprozeß

Sommersemester 1856
- Criminalrecht
- Civilprozeßpraktikum

Wintersemester 1856/57
- Civilrecht
- Criminalprozeß

Sommersemester 1857
- Criminalrecht
- Civilprozeßpraktikum

Wintersemester 1857/58
- Civilprozeß
- Criminalprozeß

Sommersemester 1858
- Criminalrecht
- Civilprozeßpraktikum

Wintersemester 1858/59
- Civilprozeß
- Criminalprozeß

Sommersemester 1859
- Criminalrecht
- Civilprozeßpraktikum

Wintersemester 1859/60
- Civilrecht
- Criminalprozeß

Sommersemester 1860
- Criminalrecht
- Civilprozeßpraktikum

Wintersemester 1860/61
- Civilprozeß
- Criminalprozeß

Sommersemester 1861
- Criminalrecht
- Civilprozeßpraktikum

Wintersemester 1861/62
- Civilrecht
- Criminalprozeß

Sommersemester 1862
- Criminalrecht
- Civilprozeßpraktikum

Wintersemester 1862/63
- Civilrecht
- Criminalprozeß

Sommersemester 1863
- Criminalrecht
- Civilprozeßpraktikum

Wintersemester 1863/64
- Civilrecht
- Criminalprozeß

Sommersemester 1864
- Criminalrecht
- Civilprozeßpraktikum

Wintersemester 1864/65
- Civilrecht
- Criminalprozeß

Sommersemester 1865
- Criminalrecht
- Civilprozeßpraktikum

Wintersemester 1865/66
- Civilprozeß
- Criminalprozeß

Sommersemester 1866
- Criminalrecht
- Civilprozeßpraktikum

Wintersemester 1866/67
- Civilrecht
- Criminalprozeß

Sommersemester 1867
- Criminalrecht
- Civilprozeßpraktikum

5. Universität München[1027]

Wintersemester 1867/68
Gemeiner deutscher und bayerischer Strafprozess

Sommersemester 1868
Strafrecht

Wintersemester 1868/69
Gemeiner deutscher und bayerischer Strafprozess

Sommersemester 1869
Strafrecht

Wintersemester 1869/70
- Gemeiner deutscher Zivilprozess mit besonderer Berücksichtigung der neuen bayerischen Zivilprozessordnung
- Gemeiner deutscher und bayerischer Strafprozess

Sommersemester 1870
Strafrecht

Wintersemester 1870/71
Gemeiner deutscher Zivilprozess mit besonderer Berücksichtigung der neuen bayerischen Zivilprozessordnung

Sommersemester 1871
- Strafrecht
- Strafprozessrecht

1027 Die Angaben basieren auf den Verzeichnissen der Vorlesungen an der königlichen Ludwig-Maximilians-Universität zu München der jeweiligen Jahre.

Wintersemester 1871/72

Gemeiner deutscher Zivilprozess mit besonderer Berücksichtigung der neuen bayerischen Zivilprozessordnung

Sommersemester 1872

- Strafrecht
- Strafprozessrecht

Wintersemester 1872/73

Gemeiner deutscher Zivilprozess mit besonderer Berücksichtigung der neuen bayerischen Zivilprozessordnung

Sommersemester 1873

Strafprozessrecht

Wintersemester 1873/74

Gemeiner deutscher Zivilprozess mit besonderer Berücksichtigung der neuen bayerischen Zivilprozessordnung

Sommersemester 1874

Strafprozessrecht

Wintersemester 1874/75

Gemeiner deutscher Zivilprozess mit besonderer Berücksichtigung der neuen bayerischen Zivilprozessordnung

Sommersemester 1875

Strafprozessrecht

Wintersemester 1875/76

Gemeiner deutscher Zivilprozess mit besonderer Berücksichtigung der neuen bayerischen Zivilprozessordnung

Sommersemester 1876

Strafprozessrecht

Wintersemester 1876/77

Zivilprozessrecht

Sommersemester 1877

Strafprozessrecht

Wintersemester 1877/78

Zivilprozessrecht

Sommersemester 1878
Strafprozessrecht

Wintersemester 1878/79
Zivilprozessrecht

Sommersemester 1879
Strafprozessrecht

Wintersemester 1879/80
Zivilprozessrecht

Sommersemester 1880
Strafprozessrecht

Wintersemester 1880/81
Zivilprozessrecht

Sommersemester 1881
Strafprozessrecht

Wintersemester 1881/82
Zivilprozessrecht

Sommersemester 1882
Strafprozessrecht

Wintersemester 1882/83
Zivilprozessrecht

Sommersemester 1883
- Strafprozessrecht
- Arbeiten über Zivilprozessrecht

Wintersemester 1883/84
Zivilprozessrecht

Sommersemester 1884
- Strafprozessrecht
- Arbeiten über Zivilprozessrecht

Wintersemester 1884/85
Zivilprozessrecht

Sommersemester 1885
Strafprozessrecht

Wintersemester 1885/86

Zivilprozessrecht

Sommersemester 1886

- Strafprozessrecht
- Arbeiten über Zivilprozessrecht

Wintersemester 1886/87

Zivilprozessrecht

Sommersemester 1887

Strafprozessrecht

Wintersemester 1887/88

Zivilprozessrecht

Sommersemester 1888

- Strafprozessrecht
- Arbeiten über Zivilprozessrecht

Wintersemester 1888/89

Zivilprozessrecht

Sommersemester 1889

Strafprozessrecht

Wintersemester 1889/90

Zivilprozessrecht

Sommersemester 1890

- Strafprozessrecht
- Arbeiten über Zivilprozessrecht

Wintersemester 1890/91

Zivilprozessrecht

Sommersemester 1891

Strafprozessrecht

Wintersemester 1891/92

Zivilprozessrecht

Sommersemester 1892

Arbeiten über Zivilprozessrecht

Wintersemester 1892/93

Zivilprozessrecht

Sommersemester 1893

keine Lehrveranstaltungen

Wintersemester 1893/94

Zivilprozessrecht

Sommersemester 1894

Arbeiten über Zivilprozessrecht

Wintersemester 1894/95

Zivilprozessrecht

IV. Ehrungen und Auszeichnungen

06.10.1854	Ritter des Dannebrog
29.07.1870	Ritterkreuz des Verdienstordens der bayerischen Krone
29.01.1875	Verleihung der Geheimratswürde
27.11.1880	Verleihung des Maximiliansorden für Wissenschaft und Kunst
23.12.1883	Komturkreuz des Verdienstordens vom Heiligen Michael II. Klasse mit Stern
29.12.1887	Komturkreuz des Verdienstordens der bayerischen Krone
03.06.1891	Ernennung zum Mitglied des Kapitels des Maximilians-Ordens für Wissenschaft und Kunst
30.10.1893	Verdienstorden vom Heiligen Michael II. Klasse mit Stern
19.01.1895	Großkomturkreuz des Verdienstordens der bayerischen Krone

Personenregister

A

Abel, Karl von 137
Albrecht, Wilhelm Eduard 13, 18
Amira, Karl von 160, 168

B

Bach, Josef 160
Bachofen, Johann Jakob 22, 24, 25, 44, 51, 63
Barckhausen, Juliane Elisabeth Friederike 7
Barkow, August Friedrich 43, 44, 57
Bartels, Karl Heinrich 90
Bauer, Anton 13
Baum, Wilhelm 48
Baumstark, Eduard 52
Bayer, Hieronymus von 115, 138, 143, 146, 172
Bechmann, August von VII, 85, 94, 105, 123, 144, 160, 170
Behn, Wilhelm 80, 87, 112, 113, 118
Bergmann, Friedrich Christian 13
Beseler, Georg 17, 43, 44, 47, 48, 49, 60, 63, 71, 165, 166, 175
Bethmann-Hollweg, August 30
Bluntschli, Johann 137
Böckh, August 8
Bohlen, Carl Ludwig Adolph von 49
Bolgino, Karl Theodor 138
Brandis, Otto Moritz Wilhelm 107, 170
Braun, Alexander Karl 47, 48
Briegleb, Hans Karl 30
Brinkmeyer, Karl 160
Brinz, Alois 152, 159
Budde, Johann Friedrich 22, 24
Burchardi, Georg 96
Burckhardt-Fürstenberger, Emanuel 26

C

Chalybaeus, Heinrich Moritz 72, 83, 84, 97, 113
Christiansen, Johannes 82, 83, 84, 104, 112
Curtius, Georg 98

D

Dahlmann, Friedrich Christoph 13, 18
Danz, August Heinrich Emil 13
Dietzel, Gustav 85, 87
Dillmann, Christian 119
Dollmann, Karl Friedrich 115, 138
Dove, Richard 85
Droysen, Johann Gustav 131
Dumreicher, Carl Otto 105

E

Eichhorn, Johann Albrecht Friedrich von 42, 43
Eichhorn, Karl Friedrich 17
Esmarch, Johannes 90, 114

F

Falck, Niels Nikolaus 59, 81, 95, 96, 104
Feuerbach, Paul Johann Anselm von 96, 146
Fichte, Johann Gottlieb 91
Forchhammer, Peter Wilhelm 80, 90, 94, 116, 117
Förster, Ernst 158
Frerichs, Friedrich Theodor 131
Friedberg, Heinrich von 44, 45
Friedlieb, Ernst Simon Heinrich 85
Friese, Victor 156
Frisch, Emilie Wilhelmine 110
Frisch, Nikodemus 110

G

Geibel, Emanuel 137, 158
Gerlach, Franz Dorotheus 22
Girtanner, Wilhelm 82, 83, 84
Graßmann, Günther 136
Grätz, Leo 160
Grese, Friedrich Bernhard 14
Groth, Doris 91, 113, 114
Groth, Klaus Johann 113, 114
Groth, Paul Heinrich 160
Grueber, Erwin 160

H

Hänel, Albert 85
Harburger, Heinrich 140, 141
Harms, Christian 53
Harms, Friedrich 131
Harms, Magdalene Friederike 53
Hassenpflug, Hans Daniel Ludwig Friedrich 49, 65
Heffter, August Wilhelm 30, 34
Hegel, Karl von 78, 79
Heine, Christian Johann Heinrich 14
Heise, Georg Arnold 57
Heusler, Andreas 26
Heyse, Paul 158
Hoeßlin, Georg 109
Hoeßlin, Marga Sophie Matilde von 109
Hugo, Gustav 13, 14, 16

J

Jahn, Jakob 72
Jhering, Rudolf von 29, 82, 83, 86, 113

K

Karsten, Gustav 108, 112, 113, 118, 119
Kasten, Gustav 90, 131
Kierulff, Johann Friedrich 57
Köstlin, Reinhold 46
Kunstmann, Friedrich 138

L

Ladenburg, Adalbert von 57, 58
Lang, Veronica Dorothea 5
Leonhardt, Gerhard Adolf Wilhelm 69
Liebig, Justus von 137
Liesegang, Erich 155, 156
Liliencron, Rochus Freiherr von 132
Linde, Justin Timotheus Balthasar von 34
Liszt, Eduard von 161, 163
Litzmann, Carl Conrad 90
Litzmann, Carl Conrad Theodor 112, 113, 132
Loeck, Henning August Wilhelm Christian 93
Lutz, Johann von 148, 150

M

Martin, Christoph Reinhard Dietrich 8, 11, 12, 13, 26, 27, 33
Maurer, Konrad 138, 149, 160
Mayer, Ernst VII, 39, 68, 123, 167
Merck, Heinrich 109
Merck, Marie Eugenie 109
Michaelis, Adolf Theodor Friedrich 114
Michaelis, Gustav Adolf 111, 114
Michaelis, Julie 111, 112, 114, 119
Miescher-His, Friedrich 27, 28, 51, 52, 53, 54, 74, 113
Mittermaier, Carl Joseph Anton 17
Molitor, Franz Xaver von 127
Mommsen, Theodor 5
Moritz, Fritz 160
Mühlenbruch, Christian Friedrich 12, 13
Mühlenfels, Ludwig Friedrich von 49
Müllenhoff, Karl Viktor 132
Mulzer, Karl Christoph von 127

N

Neuner, Georg Karl 84, 96
Niemeyer, Franz Anton 43, 44
Nietzsche, Friedrich August 64
Nitzsch, Gregor Wilhelm 132
Nitzsch, Karl Wilhelm 90, 114, 132
Nöldeke, Theodor 99

O

Oesterley, Doris 6
Olshausen, Justus 81, 132

P

Patzig, Emma Caroline 54, 55, 56, 72, 107, 136, 160
Pernice, Ludwig Wilhelm Anton 102
Petersen, August 127
Planck, Adalbert Friedrich August Wilhelm 107, 110
Planck, Emma Susanne Johanna Charlotte Friederike Sophie 27, 28, 52
Planck, Erwin 142
Planck, Georg Jakob 5
Planck, Gottlieb Arnold Hermann 8
Planck, Gottlieb Jakob 5, 175
Planck, Gottlieb Karl Georg 6, 76, 159
Planck, Heinrich Ludwig 6, 7
Planck, Hermann Gotthilf Theodor 107, 110, 112
Planck, Hildegard Charlotte Elisabeth 107, 110
Planck, Hugo Sigismund Wilhelm Allwill 53
Planck, Karl Christian 133
Planck, Max 1, 2, 76, 90, 108, 109, 110, 112, 119, 141, 142, 151, 176
Planck, Otto Werner Johann Carl 109, 110
Planck, Wilhelm 6
Poezl, Joseph 138
Pütter, Karl Theodor 44, 57

R

Rassow, Friedrich 171
Ratjen, Henning 87, 98
Reyscher, August Ludwig 17, 75, 84, 133, 166, 175
Ribbeck, Otto 98, 118
Rockinger, Ludwig 153
Römer, August 89
Roth, Paul von 84, 85, 138
Rückert, Johannes 160

S

Samwer, Karl Friedrich Lucian 82
Savigny, Friedrich Carl von 16, 17, 30, 31, 63, 128, 146, 155, 175
Scheel-Plessen, Carl von 101, 116
Schickhardt, Johanna Luise 6
Schirmer, Rudolf 27
Schmid, Andreas Christian Johannes 82, 84
Schmid, Carl Ernst 12, 13
Schmidt, Adolf 44, 46, 57
Schmidt, Friedrich Christian 104
Schnell, Johannes 25
Schröter, August Wilhelm von 12
Schwarze, Friedrich 122
Seeliger, Hugo 160
Seuffert, Ernst August 138
Seuffert, Georg Carl von 127
Seuffert, Lothar VII, 69, 144, 160, 168, 170, 171
Seydel, Max von 168
Sicherer, Hermann von 168
Steinböhmer, Johanne 6
Stobbe, Otto 165, 175
Storm, Theodor 5

T

Thaulow, Gustav 90
Thibaut, Friedrich Justus 16, 96
Thöl, Johann Heinrich 22, 23
Tiegerström, Friedrich Wilhelm von 44

Tönsen, Markus 82
Trendelenburg, Adolf Friedrich 96

U

Ubbelohde, August 140
Ullmann, Emanuel von 168

V

Valentiner, Wilhelm Heinrich 114
Vischer-Bilfinger, Wilhelm 91, 98
Voigt, Friedrich Siegmund 27
Voigt, Mathilde 27, 52, 53, 54, 70

W

Wagemann, Johann Gottfried Wilhelm 7
Wagemann, Sophie Charlotte Eleonore Johanne 7
Walther, Friedrich 138
Wetzell, Georg Wilhelm 39
Wieding, Karl 59, 118
Wilda, Wilhelm Eduard 81, 84, 114, 175
Windscheid, Bernhard 5, 60, 137, 138, 158
Wunderlich, Agathon 21, 23, 28

Z

Zachariae, Heinrich Albert 123
Zenger, Franz Xaver 138
Zerbst, Richard Carl Friedrich von 49

RECHTSHISTORISCHE REIHE

Die nachfolgende Liste führt die Titel der "Rechtshistorischen Reihe" ab Band 300 auf.
Eine vollständige Übersicht aller bisher in der Reihe erschienenen Bücher
finden Sie auf www.peterlang.com

Band 300 Jan Kohlmann: Der Marsch zu den Gräbern von Karl und Rosa. Geschichte eines Gedenktages. 2004.

Band 301 Christian Rainer Schlicht: Die kumulative Schuldübernahme in der Rechtsprechung des Reichsgerichts und in der zeitgenössischen Literatur. 2004.

Band 302 Hans Peter Glöckner: Positive Vertragsverletzung. Die Geburt eines Rechtsinstituts. 2006.

Band 303 João Manuel Azevedo Alexandrino Fernandes: Die Theorie der Interpretation des Gesetzes bei Francisco Suárez. 2005.

Band 304 René Funk: Die Wahlprüfung der volksgewählten Abgeordneten der Volksvertretungen im Frühkonstitutionalismus. Eine Untersuchung der Wahlprüfung in den Kammern der Abgeordneten des Großherzogtums Baden, des Königreichs Württemberg und des Großherzogtums Hessen. 2005.

Band 305 Carolin O'Sullivan. Die Ahndung von Rechtsbrüchen der Seeleute im mittelalterlichen hamburgischen und hansischen Seerecht (1301-1482). 2005.

Band 306 Martin Jürgens: Staat und Reich bei Ernst Rudolf Huber. Sein Leben und Werk bis 1945 aus rechtsgeschichtlicher Sicht. 2005.

Band 307 Florian G. Dürselen: Franz Beyerle (1885-1977). Leben, Ära und Werk eines Rechtshistorikers. 2005.

Band 308 Kai Bandilla: Urheberrecht im Kaiserreich. Der Weg zum Gesetz betreffend das Urheberrecht an Werken der Literatur und Tonkunst vom 19. Juni 1901. 2005.

Band 309 Stefan Mieth: Die Entwicklung des Denkmalrechts in Preußen 1701-1947. 2005.

Band 310 Catharina Lodemann: Die Geschichte des französischen *acte de gouvernement*. 2005.

Band 311 Christina Wicke: Kodifikationsbestrebungen und Wissenschaft in Hessen-Darmstadt im vorkonstitutionellen Zeitalter. Zu der Beteiligung der Gießener Rechtsprofessoren an den Gesetzgebungsarbeiten in Hessen-Darmstadt in der Zeit zwischen 1769 und 1820. 2005.

Band 312 Christiane Chlosta: Nur dem Gesetz unterworfen? Eine rechtsgeschichtliche Untersuchung zu Idee und Wirklichkeit richterlicher Gesetzestreue unter besonderer Berücksichtigung der Aufwertungsrechtsprechung und des richterlichen Prüfungsrechts. 2005.

Band 313 Kathrin Dirr: Hoheitsrechtliche Streitigkeiten zwischen den Kölner Erzbischöfen und der Stadt Köln auf Grundlage reichskammergerichtlicher Verfahren des 16. und 17. Jahrhunderts. 2005.

Band 314 Michael Racky: Die Diskussion über Gewaltenteilung und Gewaltentrennung im Vormärz. 2005.

Band 315 Petra Thiemrodt: Die Entstehung des Staatshaftungsgesetzes der DDR. Eine Untersuchung auf der Grundlage von Materialien der DDR-Gesetzgebungsorgane mit zeitgeschichtlichen Bezügen. 2005.

Band 316 Julius F. Reiter: Entstehung und staatsrechtliche Theorie der italienischen *Carta del Lavoro*. 2005.

Band 317 André Book: Die Justizreform in der Frühzeit der Bundesrepublik. Die Beratungen der Kommission zur Vorbereitung einer Reform der Zivilgerichtsbarkeit in den Jahren 1955 bis 1961. 2005.

Band 318 Frank Zentz: Das amerikanische Strafverfahren als Element der Besatzungspolitik in Deutschland. Erziehung zur Demokratie durch den *Court of Appeals* 1948-1955. 2005.

Band 319 Friederike Quaisser: Mietrecht im 19. Jahrhundert. Ein Vergleich der mietrechtlichen Konzeptionen im Allgemeinen Landrecht für die Preußischen Staaten von 1794 und dem gemeinen Recht. 2005.

Band 320 Stefan Burghard: Professor Dr. Wilhelm Kahl – Leben zwischen Wissenschaft und Politik. 2005.

Band 321 Günter Baranowski: Die *Russkaja Pravda* – ein mittelalterliches Rechtsdenkmal. 2005.

Band 322 Christina Schneider: Die SS und das „Recht". Eine Untersuchung anhand ausgewählter Beispiele. 2005.

Band 323 Werner Schubert (Hrsg.): Zivilprozessreform in der Weimarer Zeit. Quellen zur Emminger-Zivilprozessverordnung vom 13.2.1924 und zu den Arbeiten der Zivilprozesskommission des Reichsjustizministeriums (1922-1930). Eingeleitet und herausgegeben von Werner Schubert. 2005.

Band 324 Felix Gaul: Der Jurist Rudolf Isay (1886-1956). Ein verantwortungsbewusster Vermittler im Spannungsfeld zwischen dynamischer Rechtsschöpfung, ökonomischem Wandel und technischem Fortschritt. 2005.

Band 325 Konstanze Braun: Dr. Otto Georg Thierack (1889-1946). 2005.

Band 326 Eckart Klein / Stefan Chr. Saar / Carola Schulze (Hrsg.): Zwischen Rechtsstaat und Diktatur. Deutsche Juristen im 20. Jahrhundert. 2006.

Band 327 Stefan Botor: Das *Berliner Sühneverfahren* – Die letzte Phase der Entnazifizierung. 2006.

Band 328 Andreas Köhler: Die Sorgerechtsregelungen bei Ehescheidung seit 1945. Scheidungsstrafe und verordnete Gemeinsamkeit. 2006

Band 329 Lars Düwel: Die Nichtigkeit und Anfechtbarkeit der Ehe in der Rechtsprechung des Reichsgerichts zwischen 1900 und 1945. 2006.

Band 330 Katalin Polgar: Das Oberappellationsgericht der vier freien Städte Deutschlands (1820-1879) und seine Richterpersönlichkeiten. 2007.

Band 331 Julia Schweitzer: Schiffer und Schiffsmann in den Rôles d'Oléron und im Llibre del Consolat de Mar. Ein Vergleich zweier mittelalterlicher Seerechtsquellen. 2007.

Band 332 Diana-Catharina Kurtz: Das Institut der Adoption im preußischen Allgemeinen Landrecht und im französischen Code civil zwischen Rezeption römisch-rechtlicher Prinzipien und verändertem Familienverständnis. 2006.

Band 333 Dino Joakim Duderstadt: Spiel, Wette und Differenzgeschäft (§§ 762-764 BGB) in der Rechtsprechung des Reichsgerichts und in der zeitgenössischen Literatur. 2007.

Band 334 Ronald Hoffmann: Die Domänenfrage in Thüringen. Über die vermögensrechtlichen Auseinandersetzungen mit den ehemaligen Landesherren in Thüringen nach dem Ersten Weltkrieg. 2006.

Band 335 Joachim Windmüller: *Ohne Zwang kann der Humanismus nicht existieren...* – „Asoziale" in der DDR. 2006.

Band 336 Sven Christian Gläser: Die Mediatisierung der Grafschaft Wertheim. Der juristische Kampf eines kleinen Reichsstandes gegen den Verlust der Landesherrschaft und seine Folgen. 2006.

Band 337 Benjamin Schleyer: Friedrich Wilhelm Bornemann (1798-1864). Eine Juristenkarriere im Preußen des 19. Jahrhunderts. 2006.

Band 338 Die Reform des Ehescheidungsrechts von 1976. Quellen zum Ersten Gesetz vom 14.6.1976 zur Reform des Ehe- und Familienrechts (Parlamentarische Ausschussprotokolle – Anglikanische Denkschrift von 1966 zur Scheidungsrechtsreform – Schlussabstimmung 1969 in der Eherechtskommission des Bundesministeriums der Justiz). Eingeleitet und herausgegeben von Werner Schubert. 2006.

Band 339 Andreas Feld: Das Bayerische Gesetz zum Schutz des Eigentums an Erzeugnissen der Literatur und Kunst gegen Nachdruck vom 15.04.1840. Vorgeschichte und Zustandekommen. 2007.

Band 340 Bernd Wörner: Adelbert Düringers Einfluß als Richter am Reichsgericht in Leipzig auf dem Gebiet des Personengesellschaftsrechts. 2007.

Band 341 Jan Jelle Kähler: Französisches Zivilrecht und französische Justizverfassung in den Hansestädten Hamburg, Lübeck und Bremen (1806-1815). 2007.

Band 342 Jörn Eckert / Pia Letto-Vanamo / Kjell Modéer (Hrsg.): Juristen im Ostseeraum. Dritter Rechtshistorikertag im Ostseeraum 20.-22. Mai 2004. 2007.

Band 343 Ferdinand von Weyhe: A.E. Wassermann. Eine rechtshistorische Fallstudie zur „Arisierung" zweier Privatbanken. 2007.

Band 344 Martin Klaus Römermann: Kündigungen und Kündigungsschutz im Franquismus. 2007.

Band 345 Thomas Hoffmann: Der Landrechtsentwurf David Hilchens von 1599. Ein livländisches Rechtszeugnis polnischer Herrschaft. 2007.

Band 346 Ingo Ullmann: Die rechtliche Behandlung holsteinischer Leibeigener um die Mitte des 18. Jahrhunderts. Dargestellt unter besonderer Berücksichtigung der Schmoeler Leibeigenschaftsprozesse von 1738 bis 1743 sowie von 1767 bis 1777. 2007.

Band 347 Petra Fischer-Langosch: Die Entstehungsgeschichte des Familiengesetzbuches der DDR von 1965. 2007.

Band 348 Lasse O. Johannsen: Die rechtliche Behandlung ausreisewilliger Staatsbürger in der DDR. 2007.

Band 349 Ralf Schlottau: Deutsche Kolonialrechtspflege. Strafrecht und Strafmacht in den deutschen Schutzgebieten 1884 bis 1914. 2007.

Band 350 Hartwig Brandt / Ewald Grothe (Hrsg.): Rheinbündischer Konstitutionalismus. 2007.

Band 351 Nora Lutze: Der Verwandtenunterhalt nach den §§ 1601 bis 1603 und §§ 1610 bis 1612 BGB in der Rechtsprechung des Reichsgerichts. Unter Berücksichtigung der Entstehung des BGB. 2007.

Band 352 Frank Thiäner: Das Verhältnis von Aufsichtsrat und Abschlussprüfern in der rechtshistorischen Entwicklung bis 1937. 2007.

Band 353 Britta Heymann: Ernst Melsheimer (1897-1960). Eine juristische Karriere in verschiedenen staatlichen Systemen. Mitarbeiter im Preußischen Justizministerium in der Weimarer Republik, im Justizministerium Preußens und des Reiches sowie Richter am Kammergericht in der NS-Zeit und Erster Generalstaatsanwalt der Deutschen Demokratischen Republik. 2007.

Band 354 Susanne Adlberger: Wilhelm Kisch – Leben und Wirken (1874-1952). Von der Kaiser-Wilhelms-Universität Straßburg bis zur nationalsozialistischen Akademie für Deutsches Recht. 2007.

Band 355 Moritz Waibel: Josef Berchtold (1833-1894). Ein Leben gegen den Ultramontanismus. 2007.

Band 356 Aline Levin: Erinnerung? Verantwortung? Zukunft? Die Beweggründe für die gemeinsame Entschädigung durch den deutschen Staat und die deutsche Industrie für historisches Unrecht. 2007.

Band 357 Ferdinand Krause: Die hergebrachten Grundsätze des Berufsbeamtentums. Eine rechtshistorische Analyse. 2008.

Band 358 André Tiebel: Die Entstehung der Schutztruppengesetze für die deutschen Schutzgebiete Deutsch-Ostafrika, Deutsch-Südwestafrika und Kamerun (1884-1898). 2008.

Band 359 Holger Ruff: Sittenwidrige Rechtsgeschäfte in der späten Kaiserzeit. Die Entwicklung der reichsgerichtlichen Rechtsprechung zu § 138 BGB von 1900 bis 1914. 2007.

Band 360 Frank Rohrer: Strafjustiz im Dritten Reich und in der SBZ/DDR. Die personelle und organisatorische Neuordnung des Justizapparates in den totalitären Diktaturen (1933-1955) mit ihren Auswirkungen auf die Rechtsprechung zum politischen Strafrecht. 2007.

Band 361 Hans-Georg Knothe / Marc Liebmann (Hrsg.): Gerichtskultur im Ostseeraum. Vierter Rechtshistorikertag im Ostseeraum. 18.-20. Mai 2006 in Greifswald. 2007.

Band 362 Christina Meß: Das Vertragsrecht bei Adam Smith. 2008.

Band 363 Quellen zur dänischen Rechts- und Verfassungsgeschichte (12.-20. Jahrhundert). Herausgegeben von Ditlev Tamm, Werner Schubert und Jens Ulf Jørgensen. 2008.

Band 364 Günter Baranowski: Die Gerichtsurkunde von Pskov. 2008.

Band 365 Mark Spengler: Die Entstehung des Scheckgesetzes vom 11. März 1908. 2008.

Band 366 Ivan Biliarsky / Radu G. Păun (eds./éds.): The Biblical Models of Power and Law. Les modèles bibliques du pouvoir et du droit. Papers of the International Conference, Bucharest, New Europe College 2005. Actes du colloque international, Bucarest, New Europe College 2005. 2008.

Band 367 Thomas A. Roth: Ausgestaltungen der Rechtsfähigkeit im 19. und 20. Jahrhundert. Zur Rechtspersönlichkeit natürlicher Personen in den bedeutenden deutschen Zivilrechtsordnungen. 2008.

Band 368 Björn Alexander Rautenberg: Der Fiskal am Reichskammergericht. Überblick und exemplarische Untersuchungen vorwiegend zum 16. Jahrhundert. 2008.

Band 369 Thorsten Miederhoff: *Man erspare es mir, mein Juristenherz auszuschütten.* Dr. iur. Kurt Tucholsky (1890-1935). Sein juristischer Werdegang und seine Auseinandersetzung mit der Weimarer Strafrechtsreformdebatte am Beispiel der Rechtsprechung durch Laienrichter. 2008.

Band 370 Philipp Nordloh: Kölner Zunftprozesse vor dem Reichskammergericht. 2008.

Band 371 Judith Freund: Die Wechselverpflichtung im 19. Jahrhundert. 2008.

Band 372 Hans-Michael Empell: Gutenberg vor Gericht. Der Mainzer Prozess um die erste gedruckte Bibel. 2008.

Band 373 Rainer Schröder: Die DDR-Ziviljustiz im Gespräch – 26 Zeitzeugeninterviews. 2008.

Band 374 Christian Neschwara: Ein österreichischer Jurist im Vormärz. „Selbstbiographische Skizzen" des Freiherrn Karl Josef Pratobevera (1769-1853). 2009.

Band 375 Stefan Ullrich: Untersuchungen zum Einfluss des lübischen Rechts auf die Rechte von Bergen, Stockholm und Visby. 2008.

Band 376 Johanna Gertrude Schmitzberger: Das nationalsozialistische Nebenstrafrecht 1933 bis 1945. 2008.

Band 377 Christian Brom: Urteilsbegründungen im „Hoge Raad van Holland, Zeeland en West-Friesland" am Beispiel des Kaufrechts im Zeitraum 1704-1787. 2008.

Band 378 Christian Böse: Die Entstehung und Fortbildung des Reichserbhofgesetzes. 2008.

Band 379 Tobias Röhnelt: Timm Kröger. Leben und Werk. 2009.

Band 380 Andrea Elisabeth Sebald: Der Kriminalbiologe Franz Exner (1881-1947). Gratwanderung eines Wissenschaftlers durch die Zeit des Nationalsozialismus. 2008.

Band 381 Angela Kriebisch: Die Spruchkörper Juristenfakultät und Schöppenstuhl zu Jena. Strukturen, Tätigkeit, Bedeutung und eine Analyse ausgewählter Spruchakten. 2008.

Band 382 Nana Ozawa: Louis Adolphe Bridel – Ein Schweizer Professor an der juristischen Fakultät der Tokyo Imperial University. Die geschichtliche Bedeutung der Yatoi zur späten Meijizeit. 2010.

Band 383 Christian Weißhuhn: Alfred Hueck 1889-1975. Sein Leben, sein Wirken, seine Zeit. 2009.

Band 384 Andreas Hunkel: Eduard Dietz (1866-1940) – Richter, Rechtsanwalt und Verfassungsschöpfer. 2009.

Band 385 Meike Guskow: Entstehung und Geschichte der Europäischen Charta der Regional- oder Minderheitensprachen. 2009.

Band 386 Markus J. Jahnel: Das Bodenrecht in „Neudeutschland über See". Erwerb, Vergabe und Nutzung von Land in der Kolonie Deutsch-Südwestafrika 1884-1915. 2009.

Band 387 Matthias Günter Steiner: Die Klöster und ihr Wirken – eine der Wurzeln des Stiftungswesens? 2009.

Band 388 Cornelia Staats: Die Entstehung des Bundes-Immissionsschutzgesetzes vom 15. März 1974. 2009.

Band 389 Cai Niklaas E. Harders: Das Bundesjagdgesetz von 1952 sowie die Novellen von 1961 und 1976. Vorgeschichte, Entstehung des Gesetzes sowie Problemfelder. 2009.

Band 390 Matthias Pohlkamp: Die Entstehung des modernen Wucherrechts und die Wucherrechtsprechung des Reichsgerichts zwischen 1880 und 1933. 2009.

Band 391 Sebastian Baur: *Vor vier Höllenrichtern*... Die Lizentiats- und Doktorpromotionen an der Juristischen Fakultät der Universität Heidelberg. 2009.

Band 392 Christoph Salmen-Everinghoff: Zur *cautio damni infecti*: Die Rückkehr eines römischrechtlichen Rechtsinstituts in das moderne Zivilrecht. 2009.

Band 393 Till Meno Sellschopp: Der Weg zum Revokationsrecht der Ehegatten nach § 1368 BGB. Zugleich ein Beitrag zur Geschichte des ehelichen Güterrechts. 2009.

Band 394 Marc Biermann: Das Staatseigentum an öffentlichen Sachen im Gemeingebrauch in der ersten Hälfte des 19. Jahrhunderts. Die Theorie des reinen Hoheitsrechts an den öffentlichen Sachen von Rudolph von Jhering und Friedrich Ludwig Keller im Zusammenhang mit dem Baseler Schanzenstreit von 1859/62. 2009.

Band 395 Markus Tüxen: Kollegialprinzip oder Einzelrichter. Die Entwicklung des zivilrechtlichen Spruchkörpers bei den Landgerichten sowie den Oberlandesgerichten seit 1879 unter besonderer Berücksichtigung der Reformen von 1974 und 1976. 2009.

Band 396 Adam Polkowski: Die polnische Zivilprozessordnung von 1930/33. Unter Berücksichtigung des deutschen, österreichischen, russischen und französischen Rechts. 2009.

Band 397 Barbara Riedi: Die Porten der Unteren Strasse, ihr Ladungsrecht und der Strassenunterhalt. Rechtshistorische Betrachtungen zur Verkehrs- und Wirtschaftsgeschichte Graubündens. 2009.

Band 398 Stefanie Jessica Loroch: Zeitungsrubrik: Gerichtssaal. Strafprozessberichterstattung in Münster im 19. Jahrhundert (1848-1890). 2009.

Band 399 Dirk Henning Hofer: Karl Konrad Werner Wedemeyer (1870-1934). Ein Juristen- und Gelehrtenleben in drei Reichen. Eine Biographie. 2010.

Band 400 Thomas Simon (Hrsg.): Hundert Jahre allgemeines und gleiches Wahlrecht in Österreich. Modernes Wahlrecht unter den Bedingungen eines Vielvölkerstaates. 2010.

Band 401 Dörte Mentz: Die Beweislastumkehr in der Rechtsprechung des Reichsgerichts. 2010.

Band 402 Werner Schubert (Hrsg.): Oberster Gerichtshof für die Britische Zone (1948-1950). Nachschlagewerk Strafsachen – Nachschlagewerk Zivilsachen. Präjudizienbuch der Zivilsenate. Eingeleitet und herausgegeben von Werner Schubert. 2010.

Band 403 Yong Lei: Auf der Suche nach dem modernen Staat. Die Einflüsse der allgemeinen Staatslehre Johann Caspar Bluntschlis auf das Staatsdenken Liang Qichaos. 2010.

Band 404 Andreas Schwenk: Die Formbestimmung des § 313 BGB a. F. (§ 311 b Abs. 1 BGB n. F.) bei Verträgen über Grundstücke in der Rechtsprechung des Reichsgerichts. 2010

Band 405 René Schorsch: Eberhard Georg Otto Freiherr von Künßberg (1881-1941). Vom Wirken eines Rechtshistorikers. 2010.

Band 406 Ulrike Köbler: Werden, Wandel und Wesen des deutschen Privatrechtswortschatzes. 2010.

Band 407 Björn Florian Faulenbach: Rolle und Bedeutung der Lehre in der Rechtsprechung der Internationalen Gerichtshöfe im zwanzigsten Jahrhundert. 2010.

Band 408 Guangyu Fu: Das Causaproblem im deutschen Bereicherungsrecht. Eine rechtshistorische Untersuchung. 2010.

Band 409 Andreas Kimmelmann: Die Folter im Beweisverfahren der Leges Visigothorum. Chindasvinths Gesetzgebung im Spiegel der westgotischen Rechtsentwicklung. 2010.

Band 410 Jacqueline Schmaltz: Die Entwicklung der Industrie- und Handelskammern. Zwischen Pflicht und Kür. 2010.

Band 411 Hermann Nehlsen: Bayerische Rechtsgeschichte vom frühen Mittelalter bis zum 20. Jahrhundert. 2011.

Band 412 Kathrin Spoerr: Recht und Revolution. Deutsche Ökonomen und ihr Einfluss auf das Recht der Weimarer Republik – eine Zeitschriftenschau 1917-1920. 2011.

Band 413 Moritz von Köckritz: Die deutschen Oberlandesgerichtspräsidenten im Nationalsozialismus (1933-1945). 2011.

Band 414 Annika Lillemor Lara Rabaa: Die Ehe als Rechtsinstitut im Badischen Landrecht von 1810. Unter besonderer Berücksichtigung der gesellschaftlichen Entwicklungen im 19. Jahrhundert. 2011.

Band 415 Christian Hattenhauer / Klaus-Peter Schroeder (Hrsg.): 200 Jahre Badisches Landrecht von 1809/1810. Jubiläumssymposium des Instituts für geschichtliche Rechtswissenschaft der Ruprechts-Karls-Universität Heidelberg und der Heidelberger Rechtshistorischen Gesellschaft vom 23. bis 26. September 2009. 2011.

Band 416 Tobias Alexander Krammerbauer: Die Ministerverantwortlichkeit und die Vorformen sonstiger Verfassungsgerichtsbarkeit in Württemberg zwischen 1815 und 1918. 2011.

Band 417 Werner Schubert (Hrsg.): Quellen zur GmbH-Reform von 1958 bis zum GmbH-Änderungsgesetz von 1980. Eingeleitet und herausgegeben von Werner Schubert. 2011.

Band 418 Gisela Emling: Johannes Heckel. Leben und Wirken (1889-1963). 2011.

Band 419 Jochen Kirschbaum: Die Etablierung der Historischen Rechtsschule an der Ludoviciana (1814-1824). 2011.

Band 420 Sören Koch: Unaufgeforderte Hilfeleistung in Notsituationen. Eine rechtshistorische und rechtsvergleichende Studie zu den zivilrechtlichen Aspekten der Nothilfe mit besonderer Berücksichtigung des Rechts der Geschäftsführung ohne Auftrag. 2011.

Band 421 Friedrich Carl von Savigny: Die Prinzipienfragen in Beziehung auf eine neue Strafprozeß-Ordnung. Ausgearbeitet im Justizministerium für die Gesetzrevision. Eingeleitet und herausgeben von Werner Schubert. 2011.

Band 422 Stephan Faulwetter: Von der Zunft zur Handelskammer. Zur Entwicklung des Gewerberechts in thüringischen Staaten. 2011.

Band 423 Moritz Eisenhardt: Sanierung statt Liquidation. Die Geschichte des Vergleichs zur Abwendung des Konkurses unter besonderer Berücksichtigung der Vergleichsordnung von 1927 und 1935. 2011.

Band 424 Gerd Kleinheyer: Beiträge zur Strafrechtsgeschichte. Herausgeben von Franz Dorn, Mathias Schmoeckel und Jan Schröder. 2011.

Band 425 Ralf Maertens: Das Landgericht Altona (1879-1937) und die Anfänge des Landgerichts Itzehoe (1937-1945). Unter besonderer Berücksichtigung ihrer Tätigkeitsberichte und rechtspolitischen Stellungnahmen. 2011.

Band 426 Mark Friedrich: Ferdinand von Martitz (1839-1921). Rechtshistoriker, Staatsrechtler und Völkerrechtler zwischen dem Ende des Deutschen Bundes und dem Beginn der Weimarer Republik. 2012.

Band 427 Sebastian Krusche: Die Bundesrechtsanwaltsordnung vom 1. August 1959. Vorgeschichte und Entstehung. 2012.

Band 428 Marju Luts-Sootak / Sanita Osipova / Frank L. Schäfer (Hrsg./eds.): Einheit und Vielfalt in der Rechtsgeschichte im Ostseeraum. Unity and Plurality in the Legal History of the Baltic Sea Area. Sechster Rechtshistorikertag im Ostseeraum, 3.-5. Juni 2010 in Tartu (Estland) / Riga (Lettland). 6th Conference in Legal History in the Baltic Sea Area, 3rd-5rd June 2010 Tartu (Estonia) / Riga (Latvia). 2012.

Band 429 Margret R. I. Bootz: Die Hamburger Rechtsprechung zum Arbeitsrecht im Nationalsozialismus bis zum Beginn des 2. Weltkriegs. 2012.

Band 430 Heiko Zech: Die soziale Frage im Konkursrecht 1879-1900. 2012.

Band 431 Jan C. Lorenzen: Das Bundesnaturschutzgesetz vom 20. Dezember 1976. Die Entwicklung des Naturschutzrechtes in Deutschland von den Anfängen bis zur Neukodifikation des Bundesnaturschutzgesetzes von 1976. 2012.

Band 432 Ulrike Ingrid Bernhardt: Geschichte des Weinrechts im Deutschen Kaiserreich (1871-1918). Mit einem Überblick zur Vorgeschichte und Weiterentwicklung bis zur Gegenwart. 2012.

Band 433 Elisabeth Otto: Das Verwaltungsrecht in der SBZ / DDR bis zur Verwaltungsneugliederung im Jahr 1952. 2012.

Band 434 Werner Schubert: Zur Geschichte der Justizverfassung in Schleswig-Holstein im 19. und 20. Jahrhundert. Quellen und Studien. 2012.

Band 435 Stefan Ellenberg: Herrschaft und Reform. Zur Diskussion um die Aktienrechtsreform und den Konzern in der Weimarer Zeit. 2012.

Band 436 Jasmin Sonntag: Gesetzgebung und Verwaltung im Dalbergstaat 1802-1810. 2012.

Band 437 Martin Komusiewicz: Die Diskussion um das Verhältnis von Rechtsanwaltschaft und Notariat seit dem Ende des 18. Jahrhunderts bis zum Erlass der Bundesnotarordnung. 2012.

Band 438 Henriette von Breitenbuch: Karl Neumeyer – Leben und Werk (1869-1941). 2013.

Band 439 Günter Baranowski: Russische Rechtsgeschichte: Texte und Erläuterungen. Teil 1: Von den Anfängen bis 1612/13. 2013.

Band 440 Werner Schubert (Hrsg.): Staatsanwaltschaftsrecht (1934-1982). Quellen zu den Reformprojekten (Organisation – Innerer Dienstbetrieb – Ermittlungsverfahren – Verhältnis der Staatsanwaltschaft zur Polizei) und zur Anordnung über Organisation und Dienstbetrieb der Staatsanwaltschaft (OrgStA). Eingeleitet und herausgegeben von Werner Schubert. 2013.

Band 441 York Zieren: Das Schiedsverfahrensrecht der ZPO (1877-1933) unter Berücksichtigung der Genfer Übereinkommen von 1923 und 1927 sowie der Rechtsprechung des Reichsgerichts. 2013.

Band 442 Stefan Wolf: Das Jenaer Studium der Rechte im Dritten Reich. Zwischen Tradition und nationalsozialistischer Ideologie. 2013.

Band 443 Bernhard Klose: Das Verblassen eines Makels. Das Nichtehelichenrecht der DDR als Teil der gesamtdeutschen Entwicklung. 2013.

Band 444 Peter Opitz-von Bardeleben: Das Generalgouvernement Niederrhein. 2013.

Band 445 Nadine Göppner: Vorgeschichte und Entstehung des Atomgesetzes vom 23.12.1959. 2013.

Band 446 Frank L. Schäfer / Werner Schubert (Hrsg./eds.): Justiz und Justizverfassung / Judiciary and Judical System. Siebter Rechtshistorikertag im Ostseeraum, 3.-5. Mai 2012 Schleswig-Holstein / 7th Conference in Legal History in the Baltic Sea Area, 3rd-5th May 2012 Schleswig-Holstein. 2013.

Band 447 Sandy Schenker: Gegen Täuschungen und Gesundheitsgefährdungen durch schlechte Nahrung. Zur Entwicklung des Nahrungsmittelrechts durch Rechtsprechung und Gesetzgebung zwischen 1871 und 1927. 2013.

Band 448 Youn Seok Choi: Der Besitzerwerb des Erben. Historische Entwicklungen, die Lösung des § 857 BGB und ihre Anwendungsprobleme. 2013.

Band 449 Johannes Kalb: Die innerstädtische Auseinandersetzung in Regensburg am Ende der Reichsunmittelbarkeit. Eine historische und rechtliche Untersuchung. 2014.

Band 450 Thomas Habbe: Lastenausgleich. Die rechtliche Behandlung von Kriegsschäden in Deutschland seit dem 30jährigen Krieg. 2014.

Band 451 Günter Baranowski: Russische Rechtsgeschichte: Texte und Erläuterungen. Teil 2: Von 1613 bis 1682. 2015.

Band 452 Wilhelm Brauneder (Hrsg): Landrechtsentwurf für Österreich unter der Enns 1526. 2015.

Band 453 Maximilian Elsner von der Malsburg: „Arisierung" von Privatbanken am Beispiel des Bankhauses E. J. Meyer in Berlin. 2015.

Band 454 Tanja Claussen: Johann Julius Wilhelm Planck (1817-1900). Leben und Werk. 2015.

www.peterlang.com